contexto
LATINOAMERICANO

REVISTA DE ANÁLISIS POLÍTICO
no. 3/abril - junio de 2007

ocean
sur

Argentina • Bolivia • Brasil • Chile • Colombia
Cuba • Ecuador • El Salvador • Guatemala • México
Nicaragua • Perú • Puerto Rico • Uruguay • Venezuela

Contexto Latinoamericano es una revista de análisis político publicada por la editorial Ocean Sur. Su propósito es fomentar y divulgar el intercambio de ideas entre los líderes y activistas de los partidos, organizaciones y movimientos políticos y sociales de la izquierda, con la participación de especialistas de las ciencias sociales, comunicadores y artistas comprometidos con la emancipación de los pueblos de América Latina y el Caribe.

contexto
LATINOAMERICANO

Director: **David Deutschmann**
Editor: **Roberto Regalado**
Editora Adjunta: **Ivón Muñiz**
Edición/Corrección: **Esther Acosta**
Diseño Gráfico: **Víctor MCM**
Composición: **Miriam Hernández**
Producción: **Lourdes García Larqué**

Consejo Editorial: **Jesús Arboleya** (Ocean Sur), **José Reinaldo Carvalho** (Brasil), **Jaime Caycedo** (Colombia), **Vidal Cisneros** (Venezuela), **Gustavo Codas** (Brasil), **Héctor de la Cueva** (México), **Ma. del Carmen Ariet** (Cuba), **Javier Diez Canseco** (Perú), **Patricio Echegaray** (Argentina), **Saúl Escobar** (México), **Eliana García** (México), **Fermín González** (Colombia), **Medardo González** (El Salvador), **Pablo González Casanova** (México), **Sergio Guerra Vilaboy** (Cuba), **Néstor Kohan** (Argentina), **Claudia Korol** (Argentina), **Gilberto López y Rivas** (México), **Fernando Martín** (Puerto Rico), **Vivian Martínez Tabares** (Cuba), **Hugo Moldiz** (Bolivia), **Julio A. Muriente** (Puerto Rico), **Valter Pomar** (Brasil), **Renán Raffo** (Perú), **José Vicente Rangel** (Venezuela), **Mayra Reyes** (Nicaragua), **Germán Rodas** (Ecuador), **Ma. Guadalupe Rodríguez** (México), **Javier Salado** (Ocean Sur), **Niko Schvarz** (Uruguay), **John Saxe Fernández** (México), **Guillermo Teillier** (Chile)

Cada trabajo expresa la opinión de su autor. La opinión de *Contexto Latinoamericano* se expresa en *Palabras del editor* y en aquellas notas que así lo indiquen.

Derechos © 2007 Ocean Sur
Derechos © 2007 Contexto Latinoamericano
contextolatino@enet.cu • info@oceansur.com • www.oceansur.com

ISSN: 1834-0679 • ISBN: 978-1-921235-45-0

Suscripciones: Individuales: $65.00 USD (por cuatro números)
Instituciones: $250.00 USD (por cuatro números)

Impreso en Colombia por Quebecor World Bogotá S.A.

Cubierta: Copacabana, Río de Janeiro, Brasil, 1958.
Foto: Rene Burri

sumario

5 **PALABRAS DEL EDITOR**

CONTEXTO ACTUAL

7 La izquierda latinoamericana en el gobierno
Roberto Regalado

26 La gobernabilidad del capitalismo periférico
y los desafíos de la izquierda revolucionaria
Néstor Kohan

38 Posibles caminos de Brasil
Wladimir Pomar

48 Crisis y perspectivas del sindicalismo brasileño
Altamiro Borges

58 Dos años de gobierno de izquierda en Uruguay
Niko Schvarz y Álvaro Coronel

82 ¿A dónde va la Bolivia de Evo?
Balance y perspectivas en un año de gobierno
Pablo Stefanoni

91 Mucho más que la mitad del Perú
Ollanta Humala

101 Notas desde una isla rodeada de tierra
Víctor Barone

110 América Latina: recursos naturales y soberanía
Javier Diez Canseco

118 Colombia clama por el intercambio humanitario
Raúl Reyes

125 Gato por liebre: la hegemonía en las relaciones
históricas entre los Estados Unidos y América Latina
Jorge Hernández Martínez

sumario

140 Hambre por etanol o unión latinoamericana.
Las giras de marzo: Bush y Chávez por América Latina
Jorge A. Kreyness

CONTEXTO HISTÓRICO

151 Diferencias y tensiones entre movimientos sociales y partidos políticos: ¿cómo superarlas y alcanzar una democracia participativa?
Gladys Marín

160 Recordando a Gladys
(Entrevista a Tomás Moulian)
Claudia Korol y Samuel Ibarra

CONTEXTO ANALÍTICO

171 La independencia de Puerto Rico: historia y futuro
Fernando Martín García

CONTEXTO CULTURAL

191 Movimiento de Teatroxlaidentidad: un nuevo capítulo en la historia del teatro argentino y político
Patricia Devesa

ENLACES

203 El Foro Social Mundial en África y los movimientos sociales
Rubens Diniz y Ricardo Abreu

209 Red Mundial no Bases nace en la mitad del mundo
Helga Serrano Narváez

213 8 de marzo: larga jornada de lucha de las mujeres
Nalu Faria

219 III Cumbre Continental de Pueblos y Nacionalidades Indígenas de Abya Yala: nace coordinación continental
Osvaldo León

palabras del editor

Inmerso en una avalancha de seudoteorías «posmodernas» sobre un supuesto cambio civilizatorio atribuido a la «globalización» y a la «revolución científico técnica», entre los temas recurrentes a fines de los años ochenta resalta la crisis de «la política» y «los políticos». Después de siglos de dominación capitalista y ante el evidente fracaso de la experiencia soviética en la construcción socialista, sin dudas, había sobradas razones para esa crisis, pero a ellas se sumó el interés en sobredimensionarla y usarla en apoyo a la reforma neoliberal.

En América Latina, los neoliberales culparon al *populismo*, por estatista, corrupto, ineficiente y derrochador. Resulta irrelevante que todo lo dicho haya sido cierto, porque no se trataba de erradicar esos males, sino de servirse de ellos como pretexto para destruir todos los vestigios del sistema de alianzas sociales y políticas construidas durante la primera mitad del siglo xx, cuyo eje era la protección y el desarrollo del mercado nacional, antítesis del proceso de privatización y desnacionalización de la economía, que alcanzaba su apogeo. Baste recordar que, como «campeones» de la «cruzada» contra «la política» y «los políticos», fueron electos los presidentes Carlos Saúl Menem en Argentina (1989-1999), Fernando Collor de Mello en Brasil (1990-1992) y Alberto Fujimori en Perú (1990-2000).

En los sectores populares, la descalificación de «la política» generó una oleada de «movimientismo», es decir, el culto al movimiento y la lucha social como un fin en sí mismo, el rechazo a la organización y la lucha política de la izquierda, y la negación de la necesidad de conquistar el poder político. Al abordar este problema, también puede hablarse de razones, una parte de ellas derivadas de errores de la propia izquierda, pero su resultado –consciente para algunos e inconsciente para otros– era canalizar la creciente reacción contra el neoliberalismo hacia un infinito espacio de reivindicaciones monotemáticas e inconexas, y evitar que alimentara la lucha política anticapitalista.

Con el sesgo «movimientista», impuesto por algunos de sus fundadores, nació en Porto Alegre, en 2001, el Foro Social Mundial (FSM). Fue en el 3er. Encuentro de ese Foro, también celebrado en Porto Alegre, en 2003, cuando varios miles de sus participantes escucharon a Gladys Marín decir:

> La ideología neoliberal que penetra y subordina todo, instala machaconamente el discurso del individualismo, la fragmentación y establece incompatibilidades en las relaciones entre partidos y movimientos sociales. La contradicción entre actores sociales, partidos y movimientos siempre ha existido, como en todo orden de cosas, pero de ahí a llevarlo al rechazo, exclusión y relación antagónica, responde ante todo a una interpretación interesada y funcional al discurso neoliberal, que hace todo para que no se impugne el sistema, vale decir la totalidad del orden neoliberal.

En homenaje a la entrañable Gladys con motivo del segundo aniversario de su desaparición física, *Contexto Latinoamericano* reproduce esa intervención, realizada en un panel sobre la relación entre la lucha política y la lucha social. También publica la entrevista a Tomás Moulian «Recordando a Gladys», de Samuel Ibarra y Claudia Korol.

Cuatro años después que Gladys hiciera estos entonces «irreverentes» pronunciamientos, es oportuno releerlos. En ese tiempo ganó terreno –aunque todavía insuficiente– el reconocimiento de que la lucha política y la lucha social tienen que complementarse. Fue esa relación constructiva, no exenta de dificultades, la que posibilitó la elección de los gobiernos de izquierda que hoy existen en América Latina. Pero si complejo era para ambas vertientes de la lucha popular actuar al unísono contra los gobiernos neoliberales, aun más difícil es seguir actuando unidas cuando son los partidos de izquierda los que deben responder a las reivindicaciones del movimiento popular.

La izquierda latinoamericana en el gobierno*

ROBERTO REGALADO

Con la tercera elección de Hugo Chávez a la presidencia de Venezuela, la segunda de Luiz Inácio Lula da Silva a la presidencia de Brasil y la de Daniel Ortega a la presidencia de Nicaragua, todas ocurridas durante el año 2006, ya son cinco los líderes de la izquierda latinoamericana que ocupan la primera magistratura de sus países mediante la competencia electoral. Los otros son Tabaré Vázquez en Uruguay y Evo Morales en Bolivia, el primero electo en 2004 y el segundo en 2005. A ellos se suma la elección del presidente Rafael Correa en Ecuador, quien, aunque no tiene una trayectoria conocida de izquierda, defiende posiciones que lo ubican en ese campo. Este panorama de la izquierda en la masa continental americana, se complementa, en el Caribe, con los casi cincuenta años de vida de la Revolución Cubana y con la existencia de gobiernos progresistas o de izquierda en Dominica, Jamaica, Guyana y San Vicente y las Granadinas.

¿Cuáles son los antecedentes de estos triunfos electorales de la izquierda latinoamericana y en qué contexto se producen?

Antecedentes

La lucha popular latinoamericana del siglo XX se incuba desde finales del siglo XIX, cuando empiezan a arraigarse en la región corrientes anarquistas, reformistas y revolucionarias, entre otras vías, mediante la migración de obreros procedentes

---

* Este artículo es una versión resumida del ensayo *Los gobiernos de izquierda en América Latina*, que será publicado próximamente por la editorial Ocean Sur.

de Europa con trayectoria de lucha sindical y política. A diferencia del Viejo Continente donde en ciertos países y períodos existieron condiciones favorables a la reforma social progresista del capitalismo, en Latinoamérica y el Caribe esta estrategia fue mucho más débil y desnaturalizada. Es cierto que en algunas de las naciones donde más avanzó la acumulación desarrollista de capitales –cuyo auge se registra entre 1929 y 1955– se aplicaron ciertas políticas de reforma social favorables al proletariado organizado y a la clase media urbana –como las del *cardenismo* en México (1934-1940) y el *peronismo* en Argentina (1946-1955)–,[1] pero, a mediano y largo plazo, lo que predominó fue el *clientelismo*, es decir, la promoción, por parte de las burguesías nacionales, de sindicatos y organizaciones sociales «amarillas», que recibían privilegios a cambio de dividir a la clase obrera y a otros sectores populares. En cualquier caso, vale apuntar que en ningún país latinoamericano o caribeño existía un desarrollo económico y social que permitiera la formación de un movimiento comparable con la socialdemocracia europea.

En las páginas de la revolución social latinoamericana y caribeña del siglo xx, resaltan la Revolución Mexicana (1910-1917), la sublevación campesina salvadoreña dirigida por Farabundo Martí (1932), la República Socialista implantada en Chile por el coronel Marmaduke Grove (1932), la revolución de los estudiantes y sargentos ocurrida en Cuba tras la caída del dictador Gerardo Machado (1933), la gesta en Nicaragua del «Pequeño Ejército Loco» de Augusto C. Sandino (1934), la lucha independentista en Puerto Rico liderada por Pedro Albizu Campos –quien fundó el Partido Nacionalista en 1922–, y el pronunciamiento armado de la Alianza Nacional Libertadora de Brasil, organizado por Luiz Carlos Prestes (1945).[2] Aunque no fueron procesos revolucionarios, sino de *reforma social progresista*, con participación del movimiento popular y de las fuerzas de izquierda, cabe mencionar aquí a los gobiernos de Juan José Arévalo (1945-1951)

---

[1] Los procesos de reforma social progresista del capitalismo latinoamericano que se produjeron en ese período, casi todos liderados por burguesías desarrollistas, fueron: en Colombia, los gobiernos de Enrique Olaya (1930-1934) y Alfonso López Pumarejo (1934-1938 y 1942-1946); en México, el sexenio de Lázaro Cárdenas (1934-1940) y el de Miguel Ávila Camacho (1941-1946); en Chile, el gobierno del Frente Popular encabezado por Pedro Aguirre (1938-1942) y el de la Alianza Democrática presidido por Juan Antonio Ríos (1942-1946); y en Costa Rica, los gobiernos de Ángel Calderón (1940-1944) y Teodoro Picado (1944-1948). Por su parte, entre los proyectos populistas resaltan: en Brasil, el gobierno de Getulio Vargas (1930-1945) y, en Argentina, el golpe de Estado de 1943 a partir del cual adquiere relevancia Juan Domingo Perón, electo a la presidencia en 1946. En 1944 es derrocada en Guatemala la dictadura de Juan José Ubico y, poco después, se abre la etapa de los gobiernos antimperialistas encabezados, respectivamente, por Juan José Arévalo (1945-1951) y Jacobo Arbenz (1951-1954). Sobre el tema puede consultarse Luis Suárez Salazar: *Un siglo de terror en América Latina: una crónica de crímenes contra la humanidad*, Ocean Press, Melbourne, 2006, pp. 209-216.

[2] Ibíd, pp. 157-170. Véase también Sergio Guerra: *Etapas y procesos en la historia de América Latina*, Centro de Información para la Defensa, La Habana, [s. a.], p. 40; y Sergio Guerra: *Historia mínima de América Latina*, Editorial Pueblo y Educación, La Habana, 2003, p. 253.

y Jacobo Arbenz (1951-1954), en particular, porque este último sucumbió por una intervención militar de los Estados Unidos.

El triunfo de la Revolución Cubana el 1ro. de enero de 1959 marca el inicio de una de las etapas más recientes de la historia de América Latina. Esa etapa se caracterizó por la consolidación del proceso revolucionario cubano, a pesar de las agresiones y el bloqueo del imperialismo norteamericano; la intensificación de las luchas revolucionarias, democráticas y nacionalistas; y la implantación de las dictaduras militares de «seguridad nacional» que actuaron como punta de lanza de la violencia contrarrevolucionaria. Hitos en esos años fueron los dos momentos de mayor auge de la lucha armada revolucionaria ocurridos a principios y a finales de los años sesenta, incluidos la gesta del comandante Ernesto Che Guevara en Bolivia (1967); los golpes de Estado nacionalistas y progresistas del general Juan Velasco Alvarado en Perú y del coronel Omar Torrijos en Panamá (ambos en 1968); la designación del general Juan José Torres a la presidencia del gobierno militar de Bolivia (1970); la elección del presidente Salvador Allende en Chile, al frente del gobierno de la Unidad Popular (1970); la rebelión armada que llevó al Movimiento de la Nueva Joya al poder en Granada (1979); el triunfo de la Revolución Popular Sandinista en Nicaragua (1979); y el auge de la lucha armada en El Salvador, a partir de la creación del Frente Farabundo Martí para la Liberación Nacional (1980), y en Guatemala desde la fundación de la Unidad Revolucionaria Nacional Guatemalteca (1982).

En respuesta al incremento de la lucha popular, a raíz del golpe de Estado que derrocó al gobierno de João Goulart en Brasil, en abril de 1964, el presidente Lyndon B. Johnson desechó la tradicional monserga democrática empleada por los gobernantes estadounidenses para justificar su injerencia e intervención en América Latina, y enunció la Doctrina Johnson, la cual proclama abiertamente que los Estados Unidos preferirían contar con *aliados seguros* a tener *vecinos democráticos*. La Doctrina Johnson fue la plataforma de lanzamiento de las dictaduras militares de «seguridad nacional», que ejercieron, con una brutalidad sin precedentes, la capacidad represiva de las fuerzas armadas –multiplicada por el asesoramiento, entrenamiento y equipamiento de los Estados Unidos–, con el propósito de destruir a los partidos, organizaciones y movimientos populares y de izquierda; desarticular las alianzas sociales y políticas construidas durante el período desarrollista; y sentar las bases para la reforma neoliberal, iniciada en la segunda mitad de los años setenta.

En virtud de la violencia contrarrevolucionaria ejercida por el imperialismo norteamericano y sus aliados en la región, de las debilidades y errores de las fuerzas populares, y del cambio en la correlación mundial de fuerzas que se produciría con el desmoronamiento del bloque socialista europeo y de la propia Unión Soviética, en América Latina y el Caribe fueron destruidos todos los procesos de orientación popular, tanto de carácter *revolucionario* como *reformista*, que comenzaron con posterioridad al triunfo de la Revolución Cubana. Merecen destacarse el golpe de Estado que en 1973 derrocó al gobierno constitucional chileno de Salvador Allende; la invasión militar estadounidense que sesgó la vida en 1984 a la Revolución Granadina; la llamada Guerra de Baja Intensidad (GBI) que provocó la derrota de la Revolución Popular Sandinista en las elecciones de febrero de 1990; la desmovilización en Colombia del Movimiento 19 de Abril en marzo de 1990 y del Movimiento Guerrillero Quintín Lame, del Partido Revolucionario de los Trabajadores y de parte del Ejército Popular de Liberación, estos tres en febrero de 1991; y la firma de los Acuerdos de Paz en El Salvador en enero de 1992. Con estos acontecimientos puede considerarse concluida la etapa de auge de la lucha armada revolucionaria abierta a raíz del triunfo de la Revolución Cubana. Más tarde le seguiría la firma de los Acuerdos de Paz en Guatemala (diciembre de 1996), la cual se produce en momentos en que ya se ha iniciado una nueva etapa de lucha, caracterizada por el auge de la movilización social y la competencia electoral de la izquierda. El único país en el que la lucha armada no ha tenido un desenlace es Colombia, donde siguen actuando las Fuerzas Armadas Revolucionarias de Colombia (FARC) y el Ejército de Liberación Nacional (ELN).

El mal llamado proceso de democratización

A medida que las dictaduras militares de «seguridad nacional» finalizaban el cumplimiento de sus objetivos, y mientras crecía el rechazo internacional a sus crímenes, el imperialismo empezó a promover, de manera gradual, casuística e intermitente, el mal llamado *proceso de democratización*, que consistió en el restablecimiento de la institucionalidad democrático-burguesa pactado entre los gobernantes militares salientes y los partidos políticos tradicionales. El objetivo del pacto era sustituir las *dictaduras militares* por *democracias restringidas*,[3] mediante la celebración de elecciones «libres» –con candidatos y partidos proscritos (no solo de izquierda)– y la imposición de restricciones constitucionales y legales a los nuevos gobernantes civiles, entre las que resaltan la Constitución chilena redactada por encargo de Pinochet y las leyes de *obediencia debida* en Argentina, *caducidad* en Uruguay y *punto final* en Chile, que garantizaron la impunidad de los crímenes cometidos por los gobernantes militares salientes.

El «proceso de democratización» comenzó con la elección de Jaime Roldós a la presidencia de Ecuador (1979), siguió con las elecciones de Fernando Belaunde Terry en Perú (1980), Hernán Siles Suazo en Bolivia (1982), Raúl

---

[3] El concepto *democracia restringida* puede crear dudas debido a que *democracia* es una forma de dominación y subordinación de clase, que lleva implícita la *restricción* de las libertades de las clases dominadas y subordinadas. Con el término *democracia restringida* se identifica al sistema político impuesto en América Latina con posterioridad a las dictaduras militares de «seguridad nacional» que, además de las limitaciones y condicionamientos inherentes a la democracia burguesa en sentido general, fue concebido e implantado, de manera específica, para cerrar en los países de la región aquellos espacios de confrontación de los que habló Gramsci, en los cuales los pueblos puedan arrancarle concesiones al imperialismo y sus aliados locales.

Alfonsín en Argentina (1983), Julio María Sanguinetti en Uruguay (1985), Tancredo Neves-José Sarney[4] en Brasil (1985) y Andrés Rodríguez en Paraguay (1989), y concluyó con la elección del gobierno de Patricio Aylwin a la presidencia de Chile (1989) que puso fin al gobierno de Augusto Pinochet, la última dictadura militar de «seguridad nacional» que aún subsistía en la región. Dentro de ese proceso, los Estados contrainsurgentes impuestos por el imperialismo norteamericano en América Central, se dotaron de una fachada civil, generalmente proporcionada por la Democracia Cristiana, a partir de la elección de los presidentes Roberto Suazo Córdova en Honduras (1982), José Napoleón Duarte en El Salvador (1984) y Marco Vinicio Cerezo en Guatemala (1986).

Las dictaduras militares de «seguridad nacional» actuaron durante veinticinco años. En los Estados Unidos, esos años abarcan los mandatos de los presidentes Lyndon Johnson (1963-1969), Richard Nixon (1969-1974), Gerald Ford (1974-1977), James Carter (1977-1981) y Ronald Reagan (1981-1989). Este fue un período de desarticulación del Sistema Interamericano, en particular, los ocho años de la presidencia de Reagan, durante la cual fue sacudido por el alineamiento estadounidense con Gran Bretaña en la Guerra de las Malvinas (1982), la política draconiana asumida por el imperialismo con motivo de la crisis de la deuda externa (1982) y el temor generado en las burguesías de América Latina por la invasión a Granada (1984) y los efectos desestabilizadores que en toda la región pudiera tener una intervención militar directa en Centroamérica, amenaza que se mantuvo latente entre 1981 y 1989.

Concluida la etapa de las dictaduras militares de «seguridad nacional», al presidente George H. Bush (1989-1993) le corresponde iniciar un proceso para recomponer, reestructurar e institucionalizar el sistema de dominación continental. Los pilares fundamentales de ese proceso son: la afirmación de la democracia representativa como única forma de gobierno legítima en el continente americano; el intento de establecer un Área de Libre Comercio de las Américas (ALCA); y el aumento de la presencia militar de los Estados Unidos en la región.

Tras el «relevo» de las dictaduras militares de «seguridad nacional» por democracias restringidas, Bush emprende una fase superior del «proceso de democratización», al imponer un esquema único de *gobernabilidad democrática* para toda la región, sujeto a mecanismos de *dominación transnacional*.[5] Uno de los principales medios para implantar los mecanismos transnacionales de

---

[4] Tancredo Neves y José Sarney fueron electos, respectivamente, como presidente y vicepresidente de Brasil en la primera elección de candidatos civiles realizada desde el golpe de Estado de abril de 1964. Esta fue una elección indirecta, efectuada mediante el llamado Consejo Electoral. Neves falleció antes de la toma de posesión que tuvo lugar el 15 de enero de 1985, por lo que fue Sarney quien asumió la presidencia.

[5] El empleo de mecanismos transnacionales de dominación lo había iniciado la administración de Ronald Reagan a partir de la crisis de la deuda externa. La madeja de la dominación transnacional se entreteje por medio de la renegociación de los pagos a los acreedores internacionales, los programas de ajuste del Fondo Monetario Internacional (FMI), los

dominación política fue el proceso de reformas a la Carta de la OEA, en particular el subproceso iniciado con la adopción, en junio de 1991, del Compromiso de Santiago de Chile con la Democracia y con la Renovación del Sistema Interamericano, el cual establece que la democracia representativa es la única forma legítima de gobierno en el continente americano. En subsiguientes reuniones de la OEA se definió con creciente precisión lo que esa organización entiende por democracia representativa, se extendió la llamada *cláusula democrática* a todos los organismos y acuerdos regionales, pertenecientes o no al Sistema Interamericano, y se creó un mecanismo de observación electoral y otro de sanción a los «infractores». Este proceso, que alcanza su clímax con la aprobación de la Carta Democrática Interamericana apenas horas después de los atentados del 11 de septiembre de 2001, tiene como objetivo imponer el esquema único de *democracia neoliberal* tras la fachada de la llamada *gobernabilidad democrática*.

La gobernabilidad democrática es una adaptación, muy forzada por cierto, de la *doctrina de la gobernabilidad*, para adecuarla a los requerimientos de la reforma neoliberal en la América Latina de principios de los años noventa, con el propósito específico de sofocar la crisis política creada por la concentración de la riqueza. Se trata de una adaptación *forzada*, porque al sujeto *gobernabilidad* se le añadió «a la brava» el adjetivo *democrática*, a pesar de ser incompatibles: es como decir *Lucifer bondadoso*.

El concepto de gobernabilidad fue formulado por la Comisión Trilateral en la década de 1970 para contrarrestar lo que sus miembros identificaban como un «exceso de democracia».[6] Con otras palabras, la doctrina de la gobernabilidad no fue concebida para preservar los derechos ciudadanos reconocidos por la democracia burguesa, sino para restringirlos. Es un *esquema de control social* que cierra los *espacios de confrontación* abiertos por la lucha de los movimientos obrero, socialista y feminista desde finales del siglo xix, en los cuales los partidos políticos de izquierda, sindicatos y demás organizaciones populares,

---

créditos del Banco Mundial (BM) y las condicionantes políticas y económicas que desde ese momento empezaron a exigir las potencias imperialistas para la firma de todo acuerdo comercial, financiero o de cooperación. Lo que hace George H. Bush es utilizar esos mecanismos en la reforma del Sistema Interamericano.

[6] «Fundada en el año 1973 por el banquero David Rockefeller e integrada por alrededor de trescientos hombres de negocios, políticos e intelectuales de los Estados Unidos, Europa Occidental y Japón, la Comisión Trilateral responde a la necesidad de los *monopolios transnacionales* de disponer de mecanismos de elaboración teórica y formulación política para enfrentar las contradicciones derivadas del proceso de concentración transnacional de la propiedad y la producción. Dos décadas antes de que fuera acuñado el término *globalización*, la Comisión Trilateral se erige en portaestandarte de la ideología y el proyecto de dominación mundial de la "corporación global", los cuales plasma en su estudio *La Crisis de la Democracia: informe sobre la gobernabilidad de las democracias para la Comisión Trilateral*, publicado en 1975.» Roberto Regalado: *América Latina entre siglos: dominación, crisis, lucha social y alternativas políticas de la izquierda* (edición actualizada), Ocean Sur, Melbourne, 2006, pp. 69-70.

en determinadas condiciones y períodos históricos, forzaron a la burguesía a satisfacer sus reivindicaciones. De manera que la gobernabilidad democrática es un «Frankenstein» armado a la carrera para dotar a la democracia neoliberal de una fundamentación seudoteórica y una guía para la reforma político-electoral, basada en la falsa premisa de que la readecuación de los aspectos formales de la democracia burguesa bastaría para conjurar la crisis política, sin resolver –o siquiera aliviar– los problemas económicos y sociales que la provocan.

La implantación del esquema de gobernabilidad democrática implica un cambio de *forma* en la política del imperialismo norteamericano hacia América Latina. El cambio consiste en que, históricamente, un aspecto esencial de esa política era oponerse a *todo* acceso de la izquierda al gobierno, mientras que con la gobernabilidad democrática se aspira a que una izquierda «prisionera» comparta los costos de la crisis capitalista y le ayude a legitimar el nuevo sistema de dominación.

El auge de la lucha electoral de la izquierda

La gestación de la nueva etapa de luchas populares latinoamericanas se produjo en la segunda mitad de la década de 1980. En los países sometidos a dictaduras militares de «seguridad nacional» donde los movimientos populares y de izquierda lograron una mayor organización, unidad y combatividad durante el «proceso de democratización», también fue mayor su capacidad de oponerse a las restricciones constitucionales y legales que los gobernantes castrenses impusieron a la institucionalidad posdictatorial, y de ocupar espacios en diversas instancias de gobierno y en las legislaturas nacionales, pero no pudieron impedir la sujeción del Estado nacional a los nuevos mecanismos transnacionales de dominación, ni sustraerse completamente al embrujo de la gobernabilidad democrática.

El ejemplo paradigmático de la izquierda que *brotaba* derribando las barreras políticas y electorales dejadas por la saliente dictadura, es el Partido de los Trabajadores de Brasil (PT), fundado el 10 de febrero de 1980, en el contexto de la crisis política, económica y social que condujo al desmontaje de la dictadura. Al igual que el PT, el Frente Amplio de Uruguay (FA) constituye un ejemplo, en este caso, de la izquierda que *rebrotaba* en la lucha durante los años finales de la dictadura. El FA es una coalición de partidos y movimientos políticos fundada el 5 de febrero de 1971.

Aunque el auge de la lucha social y la competencia electoral de la izquierda latinoamericana comienza en Brasil y Uruguay, la primera elección presidencial de la nueva etapa en la cual participa un candidato popular con posibilidades reales de triunfar se produjo en México, donde el presidente Miguel de la Madrid (1982-1988) seleccionó a Carlos Salinas de Gortari como candidato oficialista para que diera continuidad a la reforma neoliberal iniciada por él. Fue en respuesta a esa situación que amplios sectores progresistas y de izquierda decidieron formar el Frente Democrático Nacional (FDN), que presentó a Cuauhtémoc Cárdenas como candidato presidencial en las elecciones del 6 de julio de 1988, en las cuales fue despojado de la victoria mediante un fraude similar al cometido el 2 de julio de 2006 en contra de Andrés Manuel López Obrador.

Pese a que el desempeño de las izquierdas mexicana, brasileña y uruguaya fueron las primeras y más importantes manifestaciones del auge de la lucha electoral en los gobiernos locales y estaduales, y en las legislaturas nacionales de varios países, esa tendencia tardó años en llegar a tener éxito en las elecciones presidenciales, y, además, cuando lo tuvo, se produjo en otro país y por diferente senda. En México, Cárdenas fue derrotado en los comicios presidenciales de 1988, 1994 y 2000; en Brasil, Lula lo fue en 1989, 1994 y 1998; y en Uruguay, Líber Seregni fue derrotado en 1989 y Tabaré en 1994 y 2000.

Chávez y Evo: presidentes electos por el quiebre o debilitamiento de la institucionalidad democrático-burguesa

El primer triunfo de un candidato presidencial de izquierda durante la etapa de luchas, abierta a fines de la década de 1980, fue el de Hugo Chávez, en las elecciones celebradas en Venezuela el 6 de diciembre de 1998. La victoria de Chávez no fue el resultado de un proceso de construcción partidista y acumulación política como los que se venían produciendo en México, Brasil y Uruguay, sino de que Venezuela fue el primer país latinoamericano donde se produjo un quiebre de la institucionalidad democrático-burguesa provocado por la reestructuración neoliberal. En esas condiciones, la figura de Chávez, quien alcanzó notoriedad como líder del fracasado intento de golpe de Estado de febrero de 1992 contra el presidente Carlos Andrés Pérez, capitalizó el descontento popular, sin que el imperialismo y los partidos tradicionales venezolanos pudieran evitarlo.

La crisis política venezolana comenzó a manifestarse a inicios de la segunda presidencia de Pérez (1974-1979 y 1989-1993), cuando, días después de la toma de posesión, el 27 y 28 de febrero de 1989, se produjo el estallido popular conocido como el Caracazo. Fue en este convulso mandato de Pérez que, como una de las expresiones de la crisis política en aumento, el 4 de febrero de 1992 se efectuó la Operación Ezequiel Zamora, nombre con el cual fue bautizado el golpe de Estado en el que Chávez desempeñó el papel protagónico.

En virtud de las protestas populares contra el desgobierno de Pérez, su mandato fue interrumpido por el Congreso en mayo de 1993. Durante la presidencia interina de Ramón J. Velásquez, en diciembre de ese año, se celebran las elecciones en las que, en medio de acusaciones de fraude, triunfa el ex presidente Rafael Caldera, mientras Andrés Velásquez, candidato de la organización de izquierda Causa Radical, pasó del primer lugar al cuarto cuando se restableció una «falla» en el sistema de cómputo.[7] Esta segunda elección de Caldera (1969-1974 y 1993-1999) constituyó una ruptura del Pacto de Punto Fijo,[8] provocada por el agravamiento de la crisis política, pues debido al desgaste de Acción Democrática y COPEI –el antiguo partido de Caldera–, este concurrió con una coalición de fuerzas políticas que quebró el bipartidismo, en un intento desesperado de evitar el fracaso de la institucionalidad democrático-burguesa.

El quiebre institucional venezolano explica que Hugo Chávez, líder del Movimiento Bolivariano 200 –el rebautizado Movimiento Quinta República (MVR)–, lograra capitalizar las ansias de cambio de amplios sectores sociales, a pesar de no contar con un partido organizado y consolidado, sino que «sobre la marcha» atrajo a un abanico de fuerzas políticas y sociales, incluidas casi todas las corrientes de la izquierda nacional. Así, Chávez fue electo a la presidencia de Venezuela en diciembre de 1998, en unos comicios donde obtuvo 56,2% de los votos escrutados, frente al 39,97% de su más cercano rival, Enrique Salas.[9] Esa fractura institucional también aclara por qué Chávez pudo emprender de inmediato la redacción y la puesta en vigor de una nueva Constitución, y realizar una reforma política sin que el imperialismo y la derecha venezolana pudieran evitarlo.

Después de aprobada la nueva Constitución de la ahora denominada República Bolivariana de Venezuela en el referéndum celebrado el 15 de diciembre de 1999, Hugo Chávez revalidó su mandato presidencial en los comicios del 30 de julio de 2000 con 59,76% de los votos, mientras su principal opositor, Francisco Arias Cárdenas, obtuvo 37,52%.[10] El desprestigio y la desarticulación de las fuerzas de la reacción venezolana eran de tal envergadura que, pese a los ataques contra Chávez de los medios de comunicación privados, el imperialismo norteamericano y la derecha local tardaron cuatro años para poder articular acciones desestabilizadoras en gran escala, como el golpe de Estado del 11 de abril de 2002 –vencido en cuarenta y ocho horas por la espontánea movilización popular–, el paro petrolero que interrumpió las operaciones de la empresa Petróleos de Venezuela S.A. (PDVSA) desde diciembre de 2002 hasta febrero de 2003, y la celebración de un referéndum revocatorio contra Chávez el 15 de agosto de 2004, del cual este salió fortalecido con 59,25% por el NO a la revocación; 40,74% por el SÍ; y 30,02% de abstención.

---

[7] Los resultados oficiales de los cuatro candidatos que recibieron las mayores votaciones en esta elección fueron: Rafael Caldera, 30,46%; Claudio Fermín, 23,60%; Oswaldo Álvarez, 22,73% y Andrés Velásquez, 21,95%. Véase *Resultados Nacionales: Elecciones Presidenciales Venezuela 3D* (www.explikame.wordpress.com).

[8] El Pacto de Punto Fijo fue un acuerdo de alternancia bipartidista en el gobierno venezolano establecido en 1959 entre los partidos Acción Democrática (socialdemócrata) y COPEI (demócrata cristiano), con el que se pretendía establecer un «modelo» alternativo a la Revolución Cubana.

[9] Véase el sitio web del Consejo Supremo Electoral (www.cne.gov.ve).

[10] Ibíd.

A partir del triunfo del presidente Chávez en lo que se tornó un *referéndum ratificatorio*, la Revolución Bolivariana recuperó la ofensiva, como se refleja en las elecciones de alcaldes y gobernadores del 31 de octubre de 2004, cuando las fuerzas bolivarianas ganaron todas las gobernaciones, salvo Zulia y Nueva Esparta, y 270 de las 337 alcaldías, incluida la Alcaldía Mayor de Caracas, uno de los bastiones principales de la oposición. Como reacción a los fracasos sufridos en 2004, la oposición optó por no presentar candidatos y, en su lugar, llamar a la abstención en las elecciones de diputados a la Asamblea Nacional del 4 de diciembre de 2005, con el objetivo de deslegitimar al gobierno. Sin embargo, el resultado de esta maniobra fue que los 167 escaños de la legislatura quedaran bajo el control de las fuerzas bolivarianas. Esta derrota llevó a la oposición a replantearse la estrategia para las elecciones presidenciales del 3 de diciembre de 2006, a las cuales acudió con la candidatura única de Manuel Rosales, gobernador del estado de Zulia. Como parte de su táctica, la oposición desechó la idea de que Rosales retirara su candidatura al final de la campaña, o de denunciar un supuesto fraude. Por el contrario, reconoció el triunfo de Chávez, quien obtuvo 62,84% de la votación, frente a 36,90% de Rosales,[11] para luego lanzar una propuesta de negociación basada en la convocatoria a elecciones legislativas anticipadas –con el objetivo de enmendar el error que la dejó sin un solo diputado a partir de 2004– y en que el gobierno se abstenga de convocar a una nueva Asamblea Constituyente que despeje el camino a nuevas reelecciones de Chávez.

En la actualidad, se delinea un nuevo escenario de lucha entre el gobierno y la oposición. Chávez redobla los llamados a la construcción de lo que él define como el *socialismo del siglo XXI*, insiste en crear un *partido unido* de las fuerzas bolivarianas y está decidido a reformar la Constitución para legalizar la reelección presidencial sin límites. La oposición, por su parte, está dividida entre los que abogan por reemprender la desestabilización a ultranza, y quienes prefieren una negociación que estimule las contradicciones en las filas bolivarianas, sobre la base de establecer una relación constructiva con el gobierno a cambio de que se detenga el proceso transformador en curso.

A diferencia de lo ocurrido en Venezuela en 1998, la elección de Evo Morales a la presidencia de Bolivia, el 18 de diciembre de 2005, no fue resultado de un *quiebre* de la institucionalidad democrático-burguesa, pero sí de su *debilitamiento*, en virtud del cual fue derrocado el presidente Gonzalo Sánchez de Lozada (2003) y su sustituto Carlos Mesa (2005). En este caso, Evo se erige en la figura capaz de movilizar a las masas bolivianas hacia las urnas, debido a que esas masas lo identifican como el líder popular que se encuentra en mejores condiciones de satisfacer sus demandas, si resulta electo presidente de la República.

Las primeras señales del futuro estallido de la crisis política boliviana se producen en 1998, a consecuencia de la erradicación forzosa de los cultivos de coca emprendida, bajo presión de los Estados Unidos, por el gobierno del ex general

[11] Ibíd.

Hugo Banzer. Sin embargo, es en abril de 2000 cuando ocurre el estallido inicial de las protestas sociales que sacudirían al país en los años venideros. Su primer episodio fue la llamada Guerra del Agua, que obligó a cancelar los contratos de la transnacional Betchel. Le siguió el denominado septiembre rojo del mismo año, cuando los movimientos indígenas y campesinos interrumpieron la carretera entre La Paz, Cochabamba y Santa Cruz, en protesta por la erradicación forzosa de la coca, el intento de privatizar el agua y el plan de abrir una base militar de los Estados Unidos como parte de la Iniciativa Regional Andina. Después continuaron las movilizaciones desatadas en enero de 2002 por el intento del sustituto de Banzer, Jorge Quiroga, de endurecer la legislación contra los campesinos cocaleros. A raíz de la respuesta indígena y campesina contra la violencia de los cuerpos represivos, por presiones de la Embajada de los Estados Unidos y de la derecha boliviana, el entonces diputado Evo Morales fue desaforado de su curul en la legislatura como supuesto responsable de los acontecimientos en los que murieron dos policías.

En las elecciones de junio de 2002, el candidato del Movimiento Nacionalista Revolucionario, Gonzalo Sánchez de Lozada, ocupa por segunda ocasión la presidencia (1993-1997 y 2002-2005), y el Movimiento al Socialismo (MAS), encabezado por Evo Morales, deviene la segunda fuerza política nacional. Tras el reflujo creado por la coyuntura electoral, las protestas se reanudan el 12 de febrero de 2003 con las manifestaciones contra el «impuestazo» de Sánchez de Lozada, cuya represión causa más de treinta muertos y cien heridos. Esta situación de rebeldía llega a su clímax en octubre de ese año, cuando se produce la convergencia de la movilización indígena y campesina, de los cooperativistas y obreros de las minas, de los maestros, y de los sectores medios y bajos urbanos, entre los que resalta la población de El Alto. Los más de cincuenta muertos y decenas de heridos provocados por la represión obligan a la salida del país del presidente Sánchez de Lozada y de otros miembros de su gobierno, y el 17 de octubre asume la presidencia Carlos Mesa, a partir del compromiso de cumplir lo que, desde entonces, se conoce como la Agenda de Octubre, que incluye: celebrar un referéndum sobre el gas y el petróleo, previo a la adopción de una ley de hidrocarburos que devolviese su control a la nación; convocar una Asamblea Constituyente para refundar el Estado boliviano; y enjuiciar a Sánchez de Lozada por la represión desatada por su gobierno. La estrategia de dilación y distorsión del cumplimiento de la Agenda de Octubre por parte del presidente Mesa –quien ocupó el gobierno y se mantuvo en él gracias a que el MAS consideró oportuno darle un apoyo condicionado– fue lo que provocó su renuncia forzosa el 8 de junio de 2005.[12]

---

[12] Sobre el tema puede consultarse Hugo Moldiz: «Crónica del proceso constituyente boliviano», *Contexto Latinoamericano* no. 1, septiembre-diciembre de 2006, pp. 10-22.

La elección de Evo Morales a la presidencia, en diciembre de 2005, con 53,74% de la votación, frente al 28,59% de su más cercano rival, el ex presidente Jorge Quiroga, es motivada, en gran medida, por el debilitamiento de la institucionalidad democrático-burguesa, que hizo fracasar todas las maniobras para evitarlo, tales como el intento de utilizar la redefinición del mapa electoral boliviano para postergar la elección presidencial y aumentar la cantidad de distritos en el departamento de Santa Cruz. La avalancha popular provocada por la convergencia en la lucha de un amplio abanico de sectores sociales, llevó al MAS al gobierno, a pesar de que no cuenta con la estructura, la organización, la cantera de cuadros y el desarrollo programático idóneos para una tarea de tal envergadura.[13]

Aunque en Bolivia, de manera similar a lo ocurrido en Venezuela, la victoria electoral de las fuerzas populares fue posible gracias a la desarticulación y al descrédito de los partidos tradicionales, en este caso, ya antes de la elección de Evo, la oligarquía había emprendido la contraofensiva social y política por medio de nuevos mecanismos, cuyo eje es el sentimiento a favor de la autonomía existente en Santa Cruz y los demás departamentos de la llamada Media Luna: Tarija, Beni, Pando y Chuquisaca. Esa contraofensiva se inició el 22 de junio de 2003 con la Marcha por la Autonomía y el Trabajo, convocada por el Comité Cívico de Santa Cruz –utilizada para convocar al primer Cabildo del siglo XXI– y se recrudeció en octubre de 2004, cuando, todavía en la presidencia de Carlos Mesa, la legislatura aprobó el proyecto de ley de hidrocarburos presentado por el MAS.

Tras la elección de Evo Morales a la presidencia, la oposición boliviana tiene en su haber el triunfo de las posiciones autonomistas en los departamentos de la Media Luna, en el referéndum sobre ese tema realizado el 2 de julio de 2006, el mismo día en que se efectuó la elección a la Asamblea Constituyente. Por su parte, en la elección de delegados a la Constituyente el resultado fue mixto, porque si bien el MAS eligió una mayoría de 152 de los 255 asambleístas, esa cifra es inferior a los dos tercios originalmente pactados para la aprobación de los acuerdos de envergadura. De modo que, frente al empuje de las fuerzas populares en la Constituyente, a la sanción de una ley de hidrocarburos –que debido a las presiones internacionales y nacionales no incluyó todas las exigencias de la Agenda de Octubre–, la aprobación de la reforma agraria en el Senado y las demás medidas transformadoras del gobierno de Evo, la derecha boliviana responde con la exacerbación del autonomismo en la Media Luna, tema que, a pesar de ser manipulado en función de los intereses de una élite, en particular de la oligarquía de Santa Cruz de la Sierra, cuenta con apoyo popular.[14]

---

[13] Véase el sitio web de la Corte Nacional Electoral (www.cne.gov.bo).
[14] Sobre el tema puede consultarse Raúl Prada: «Estado, Asamblea Constituyente y Autonomías», *Contexto Latinoamericano* no. 1, septiembre-diciembre de 2006, pp. 23-34.

Lula y Tabaré: presidentes electos por acumulación política y adaptación a la gobernabilidad democrática

Cuando las derrotas sufridas por todos los demás candidatos presidenciales de izquierda que concurrieron a las urnas desde 1988, hacían pensar que la victoria de Hugo Chávez en 1998 había sido un accidente histórico debido a la gravedad y singularidad de la crisis venezolana, Luiz Inácio Lula da Silva fue electo presidente de Brasil en la segunda vuelta de los comicios de 2002, efectuada el 27 de octubre, en la cual obtuvo 61,3% de los votos, frente al 23,2% del candidato oficialista José Serra.[15] Este triunfo ocurriría trece años después que –pese al revés en su primer intento de alcanzar la presidencia– la votación obtenida por él frente a Fernando Collor de Mello afianzó la tendencia favorable a la lucha electoral de la izquierda latinoamericana.

La candidatura presidencial de Lula fue derrotada tres veces –en 1989, 1994 y 1998–, hecho que estuvo a punto de liquidar su vida política, y que sacudió de forma reiterada al PT, debido a la pugna entre las corrientes que atribuían esas derrotas al alejamiento de sus bases populares ocasionado por la política de alianzas con fuerzas de centro, y las tendencias que, por el contrario, consideraban la necesidad de ampliar y fortalecer tales alianzas. Este enfrentamiento era aún más agudo porque los reveses de Lula en 1994 y 1998, ambos frente a Fernando Henrique Cardoso, ocurrieron en la primera vuelta, lo que representaba un desempeño inferior al de 1989.[16]

El resurgimiento de la figura de Lula y su victoria en la elección presidencial de 2002 fue el resultado de un proceso de acumulación política y adaptación a la gobernabilidad democrática, en medio de una situación que se caracterizaba por la crisis provocada por la reforma neoliberal de Fernando Henrique Cardoso, el impacto del desplome de las bolsas de valores asiáticas –que contribuyó a destruir la coalición de derecha formada por Cardoso– y la preocupación por el quiebre institucional en Argentina, iniciado en julio de 2001.

La elección de Lula a la presidencia no estuvo acompañada de la obtención de mayoría en la Cámara de Diputados ni en el Senado, lo que obligó al PT a ampliar sus alianzas con sectores de centro y derecha que no lo apoyaron ni en la primera ni en la segunda vuelta. De manera que, tanto por la correlación de fuerzas en el seno de la coalición de gobierno, como por definición ideológica del entonces llamado *campo mayoritario*, es decir, la corriente Articulación del PT, el gobierno priorizó el cumplimiento de los compromisos con el capital financiero internacional y postergó para un eventual segundo mandato la parte fundamen-

---

[15] En la primera vuelta de esa elección, efectuada el 6 de octubre, Lula obtuvo 46,4% de los votos y Serra 23,2%. Véase el sitio web del Tribunal Superior Eleitoral (www.tse.gov.br).

[16] En la elección presidencial del 3 de octubre de 1994, Fernando Henrique Cardoso recibió 54,3% de los votos y Lula 27%, mientras que en la del 4 de octubre de 1998 Cardoso obtuvo 53,1% y Lula 31,7%. Ibíd.

tal de las reivindicaciones de los movimientos populares que forman la base social de ese partido. No obstante, sí emprendió programas asistenciales de gran envergadura, como Hambre Cero y Bolsa de Familia que, aunque no rebasan los límites de las recomendaciones del Banco Mundial, casi ningún gobierno aplica.

No fue, sin embargo, la postergación del programa histórico del PT lo que provocó la defenestración de varias figuras clave del gabinete y de la dirección de este partido, y que por momentos pareció amenazar la reelección de Lula, sino el escándalo y las investigaciones parlamentarias por el uso de fondos ilegales para realizar pagos secretos a políticos de los partidos de centro y de derecha incorporados a la coalición de gobierno. Ese escándalo, que inexplicablemente rebrotó antes de la elección presidencial del 1ro. de octubre de 2006 –cuando la policía dijo haber encontrado al nuevo presidente del PT en un hotel, con dinero para comprar secretos que, supuestamente, afectarían al candidato presidencial opositor, Geraldo Alckmin–, evitó la reelección de Lula en la primera vuelta.

A pesar de la crisis política por la que atravesó su gobierno y de las escisiones ocurridas en el PT, dos de cuyas figuras, la senadora Heloisa Helena –de izquierda radical– y el ex gobernador de Brasilia y ex ministro de Educación, Cristovam Buarque –de centroizquierda–, se presentaron como candidatos a la presidencia, Lula obtuvo 48,6% de los votos y Alckmin 41,6%, lo que implicó que fueran a la segunda vuelta electoral. Ante la perspectiva de un posible triunfo de la derecha, todo el campo popular colocó en segundo plano sus críticas a Lula, y convergió en su apoyo para la votación del 29 de octubre, en la que el líder del PT cosechó 60,83%, mientras que Alckmin descendió a 39,17%.[17]

También, como resultado de un relativamente largo proceso de acumulación política, se produjo la elección de Tabaré Vázquez a la presidencia de Uruguay, el 31 de octubre de 2004, en unos comicios en los que el candidato de la alianza Encuentro Progresista-Frente Amplio-Nueva Mayoría obtuvo 50,4% de los votos, mientras que su contendiente más cercano, Jorge Larrañaga, recibió 34,3%.[18] La acumulación política del FA se inició desde su fundación en 1971 y, después de haber sido proscrito durante la dictadura militar (1973-1984), continuó con las elecciones para el cargo de Intendente de Montevideo, primero, de Tabaré en 1989, y, posteriormente, de Mariano Arana en 1994 y 2000.

Durante el período comprendido entre 1989 y 1998, la bancada legislativa del FA aumentó hasta llegar a un tercio en 1994 y a la mitad en 1998, con lo cual obligó a los partidos tradicionales a formar una alianza para alcanzar mayoría calificada, en un primer momento, y después a actuar como un solo bloque de derecha. De manera que, del bipartidismo tradicional de derecha, formado por el Partido Colorado y el Partido Nacional (blanco), en 1994 Uruguay pasó

---

[17] Ibíd.
[18] Véase el sitio web de la Corte Electoral de Uruguay (www.corteelectoral.gub.uy).

a un sistema de tres partidos –colorados, blancos y FA– y a partir de 1998 a un nuevo bipartidismo de facto, con un polo de derecha formado por colorados y blancos y un polo de izquierda formado por el FA.

A diferencia del gobierno de Lula, la elección de Tabaré a la presidencia sí estuvo acompañada por el control de la mayoría simple –no calificada– de la Cámara de Diputados y el Senado. Además, la alianza de gobierno se cimentó con la reincorporación de los partidos del Encuentro Progresista y la Nueva Mayoría al Frente Amplio, del cual se escindieron en 1989. Por otra parte, en las elecciones municipales de mayo de 2005, el FA no solo retuvo la Intendencia de Montevideo, donde se impuso por cuarta vez consecutiva, ahora con Ricardo Erlich como intendente, quien obtuvo 60% de los votos, sino que por primera vez también eligió intendentes en otros departamentos, y ahora ocupa un total de ocho intendencias.

Daniel Ortega: el FSLN retorna al gobierno diecisiete años después

Con el triunfo de Daniel Ortega en la elección presidencial del 3 de noviembre de 2006 y su toma de posesión el 10 de enero de 2007, el secretario general del FSLN retorna a la presidencia de Nicaragua casi diecisiete años después de que fuera desplazado de ella en las elecciones de 1990. Como candidato de la coalición Unida Nicaragua Triunfa –construida por medio de alianzas con una parte de los antiguos enemigos de la Revolución Popular Sandinista, entre ellos sectores de la contrarrevolución armada y la Jerarquía Católica–, Ortega obtuvo 38,59% de los votos, mientras su rival más próximo, Eduardo Montealegre recibió 30,94%.[19] En virtud de la ley electoral acordada hace años con el Partido Liberal Constitucionalista (PLC) del ex presidente Arnoldo Alemán, al haber sumado más de 35% de la votación y su distancia del segundo lugar ser mayor a 5%, Ortega triunfó en la primera vuelta electoral, hecho atribuible a la división de las fuerzas liberales, que presentaron dos candidatos presidenciales, Montealegre por la Alianza Liberal Nacional (ALN) y José Rizo por el PLC.

En sus diez años en el poder, la Revolución Sandinista recuperó la soberanía nicaragüense, nacionalizó las propiedades de la familia Somoza y sus cómplices, hizo una reforma agraria y emprendió programas de desarrollo económico y social, pero se vio obligada a dedicar sus mayores esfuerzos a defenderse de la guerra contrarrevolucionaria dirigida y financiada por la administración de Ronald Reagan. Tras un largo proceso de guerra y negociación, ajustado a los parámetros de la Guerra de Baja Intensidad, la derrota sandinista se consumó en la elección presidencial del 25 de febrero de 1990, cuando triunfó la candidata de la Unión Nacional Opositora (UNO), Violeta Barrios de Chamorro (1990-1997).

---

[19] Véase el sitio web del Consejo Supremo Electoral (www.cse.gob.ni).

Este revés obedeció al desgaste del proceso revolucionario causado por la guerra, al debilitamiento del apoyo político, económico y militar soviético –a partir de la proclamación de la «nueva mentalidad» de Mijail Gorbachov–, y a errores de la dirección del FSLN, como dejar que el peso de la crisis económica y la guerra recayera en los sectores populares –incluida la implantación del Servicio Militar Patriótico (obligatorio)– y aceptar ir a esos comicios en situación tan desventajosa.

Después de la derrota electoral, por primera vez en la historia de Nicaragua empezó a funcionar el sistema democrático burgués –sujeto a las restricciones de la *democracia neoliberal*–, la oficialidad sandinista retuvo el control del Ejército Nacional y de la Policía Nacional, el FSLN siguió siendo el partido político más representado en la Asamblea Nacional –pero en minoría frente a la alianza de centroderecha y derecha–, y mantuvo el voto duro de alrededor del 25% de la población, principalmente, en los sectores humildes que fueron beneficiados por la revolución. En contra del FSLN comenzó a manifestarse el rechazo de la burguesía proimperialista, de las capas medias resentidas por las penurias de la etapa revolucionaria, y de parte de las capas humildes, o bien por escasa politización o bien como consecuencia de los errores del gobierno sandinista. En estas condiciones, la candidatura de Ortega fue derrotada en las elecciones de 1996 y 2001, en ambos casos por una coalición de derecha, articulada en torno al Partido Liberal Constitucionalista, que colocó en la presidencia a Arnoldo Alemán (1997-2002) y a Enrique Bolaños (2002-2007).

El FSLN sufrió en la etapa posrevolucionaria varias escisiones. Uno de los temas más polémicos, tanto dentro como fuera del Frente Sandinista, fue el acuerdo político alcanzado durante la presidencia de Alemán, en virtud del cual, el entonces oficialista PLC y el FSLN, ambos con un caudal electoral muy similar, acordaron una redistribución del Poder Judicial y de los órganos de control del Estado, y una reforma electoral favorable a los dos partidos políticos que obtuvieran la mayor votación, es decir, favorable a ambos. A pesar del costo político que debió pagar el FSLN por ese acuerdo, en buena medida las nuevas reglas electorales –en particular el triunfo en la primera vuelta del candidato presidencial que obtenga 40% de la votación o 35% si su diferencia con el segundo lugar es mayor de 5%–, hicieron posible la elección de Daniel Ortega en la primera vuelta de la elección de 2006, junto a la división en las filas liberales, que presentaron dos candidatos a la presidencia. Ello explica por qué Daniel triunfó en 2006 con poco más de 38% de los votos, cuando en 2001 perdió con el 43%.

Si partimos de que el escenario político y electoral nicaragüense en el que se produce la elección de Daniel Ortega a la presidencia se conforma a raíz de la derrota de la Revolución Popular Sandinista, no podemos considerarlo como el resultado de un proceso de *acumulación política*, semejante a los ocurridos en Brasil y Uruguay, donde la izquierda llega al gobierno tras *brotar* o *rebrotar* en un escenario posdictatorial. En el caso del FSLN, lo que se manifiesta es su capacidad de mantener y ampliar su control sobre resortes de poder, de conservar el apoyo de una parte importante del electorado y de maniobrar políticamente. Después de diecisiete años de gobiernos de derecha, el regreso del FSLN a la presidencia es un cambio bienvenido que debe establecer una diferencia con sus predecesores, sobre todo en política social y en política exterior, pero no cabe esperar un cambio drástico en el plano económico.

Rafael Correa: la sorpresa electoral en Ecuador

Ecuador es uno de los países latinoamericanos en el cual la crisis política estalla a finales de los años noventa, pero, a diferencia de Venezuela, donde el liderazgo de Chávez permitió capitalizar el quiebre de la institucionalidad democrático-burguesa para emprender la Revolución Bolivariana, los estallidos sociales en Ecuador carecieron de una conducción política capaz de encauzar a las masas hacia un proceso transformador, por lo que el derrocamiento de los presidentes Abdalá Bucaram (1997), Jamil Mahuad (2000) y Lucio Gutiérrez (2005), solo significó reciclar la dominación neoliberal.

En particular, el gobierno de Gutiérrez fue traumático para la izquierda y los movimientos populares ecuatorianos, porque su participación en el golpe de Estado contra Mahuad y la retórica de izquierda con que después emprendió su carrera política, llevaron a una buena parte de ellos, entre los que resalta el Movimiento Pachakutik, a apoyar su candidatura en la segunda vuelta de las elecciones presidenciales de 2002, con la condición de que rompiera con la política neoliberal de sus predecesores y adoptara un conjunto de medidas de beneficio popular, lo cual él incumplió. Con estos antecedentes es que en 2006 surge un nuevo candidato presidencial que no tiene una trayectoria política conocida: Rafael Correa.

Rafael Correa se da a conocer públicamente como ministro de Energía del gobierno de Alfredo Palacio, cargo que ocupa durante solo tres meses. Como candidato presidencial de la Alianza País, Correa se destaca por su batalla a favor de la convocatoria a una Asamblea Constituyente que ponga fin al *statu quo* neoliberal, por su defensa de la recuperación del control estatal sobre los recursos naturales del país y por promover la adopción de urgentes medidas de beneficio social. Esta actitud lo colocó en el primer lugar de las encuestas hasta que –como establece la ley– cesaron de divulgarse días antes de la votación.

El resultado de la elección presidencial realizada el 15 de octubre de 2006 fue sorpresivo porque, en medio del colapso del sistema electrónico de conteo de votos, de acusaciones de fraude y de impugnaciones al Tribunal Supremo Electoral, el primer lugar lo ocupó el magnate ultra derechista Álvaro Noboa, candidato del Partido Institucional Renovador de Acción Nacional (PRIAN), con 26,83% de los votos, mientras que Correa fue desplazado al segundo puesto con 22,84%.[20]

---

[20] Véase el sitio web del Tribunal Supremo Electoral (www.tse.gov.ec).

Sin embargo, debido al reagrupamiento de fuerzas políticas ocurrido para la segunda vuelta, efectuada el 26 de noviembre, Correa triunfó con 56,67% y Noboa perdió con 43,33%.[21]

Pese a la campaña de miedo de la derecha, con el 81,72% de los votos por el sí, frente al 12,43% por el NO,[22] la sociedad ecuatoriana aprobó la convocatoria a una Asamblea Constituyente –uno de los temas principales de la campaña electoral de Correa–, que se elegirá en septiembre de 2007. Con este triunfo, se abre una nueva etapa de la lucha popular, cuyo curso y desenlace dependerán de la acción consistente y unitaria de las fuerzas políticas y sociales de la izquierda.

Palabras finales

La elección de seis gobiernos progresistas y de izquierda en América Latina no es el resultado de un proceso democratizador, sino de la sustitución de las formas dictatoriales y autoritarias de dominación que históricamente imperaron en la región, por la implantación de la hegemonía burguesa. Las características de este cambio, muy tardío en comparación con los países pioneros del capitalismo, son que *ocurre en una región subdesarrollada y dependiente*, y que *la ideología hegemónica es el neoliberalismo*. Esto es importante porque en el concepto gramsciano de «hegemonía» se reconocía la existencia de espacios de confrontación que los sectores populares podían aprovechar en su beneficio propio, pero la lógica del sistema actual es abrir espacios *formales* de gobierno, que no puedan ser utilizados ni siquiera para emprender una reforma progresista del capitalismo.

La pregunta es hasta qué punto cada fuerza de la izquierda que accede al gobierno acepta ejercerlo como un fin en sí mismo, y en qué medida está decidida a quebrar la hegemonía neoliberal. La respuesta depende, entre otros factores, del resultado de la lucha ideológica que se desarrolla hoy dentro de los partidos, movimientos políticos y coaliciones protagonistas de esos procesos.

ROBERTO REGALADO es jefe de la Sección de Análisis del Área de América del Departamento de Relaciones Internacionales del Partido Comunista de Cuba.

---

[21] Ibíd.

[22] Ibíd. Estas son las cifras parciales que aparecieron en el sitio web del Tribunal Supremo Electoral de Ecuador el 21 de abril de 2007.

ocean sur
una nueva editorial latinoamericana

Ocean Sur, casa editorial hermana de Ocean Press, es una nueva, extraordinaria e independiente aventura editorial latinoamericana. Ocean Sur ofrece a sus lectores las voces del pensamiento revolucionario del pasado, presente y futuro de América Latina: desde Bolívar y Martí, a Haydée Santamaría, Che Guevara, Fidel Castro, Roque Dalton, Hugo Chávez y muchos otros más. Inspirada en la diversidad, la fuerza revolucionaria y las luchas sociales en América Latina, Ocean Sur desarrolla múltiples e importantes líneas editoriales que reflejan las voces de los protagonistas del renacer de Nuestra América.

Editamos los antecedentes y el debate político actual, lo mejor del pensamiento de la izquierda y de los movimientos sociales, las voces indígenas y de las mujeres del continente, teoría política y filosófica de la vanguardia de la intelectualidad latinoamericana, asi como los aportes fundamentales de artistas, poetas y activistas revolucionarios. Nuestras colecciones Fidel Castro, Biblioteca Marxista, Proyecto Editorial Che Guevara, Vidas Rebeldes, Roque Dalton, entre otras, promueven la discusión, el debate y la difusión de ideas. Ocean Sur es un lugar de encuentro.

www.oceansur.com ■ info@oceansur.com

La gobernabilidad del capitalismo periférico y los desafíos de la izquierda revolucionaria

NÉSTOR KOHAN

Crisis orgánica y revolución pasiva: el enemigo toma la iniciativa

Desde Marx y Engels hasta Lenin, Trotsky y Mao, desde Mariátegui, Mella, Recabarren y Ponce hasta el Che Guevara y Fidel, gran parte de las reflexiones de los marxistas sobre la lucha de clases han girado en torno a la necesidad de asumir la iniciativa política por parte de los trabajadores y del pueblo. Pero ¿qué sucede cuando la iniciativa la toman nuestros enemigos? ¿Qué hacer cuando los segmentos más lúcidos de la burguesía intentan resolver la crisis orgánica de hegemonía, legitimidad política y gobernabilidad apelando a discursos y simbología «progresistas», poniéndose a la cabeza de los cambios para desarmar, dividir, neutralizar y finalmente cooptar o demonizar a los sectores populares más intransigentes y radicales?

Para pensar esos momentos difíciles, tan llenos de matices, Gramsci elaboró una categoría: la «revolución pasiva». La tomó prestada de historiadores italianos, pero le otorgó otro significado. La revolución pasiva es para Gramsci una «revolución-restauración», o sea una transformación desde arriba por la cual los poderosos modifican lentamente las relaciones de fuerza para neutralizar a sus enemigos de abajo. Mediante la revolución pasiva los segmentos políticamente más lúcidos de la clase dominante y dirigente intentan meterse «en el bolsillo» (la expresión es de Gramsci) a sus adversarios y opositores políticos incorporando parte de sus reclamos, pero despojados de toda radicalidad y todo peligro revolucionario. Las demandas populares se resignifican y terminan trituradas en la maquinaria de la dominación.

¿Cómo enfrentar esa iniciativa? ¿De qué manera podemos descentrar esa estrategia burguesa? Resulta relativamente fácil identificar a nuestros enemigos cuando ellos adoptan un programa político de choque o represión a cara descubierta, pero el asunto se complica notablemente cuando los sectores de poder intentan neutralizar al campo popular apelando discursivamente a una simbología «progresista». En esos momentos, navegar en el tormentoso océano de la lucha de clases se vuelve más complejo y delicado...

Dentro de ese conglomerado de olas y mareas políticas que se entrecruzan, no todo aparece tan nítidamente diferenciado ni delimitado como pudiera suponerse. En la actual coyuntura política latinoamericana verificamos, por ejemplo, una notable diferencia entre Cuba, Venezuela y posiblemente Bolivia (en este caso particular, no tanto por las moderadas posiciones políticas de su presidente, sino más que todo por los poderosos movimientos sociales que tiene por detrás), por un lado; y Argentina, Brasil, Chile y Uruguay, por el otro.

Si Cuba y Venezuela encabezan la rebeldía contra el imperio, el segundo bloque de naciones –ubicado en el cono sur de nuestra América– expresa más bien cierta renovación del modelo neoliberal. En este sentido, aunque cada sociedad particular tiene sus propios desafíos, existen problemáticas generales que bien valdría la pena repensar, eludiendo los cantos de sirena embriagadores –por ahora hegemónicos– que hoy pretenden reactualizar las viejas ilusiones reformistas que padecimos hace tres décadas atrás y que tanta sangre, tragedia y dolor nos costaron. En el caso de Argentina, Brasil, Chile y Uruguay, ya no se trata del añejo y deshilachado «tránsito pacífico» al socialismo sino, incluso, de una propuesta muchísimo más modesta: la reforma del capitalismo neoliberal en aras de un supuesto «capitalismo nacional» (en la jerga de Kirchner) o «capitalismo a la uruguaya» (para Uruguay) y así de seguido. Hasta el tímido socialismo del «tránsito pacífico» se diluye y el horizonte se estrecha con los vanos intentos por endulzar al capitalismo y volverlo menos cruel y salvaje...

En esta situación compleja, en el cono sur latinoamericano asistimos a un difícil desafío: pensar desde el marxismo revolucionario no en la inminencia del asalto al poder o de ofensiva abierta de los sectores populares, sino en aquellos momentos del proceso de la lucha de clases donde el enemigo pretende mantener y perpetuar el neoliberalismo de manera sutil y encubierta. No lo pretende hacer de cualquier manera. Paradójicamente, las clases dominantes intentan resolver su crisis orgánica, garantizar la gobernabilidad y mantener sus jugosos negocios enarbolando nuestras propias banderas (oportunamente resignificadas). Resulta más sencillo enfrentar y golpear a un enemigo frontal que intenta aplastarnos enarbolando banderas neoliberales y fascistas (los casos emblemáticos de Pinochet en Chile y de Videla o Menem en Argentina son arquetípicos), pero deviene extremadamente complejo responder políticamente cuando el neoliberalismo se disfraza de «progre», continúa beneficiando al gran capital en nombre de «la democracia», los «derechos humanos», la «sociedad civil», el «respeto por la diversidad», etcétera, etcétera, etcétera.

Estos procesos y mecanismos de dominación política utilizados en la actualidad por las clases dominantes del cono sur latinoamericano y sus amos imperiales se asientan en una prolongada y extensa tradición previa. No han surgido por arte de magia. Solo constituyen un «enigma irresoluble» si, como tantas veces nos sugirió el posmodernismo, hacemos abstracción de nuestra historia nacional y continental.

La revolución pasiva en la historia de América Latina

Durante el siglo XIX, a lo largo de la conformación histórica de los Estados-Naciones latinoamericanos, se entabló una singular relación entre Estado y sociedad civil. A diferencia de algunos esquemas mecánicos y simplistas, supuestamente «marxistas»,[1] en América Latina la relación entre sociedad civil y Estado ha sido, en gran medida, diferente al proceso de las sociedades europeas.[2]

Entre nosotros, en no pocas oportunidades, el Estado no fue un producto posterior que venía a reforzar una realidad previamente constituida sobre sus propias bases sino que, por el contrario, contribuyó de manera activa a conformar la sociedad civil. No puede explicarse, por ejemplo, la inserción subordinada y dependiente de las formaciones sociales latinoamericanas en el mercado mundial, durante el siglo XIX, si se desconoce la mediación estatal. No puede comprenderse el proceso genocida de los pueblos originarios de nuestra América, el robo, la expropiación de sus tierras y la incorporación de la producción agrícola o minera al mercado mundial, si se prescinde del accionar estatal. No puede entenderse la conformación de las grandes unidades productivas, como las plantaciones, las minas, las haciendas, que combinaban la explotación forzada de fuerza de trabajo con una producción de valores de cambio destinados a ser vendidos en el mercado mundial capitalista, si se deja de lado el activo papel desempeñado por el Estado. Ese protagonismo central no tuvo lugar solo en la llamada acumulación originaria del capital latinoamericano. Posterior-

---

[1] Estos esquemas simplistas fueron extraídos, principalmente, de los estudios de orden filosófico de la década de 1840, críticos de la *Filosofía de derecho* de Hegel, donde Marx le reprochaba a su maestro subordinar la sociedad civil al Estado; y de los análisis sociológicos de la década de 1850, donde Marx analizó la sociedad francesa y el fenómeno político bonapartista.

[2] Véase el inteligente estudio de Carlos Nelson Coutinho sobre Gramsci en América Latina y, particularmente, sobre la revolución pasiva en Brasil: «As categorías de Gramsci e a realidade brasileira», *Gramsci. Um estudo sobre seu pensamento político*, Rio de Janeiro, Civilização Brasileira, 1999. También pueden consultarse con provecho los trabajos de Florestan Fernandes sobre la revolución burguesa, recopilados por Octavio Ianni: *Florestan Fernandes: sociología crítica e militante*, São Paulo, Expressão Popular, 2004. Juan Carlos Portantiero había adelantado algunas inteligentes reflexiones en este sentido en su archicitado ensayo *Los usos de Gramsci* [1975] (Buenos Aires, Grijalbo, 1999), pero, a diferencia de los dos autores anteriores, Portantiero terminó convirtiendo a Gramsci en un comodín socialdemócrata bastardeado hasta límites inimaginables.

mente, cuando el capitalismo y el mercado ya funcionaban en América Latina sin andadores ni muletas, el Estado siguió teniendo una participación decisiva.

Entre las muchas instituciones que conforman el entramado estatal, hubo una institución en particular que ocupó este papel central: el Ejército (entendido en sentido amplio, como sinónimo de Fuerzas Armadas).[3] Junto con la represión feroz de numerosos sujetos sociales –pueblos indígenas y negros, gauchos, llaneros, etcétera– reacios a incorporarse como mansa y domesticada fuerza de trabajo, los ejércitos latinoamericanos también ocuparon, gerenciaron y realizaron tareas estrictamente económicas.

Ese protagonismo privilegiado y muchas veces preponderante en América Latina no solo fue central a lo largo de todo el siglo XIX. En el siglo XX el bonapartismo militar[4] desempeñó la función activa que no realizaron ni podían realizar las débiles, impotentes y raquíticas burguesías autóctonas latinoamericanas (injustamente denominadas «burguesías nacionales» por sus apologistas). Ante la ausencia de proyectos sólidos, pujantes y auténticamente nacionales, estas burguesías perdieron su escasa y delgada autonomía, si es que alguna vez la tuvieron,[5] y terminaron como socias menores y subsidiarias de los grandes capitales. Solo podían disfrutar del solcito del mercado interno y del mercado mundial a condición de acomodarse con la cabeza gacha y el sombrero entre las manos en los lugares secundarios y los espacios semivacíos que les dejaban los capitales multinacionales. Es por eso que gran parte de las industrializaciones latinoamericanas del siglo XX fueron, en realidad, seudoindustrializaciones, ya que no modificaron la estructura previa heredada por las burguesías agrarias del siglo XIX.[6]

---

[3] Véase nuestro ensayo «Los verdugos latinoamericanos: las Fuerzas Armadas de la contrainsurgencia a la globalización», *Pensar a contramano. Las armas de la crítica y la crítica de las armas*, Buenos Aires, Editorial Nuestra América, 2006.

[4] Adoptamos esta categoría de Mario Roberto Santucho: «Poder burgués, poder revolucionario» [1974], en Daniel de Santis (comp.): *A vencer o morir. PRT-ERP Documentos*, Buenos Aires, EUDEBA, 1998 (tomo I) y 2000 (tomo II).

[5] Véase el testamento político del Che, donde afirma: «Por otra parte las burguesías autóctonas han perdido toda su capacidad de oposición al imperialismo –si alguna vez la tuvieron– y solo forman su furgón de cola. No hay más cambios que hacer; o revolución socialista o caricatura de revolución». «Mensaje a los pueblos del mundo a través de la Tricontinental», *Obras* (en 2 tomos), La Habana, Casa de las Américas, 1970, tomo 2, p. 589.

[6] Consúltese los siguientes textos: el capítulo «Expansión industrial, imperialismo y burguesía nacional» del libro de Silvio Frondizi: *La realidad argentina. Ensayo de interpretación sociológica*, 1955 (el tomo I) y 1956 (el tomo II); Víctor Testa [seudónimo de Milcíades Peña]: «Industrialización, seudoindustrialización y desarrollo combinado», *Fichas de investigación económica y social*, año I, no. 1, abril de 1964, pp. 33-44; este artículo fue recopilado póstumamente en Milcíades Peña: *Industrialización y clases sociales en la Argentina*, Buenos Aires, Hyspamérica, 1986, p. 65 y ss.; y finalmente nuestro ensayo «¿Foquismo?: A propósito de Mario Roberto Santucho y el pensamiento político de la tradición guevarista», *Ernesto Che Guevara: El sujeto y el poder*, Buenos Aires, Nuestra América, 2005.

Hoy por hoy resulta a todas luces errónea y fuera de foco la falsa imagen y la ilusoria dicotomía –construida artificialmente desde relatos encubridores y apologistas– que enfrentaría a «burguesías nacionales, democráticas, industrialistas, antimperialistas y modernizadoras» contra «oligarquías terratenientes, tradicionalistas, autoritarias y vendepatrias». Nuestra historia real, repleta de golpes de Estado, masacres y genocidios planificados, ha seguido un derrotero notablemente diverso al que postulaban los cómodos «esquemas clásicos» y los complacientes «tipos ideales» construidos a imagen y semejanza de las principales formaciones sociales europeas. La historia latinoamericana desobedeció la lógica europea; la lucha de clases empírica no se dejó atrapar por el esquema ideal; el desarrollo desigual, articulado y combinado de múltiples dominaciones sociales desoyó los consejos políticos etapistas que aconsejaban apoyar a una u otra fracción burguesa («burguesía democrática» la llamó el reformismo stalinista, «burguesía nacional» la denominó el populismo) contra el supuesto enemigo oligárquico. En América Latina, las burguesías nacieron oligárquicas y las oligarquías fueron aburguesándose mientras se modernizaban. Las modernizaciones no vinieron desde abajo sino desde arriba. No fueron democráticas ni plebeyas, sino oligárquicas y autoritarias. No surgieron como consecuencia de «revoluciones burguesas antifeudales» –así rezaban ciertos manuales– sino de revoluciones-restauradoras, revoluciones pasivas encabezadas e impulsadas por las oligarquías aburguesadas.

Las propias oligarquías, por medio del aparato de Estado y en particular de las fuerzas armadas, emprendieron –a sangre, tortura y fuego– el camino de modernizar su inserción, siempre subordinada en el mercado mundial capitalista.[7] El liberalismo latinoamericano no fue, como en la Francia de los siglos XVII y XVIII, progresista sino autoritario y represivo. En nuestras patrias despanzurradas a

---

[7] Tratando de pensar la conformación social de la dominación burguesa en Argentina y América Latina de una manera diferente (tanto frente al reformismo stalinista como frente al populismo nacionalista), el viejo dirigente comunista Ernesto Giudici –quien en 1973 propuso la herética unidad del comunismo con las organizaciones político-militares PRT-ERP y Montoneros– arriesgó una hipótesis más que sugerente. Siempre decía que hay que pensar la historia latinoamericana a partir de su propia cronología histórica, sin violentarla para que entre en el lecho de Procusto de cronologías diversas. Hecha esta salvedad, Giudici consideraba pertinente una analogía con las formaciones sociales europeas; ya no con Francia –modelo de *El 18 Brumario de Luis Bonaparte*– ni con Inglaterra –arquetipo empírico que está en la base de *El Capital*–, sino con el prusianismo alemán. La formación histórica del capitalismo en Argentina, por ejemplo, se asemejaba mucho más a la atrasada Prusia que a las modernas Francia o Inglaterra. Como en Prusia, la burguesía argentina vivía haciendo pactos y compromisos con los propietarios terratenientes, utilizando al ejército como fuerza social privilegiada en política, y reprimiendo toda vida cultural autónoma. La hipótesis analógica del «prusianismo» cumplía en los razonamientos de Giudici, un papel mucho más abarcador que el «camino prusiano en la agricultura» del que hablaba Lenin, en contraste con la modernización de la agricultura capitalista de los *farmers* norteamericanos. Véase «Herejes y ortodoxos en el comunismo argentino», en nuestro *De Ingenieros al Che. Ensayos sobre el marxismo argentino y latinoamericano*, Buenos Aires, Biblos, 2000 (hay reedición cubana ampliada, 2006).

golpes de bayoneta y destrozadas a picana y palazos, jamás existió modernización económica sin represión política. Las burguesías locales, débiles para independizar nuestras naciones del imperialismo, resultaron, al mismo tiempo, lo suficientemente fuertes como para neutralizar e impedir los procesos de lucha social radical de las clases populares.

Las sangrientas dictaduras latinoamericanas –cuyas consecuencias nefastas seguimos padeciendo hasta el presente– que asolaron nuestro continente durante los años setenta y ochenta no fueron, en consecuencia, un rayo inesperado en el cielo claro de un mediodía de verano. No constituyeron una «anomalía», una excepción a la regla, el interregno entre dos momentos de normalidad y paz, sino más bien la regla de nuestros capitalismos periféricos, dependientes y subordinados a la lógica del sistema capitalista mundial.

Nuevos tiempos de luchas y nuevas formas de dominación durante la «transición a la democracia»

Agotadas las antiguas formas políticas dictatoriales, mediante las cuales el gran capital –internacional y local– ejerció su dominación, logró remodelar las sociedades latinoamericanas, e inauguró a escala mundial el neoliberalismo,[8] nuestros países asistieron a lo que se denominó, de modo igualmente apologético e injustificado, «transiciones a la democracia».

Ya llevamos casi veinte años, aproximadamente, de «transición». ¿No será hora de hacer un balance crítico? ¿Podemos hoy seguir repitiendo alegremente que las formas republicanas y parlamentarias de ejercer la dominación social son «transiciones a la democracia»? ¿Hasta cuándo vamos a continuar tragando sin masticar esos relatos académicos nacidos al calor de las becas de la socialdemocracia alemana y los subsidios de las fundaciones norteamericanas?

En nuestra opinión, y sin ánimo de catequizar ni evangelizar a nadie, la puesta en funcionamiento de formas y rituales parlamentarios dista mucho de parecerse, aunque sea mínimamente, a una democracia auténtica. Resulta casi ocioso insistir con algo obvio: en nuestros países latinoamericanos, hoy siguen dominando los mismos sectores sociales de antaño, los de gruesos billetes y abultadas cuentas bancarias. Ha mutado la imagen, ha cambiado la puesta en

---

[8] Es bien conocido el análisis del historiador británico Perry Anderson (a quien nadie puede acusar de provincianismo intelectual o de chauvinismo latinoamericanista), quien sostiene que el primer experimento neoliberal a nivel mundial ha sido, precisamente, el de Chile. Incluso varios años antes que los de Margaret Thatcher o Ronald Reagan. No por periféricas ni dependientes las burguesías latinoamericanas han quedado en un segundo plano en la escena de la dominación social. Incluso en algunos momentos se han adelantado a sus socias mayores, y han inaugurado –con el puño sangriento de Pinochet en lo político y de la mano para nada «invisible» de Milton Friedman en lo económico–, un nuevo modelo de acumulación de capital de alcance mundial: el neoliberalismo.

escena, se ha transformado el discurso, pero no se ha modificado el sistema económico, social y político de dominación. Incluso se ha perfeccionado.[9]

Estas nuevas formas de dominación política –sobre todo las parlamentarias– nacieron de la lucha de clases. En nuestra opinión, no fueron un regalo gracioso de su gran majestad, el mercado y el capital (como sostiene cierta hipótesis que termina presuponiendo, inconscientemente, la pasividad total del pueblo), pero tampoco fueron solo fruto de la conquista popular y del «avance democrático de la sociedad civil» que, poco a poco, se va apoderando de los mecanismos de decisión política en su marcha hacia un porvenir luminoso (como presuponen ciertas corrientes que terminan cediendo al fetichismo parlamentario). En realidad, los regímenes políticos postdictadura, en Argentina, en Brasil, en Chile, en Uruguay y en el resto del cono sur latinoamericano, fueron consecuencia de una compleja y desigual combinación de las luchas populares y de masas –en cuya estela alcanza su cenit la pueblada argentina de diciembre de 2001– con la respuesta táctica del imperialismo que necesitaba sacrificar momentáneamente algún peón militar de la época neolítica para reacomodar los hilos de la red de dominación, cambiando algo para que nada cambie.

Con discurso «progre» o sin él, la misión estratégica que el capital transnacional y sus socias más estrechas, las burguesías locales, le asignaron a los gobiernos «progresistas» de la región –desde el Frente Amplio uruguayo, el Partido de los Trabajadores de Brasil y el Partido Justicialista del argentino Kirchner, hasta la concertación de Bachelet en Chile– consiste en lograr el retorno a la «normalidad» del capitalismo latinoamericano. Se trata de resolver la crisis orgánica reconstruyendo el consenso y la credibilidad de las instituciones burguesas para garantizar EL ORDEN, es decir: la continuidad del capitalismo. Lo que está en juego es la hegemonía burguesa en la región, amenazada por las rebeliones y puebladas –como la de Argentina o Bolivia–, y su eventual recuperación.

Desde nuestra perspectiva, y a pesar de las esperanzas populares, la manipulación de las banderas sociales, el bastardeo de los símbolos de izquierda y la resignificación de las identidades progresistas, tienen en la actualidad como propósito frenar la rebeldía y encauzar institucionalmente la indisciplina social. Mediante este mecanismo de renovación «progre», las burguesías del cono sur latinoamericano intentan recomponer su hegemonía política. Se pretende volver a legitimar las instituciones del sistema capitalista, muy devaluadas y desprestigiadas por una crisis de representación política que hacía años no

---

[9] Recordemos que para Marx la república burguesa parlamentaria –que él nunca homologaba con «democracia»– constituía la forma más eficaz de dominación política. Marx la consideraba superior a las dictaduras militares o a la monarquía, porque en la república parlamentaria la dominación se vuelve anónima, impersonal, y termina licuando los intereses segmentarios de los diversos grupos y fracciones del capital, con lo cual instaura un promedio de la dominación general de la clase capitalista, mientras que en la dictadura y en la monarquía es siempre un sector burgués particular el que detenta el mando, y se vuelve así más frágil, visible y vulnerable el ejercicio del poder político.

vivía nuestro continente. Los equipos políticos de las clases dominantes locales y del imperialismo se esfuerzan, de este modo sutil e inteligente, en continuar aislando a la revolución cubana (a la que se saluda, pero... como algo exótico y caribeño), en conjurar el ejemplo insolente de la Venezuela bolivariana (a la que se sonríe pero... siempre desde lejos), en seguir demonizando a la insurgencia colombiana, y en congelar de raíz el proceso abierto en Bolivia.

Los desafíos de la izquierda latinoamericana antimperialista y anticapitalista frente a su propia historia

¿Cómo enfrentar entonces esa renovación de las formas políticas de dominación, ese intento gatopardista por cambiar algo para que el ORDEN siga igual y nada cambie de fondo?

Descartada la visión ingenua de un optimismo eufórico que postula en el terreno de las consignas un peligroso y falso triunfalismo –al calificar como «avance revolucionario» a los gobiernos de Kirchner, Lula, Tabaré Vázquez o Bachelet–, debemos hacer el esfuerzo por comprender nuestros desafíos políticos, teniendo en cuenta nuestra historia y nuestras propias necesidades.[10] Así

---

[10] En ese sentido sería conveniente no confundir las necesidades diplomáticas coyunturales de determinados Estados –a los que defendemos de la agresividad imperialista y con los cuales nos solidarizamos activamente–, con las necesidades políticas del movimiento popular en los países del cono sur latinoamericano. Aunque luchamos por los mismos fines antimperialistas y socialistas, no siempre lo que le conviene a los Estados amigos coincide con los intereses de los movimientos sociales y populares de nuestras naciones. Reflexionemos sobre un ejemplo histórico concreto: la Revolución Cubana sufre un embargo criminal de los Estados Unidos desde su mismo desafío al coloso del norte. Prácticamente, todos los Estados del continente, siguiendo la presión yanqui, rompieron relaciones con Cuba a inicios de los años sesenta. Uno de los pocos que no lo hizo fue México. Durante décadas, en México gobernaba el Partido Revolucionario Institucional (PRI), partido burgués, corrupto y autoritario. El PRI mantenía «hacia afuera» una política de no confrontación con Cuba, lo cual resulta muy útil diplomáticamente para frenar a los Estados Unidos. En lo interno, reprimía al movimiento obrero, compraba dirigentes, dividía las organizaciones populares, masacraba estudiantes, hacía desaparecer indígenas, etcétera. A fines de la década del sesenta, en México nacen organizaciones guerrilleras que son masacradas. Años más tarde, surge el Ejército Zapatista de Liberación Nacional (EZLN) contra el PRI. ¿Cuba rompe amarras contra el Estado mexicano? No, no lo puede hacer. Necesita mantener relaciones diplomáticas con el Estado mexicano para eludir el bloqueo yanqui, lo cual resulta plenamente comprensible. ¿Entonces? ¿Qué debe hacer el movimiento popular en México? ¿Apelar a la autoridad moral de Cuba para apoyar al PRI? La respuesta negativa es más que obvia. No obstante, existieron corrientes que así lo hicieron durante años. La vertiente de Lombardo Toledano –de nefasta memoria– apoyaba al PRI con retórica de «izquierda», aceptaba las represiones del gobierno como «progresistas», incluida la masacre de Tlatelolco, etcétera, etcétera. Sobre estas dificultades objetivas que el internacionalismo militante no puede desconocer, véase nuestro diálogo-entrevista (realizado junto con el compañero Luciano Álzaga) al presidente de la Asamblea Popular de la República de Cuba, Ricardo Alarcón (www.lahaine.org y www.rebelion.org).

lo hizo Fidel cuando encabezó la Revolución Cubana, y lo hace Chávez en Venezuela. Así lo hicieron los sandinistas, los salvadoreños y los tupamaros en sus épocas fundacionales (cuando eran radicales y estaban contra el sistema), y lo hacen las Fuerzas Armadas Revolucionarias de Colombia (FARC) y el Ejército de Liberación Nacional (ELN), al igual que los zapatistas en Chiapas. En el cono sur latinoamericano se nos impone encontrar nuestra perspectiva estratégica y nuestro rumbo político a partir de nuestra propia historia. ¡Debemos estudiar y tomar en serio la historia!

Eso implica estar alertas frente a cualquier manipulación oportunista. Es cierto que todo relato histórico presupone construir genealogías del pasado para defender y legitimar políticas hacia el futuro. Pero todo tiene un límite. No se puede ir al pasado, «meter mano», poner y sacar a gusto y placer según las oportunidades del caso...

Por ejemplo, en la Argentina, no se puede poner en las banderas y en los carteles las imágenes de Santucho y del Che Guevara y luego, como por arte de magia, borrar esos símbolos para reemplazarlos por la foto de Juan Domingo Perón. Y luego, si cambian las alianzas políticas del momento, archivar rápidamente a Perón y volver a poner a Santucho o a quien convenga en esa ocasión. Siempre con la misma sonrisa cínica. ¡Como si todo fuera lo mismo! Eso es poco serio. Eso es hacer manipulación vulgar de la historia en función del presente inmediato. Así no se construye una identidad política de masas que logre aglutinar a la juventud rebelde y a la clase trabajadora combativa en función de un proyecto de emancipación radical. Los cubanos designan a esas maniobras como vulgar «politiquería». Lenin las denominaba «oportunismo». En cada uno de los países de nuestra América hay un término para hacer referencia a lo mismo. La historia debe ser nuestra fuente genuina de inspiración, no un cómodo salvoconducto oportunista.

Formación política, hegemonía socialista e internacionalismo

No solo debemos inspirarnos en la historia. En la actual fase de la correlación de clases –signada por la acumulación de fuerzas– necesitamos generalizar la formación política de la militancia de base. No solo de los cuadros dirigentes sino de toda la militancia popular. Se torna imperioso combatir el clientelismo y la práctica de los «punteros» (negociantes de la política mediante las prebendas del poder), solidificando y sedimentando una fuerte cultura política en la base militante, que apunte a la hegemonía socialista sobre todo el movimiento popular. No habrá transformación social radical al margen del movimiento de masas. Nos parecen ilusorias y fantasmagóricas las ensoñaciones posmodernas y posestructuralistas que nos invitan irresponsablemente a «cambiar el mundo sin tomar el poder». No se pueden lograr cambios de fondo sin confrontar con las instituciones centrales del aparato de Estado. Debemos apuntar a conformar, estratégicamente y a largo plazo –estamos pensando en términos de varios años y no de dos meses–, organizaciones guevaristas de combate.

¿Por qué organizaciones? Porque el culto ciego a la espontaneidad de las masas constituye un espejismo muy simpático pero ineficaz. Todo el movimiento popular que sucedió a la explosión del 19 y 20 de diciembre de 2001 en Argentina diluyó su energía y terminó siendo fagocitado por la ausencia de organización y de continuidad en el tiempo (organización popular no equivale a sumatoria de sellos partidarios que tienen como meta máxima la participación en cada contienda electoral).

¿Por qué guevaristas? Porque en nuestra historia latinoamericana el guevarismo constituye la expresión del pensamiento más radical de Marx, de Lenin y de todo el acervo revolucionario mundial, descifrado a partir de nuestra propia realidad y nuestros propios pueblos. El guevarismo se apropia de lo mejor que produjeron los bolcheviques, los chinos, los vietnamitas, las luchas anticolonialistas del África, la juventud estudiantil y trabajadora europea, el movimiento negro norteamericano y todas las rebeldías palpitadas en varios continentes. El guevarismo no es calco ni es copia, constituye una apropiación de la misma historia del marxismo latinoamericano, cuyo fundador es, sin ninguna duda, José Carlos Mariátegui. Guevara no es una remera. Su búsqueda política, teórica, filosófica constituye una permanente invitación a repensar el marxismo radical desde América Latina y el Tercer Mundo. No se lo puede reducir a tres consignas y dos frases hechas. Aún tenemos pendiente un estudio colectivo serio y una apropiación crítica del pensamiento marxista del Che entre nuestra militancia.[11]

¿Por qué de combate? Porque tarde o temprano nos toparemos con la fuerza bestial del aparato de Estado y su ejercicio permanente de fuerza material. Así nos lo enseña toda nuestra historia. Insistimos: ¡hay que tomarse en serio la historia! Pretender eludir esa confrontación puede resultar muy simpático para ganar una beca o seducir al público lector en un gran monopolio de la (in)comunicación, pero la historia de nuestra América nos demuestra, con una carga de dramatismo tremenda, que no habrá revoluciones de verdad sin el combate antimperialista y anticapitalista. Se impone prepararnos a largo plazo para esa confrontación. No es una tarea de dos días sino de varios años. Debemos dar la batalla ideológica para legitimar en el seno de nuestro pueblo la violencia plebeya, popular, obrera y anticapitalista; la justa violencia de abajo frente a la injusta violencia de arriba.

Al identificar el combate como un camino estratégico, debemos aprender de los errores del pasado, y eludir la tentación militarista. Las nuevas organizaciones guevaristas deberán estar estrechamente vinculadas a los movimientos sociales. No se puede hablar «desde afuera» al movimiento de masas. Las organizaciones que encabecen la lucha y marquen un camino estratégico,

---

[11] En este sentido, hemos querido aportar nuestro pequeñísimo granito de arena, con el libro *Ernesto Che Guevara: El sujeto y el poder*, y con diversas experiencias de formación política en varias cátedras Che Guevara, dentro y fuera de la universidad, tanto en movimientos de derechos humanos, en el movimiento estudiantil como en escuelas del movimiento piquetero.

más allá del día a día, deberán ser al mismo tiempo «causa y efecto» de los movimientos de masas. No solo hablar y enseñar, sino también escuchar y aprender. ¡Y escuchar atentamente y con el oído bien abierto! La verdad de la revolución socialista no es propiedad de ningún sello, se construirá en el diálogo colectivo entre las organizaciones radicales y los movimientos sociales. Las vanguardias –perdón por utilizar este término tan desprestigiado en los centros académicos del sistema– que deberemos construir serán vanguardias de masas, no de élite.

Si durante la lucha ideológica de los años noventa –en los tiempos del auge neoliberal–, nos vimos obligados a batallar en la defensa de Marx, remando contra la corriente hegemónica, en la década que se abre en el 2000, Marx solo ya no alcanza. Ahora debemos ir por más, dar un paso más e instalar en la agenda de nuestra juventud a Lenin y al Che (y a todas y todos sus continuadores). Reinstalar al Che entre nuestra militancia implica recuperar la mística revolucionaria de lucha extrainstitucional que nutrió a la generación latinoamericana de los años sesenta y setenta.

Tenemos pendiente pensar y ejercer la política más allá de las instituciones, sin ceder al falso «horizontalismo» –cuyos partidarios gritan «¡que no dirija nadie!» porque en realidad quieren dirigir ellos– ni quedar entrampados en el reformismo y el chantaje institucional. Nada mejor entonces que combinar el espíritu de ofensiva de Guevara con la inteligencia y lucidez de Gramsci para comprender y enfrentar el gatopardismo. Saber salir de la política de secta, asumir la ofensiva ideológica y al mismo tiempo ser lo suficientemente lúcidos como para enfrentar el transformismo político de las clases dominantes que enarbolan banderas «progresistas» para dominarnos mejor.

Como San Martín, Artigas, Bolívar, Sucre, Manuel Rodríguez, Juana Azurduy y José Martí, como Guevara, Fidel, Santucho, Sendic, Miguel Enríquez, Inti Peredo, Carlos Fonseca y Marighella, debemos unir nuestros esfuerzos y voluntades colectivas a largo plazo en una perspectiva internacionalista y continental. En la época de la globalización imperialista no es viable ni posible ni realista ni deseable un «capitalismo nacional».

No podemos seguir permitiendo que la militancia abnegada –presente en diversas experiencias reformistas del cono sur– se transforme en «base de maniobra» o elemento de presión y negociación para la renovación de las burguesías latinoamericanas. Los sueños, las esperanzas, los sufrimientos, los sacrificios y toda la energía rebelde de nuestros pueblos latinoamericanos no pueden seguir siendo expropiados. Nos merecemos algo más que un miserable «capitalismo con rostro humano» y una mugrienta modernización de la dominación.

NÉSTOR KOHAN es docente e investigador de la Universidad Popular Madres de Plaza de Mayo y de la Universidad de Buenos Aires. Es miembro de la Asociación Argentina Antonio Gramsci, sección de la Internacional Gramsci Society (IGS).

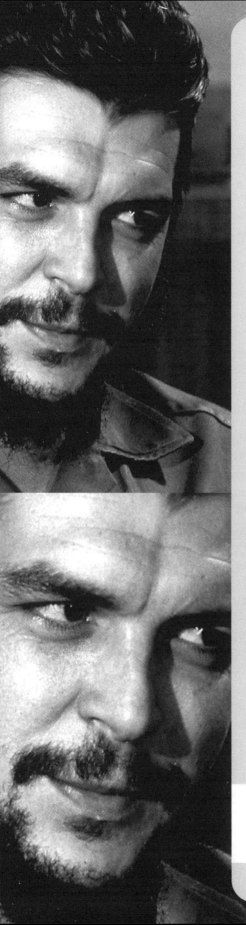

contexto
LATINOAMERICANO

NÚMERO ESPECIAL DEDICADO AL
CHE GUEVARA octubre 2007

Ocean Sur, con la colaboración del Centro de Estudios Che Guevara, publicará en octubre de 2007 un número especial de la revista *Contexto Latinoamericano* dedicado al Guerrillero Heroico, al conmemorarse 40 años de su desaparición física.

Esta edición incluirá una selección de artículos, entrevistas, cartas y fotografías del Che, que abarcan sus recorridos juveniles por América Latina, las experiencias como guerrillero en Cuba, los aportes a la construcción del socialismo y el legado de su gesta internacionalista, así como ensayos de prestigiosos especialistas sobre su vida y obra.

UN PROYECTO DE OCEAN SUR
www.oceansur.com • info@oceansur.com

Posibles caminos de Brasil

WLADIMIR POMAR

Hay un cierto consenso de que Brasil es un país capitalista, con enormes desigualdades, injusto e inhumano, aunque estas sean características propias de la mayoría de los países capitalistas. Por tanto, eso puede decirlo todo o no decir nada, si tenemos en cuenta su proceso histórico de desarrollo y las reformas o cambios económicos y sociales que se requieren para transformarlo en una sociedad menos desigual, más justa y humana.

Las leyes que rigen el capitalismo son las mismas para todos los países o regiones donde ese modo de producción se implantó y echó raíces. Sin embargo, la forma en que esas leyes actúan, teniendo en consideración los legados históricos de cada país o región, es lo que hace que el capitalismo en cada uno de ellos posea características que lo distingan del resto. En ocasiones, esos rasgos específicos resisten incluso los procesos de globalización que promueve el capital.

En Brasil, el capitalismo no nació de la lucha contra el sistema semiesclavista y semifeudal que prevalecía en la agricultura y en la sociedad. Nació promovido por los latifundistas mercantilistas de las *plantaciones* de café, ante las oportunidades abiertas por la industrialización europea, a partir de la segunda mitad del siglo XIX. Tuvo un salto evolutivo entre los años 1910 y 1920, cuando sustituyó importaciones en las brechas de la Primera Guerra Mundial, pero solo adquirió auge tardíamente en los años treinta, asimismo, bajo la tutela del sector latifundista que asumió el poder del Estado, creó empresas estatales y promovió un pacto entre el capital estatal y los capitales privados.

Es cierto que durante la ola de globalización imperialista del siglo XIX, capitales de las potencias coloniales ya habían transferido elementos del modo capitalista de producción y circulación hacia los países dominados o bajo su influencia. Habían construido líneas férreas, puertos, talleres de reparaciones pesadas e incluso algunas manufacturas en la India, China, Sudáfrica, el Congo, Bolivia, Brasil y otros países y regiones. Todo ello con el objetivo esencial de transportar las materias primas minerales y agrícolas que demandaban sus centros industriales y, en sentido inverso, traladar los productos industriales de sus fábricas para distribuirlos en los mercados de aquellos países y regiones.

Por otra parte, hasta la Segunda Guerra Mundial los países capitalistas avanzados impedían por cualquier medio la transferencia de los elementos más consistentes del modo de producción capitalista, como industrias básicas, fuera de sus fronteras imperiales. Solo durante aquella guerra y en el proceso de descolonización y de surgimiento de nuevas naciones que le siguió, al imponerse la sustitución del dominio territorial por la disputa y el dominio económico, los capitales comenzaron a fluir más intensamente hacia los países y regiones periféricas, participando en los diversos aspectos de su industrialización.

El Estado en la industrialización brasileña

El Estado brasileño, bajo la hegemonía de una parte *ilustrada* de la clase latifundista, se aprovechó de las contradicciones entre los diversos imperialismos, durante la década de 1930, para enfrentar sus resistencias a la industrialización brasileña. Planeó, financió y actuó directamente en la industrialización, incluso en sectores básicos, como las industrias química y metalúrgica, y fue mucho más allá de los elementos de capitalismo ya implantados en el país por franceses, ingleses y norteamericanos.

Durante los años cuarenta, se sacó aún mayor provecho de las contradicciones y brechas de la Segunda Guerra Mundial para burlar la participación de capitales norteamericanos en el establecimiento de la industria siderúrgica en Brasil. La consolidación del pacto entre los capitales estatales y los privados, nacionales y extranjeros creó las condiciones para la nueva ola de industrialización brasileña de la década de 1950.

Un aspecto interesante y típicamente brasileño del proceso es que la industrialización promovida por ese pacto no precisó de reforma agraria. Mientras en los países europeos y en algunos asiáticos la reforma agraria resultó fundamental al capital industrial para proveer la fuerza de trabajo necesaria para la expansión fabril, con el objetivo de diversificar y ampliar el suministro de alimentos y de crear un mercado de consumo para los productos industriales, en Brasil esta fue rechazada. La burguesía industrial brasileña temía, con cierta razón, que la reforma agraria, en un país con una población relativamente escasa con respecto a la extensión de sus tierras cultivables, conduciría a la escasez y encarecimiento de la mano de obra para la industria.

En esas condiciones, simultáneamente con el pacto entre los capitales estatales y privados, nacionales y extranjeros, se estableció otro pacto entre la burguesía industrial y la antigua clase latifundista, en el sentido de modernizar el latifundio y transformar aquella clase rural en un sector capitalista. La burguesía industrial, mediante el Estado y sus recursos, inició la implementación de ese pacto invisible con la extensión de los derechos laborales para las áreas rurales, aún en los años cincuenta, con lo cual forzó a los latifundistas a liberar parte de la fuerza de trabajo que incorporaba a sus tierras.

La implantación del régimen militar y la promulgación del Estatuto de la Tierra en 1964 intensificaron la modernización del latifundio. El Estado financió generosamente la mecanización agrícola, la transformación de diversos cultivos en otros y las investigaciones agronómicas para consolidar el agro-negocio. El resultado fue la liberación masiva de la fuerza de trabajo y su éxodo hacia las ciudades durante las décadas de 1960 y 1970, que muchos analistas ven solo como un subproducto de la mecanización y de la modernización del latifundio.

En realidad, desde el punto de vista estrictamente económico, ese éxodo permitió que se formase un extenso ejército industrial, y ese era el principal resultado que se proponía el capitalismo, al imponerle al Estado el financiamiento de la modernización latifundista. El surgimiento de la industria en esas décadas se basó en una gran fuerza de trabajo inmigrante barata y propensa a aceptar condiciones duras de trabajo.

Provenientes en su mayor parte del sistema de incorporación del latifundio, los nuevos trabajadores industriales conocían la dureza del trabajo rural. Tenían que trabajar para sí y también, en determinados días, para el propietario. Además, estaban obligados a pagar al latifundista por el *favor* de poder cultivar en sus tierras, del 30 al 50% de la cosecha. Por la entrega de aperos y provisiones como sal y alimentos industrializados fabricados por el latifundista o por los comerciantes indicados por él, pagaban no solo precios exorbitantes, sino también intereses expoliadores. Y, por lo general, tenían que vender su parte de la cosecha al propio latifundista, del cual recibían montos tan reducidos que, la mayoría de las veces, apenas servían para disminuir parte de la deuda que los esclavizaba al dueño de la tierra. De este modo, en comparación con todo eso, las peores condiciones fabriles eran mucho mejores que las rurales, con salarios fijos y horas extras pagadas con incremento.

País agrario industrial

Así, en la segunda mitad de la década de 1970, Brasil ya no era un país meramente agrario. Tenía una importante base industrial y también un sector agrícola y ganadero capitalista moderno. Se hicieron predominantes las relaciones capitalistas caracterizadas por la compra de la fuerza de trabajo y su pago mediante el salario.

El país transformaba buena parte de los minerales que explotaba, incluso el petróleo, y producía hierro colado, buques, vehículos automotores, aviones, diferentes productos químicos, equipos electrodomésticos, tejidos, etcétera. Se había convertido en un gran productor de carnes (bovina, porcina y aves), en uno de los mayores productores mundiales de soya, aprovechando los suelos corregidos de los cerrados, y había implantado un programa innovador de producción de alcohol combustible, con la caña de azúcar como fuente.

A pesar de eso, era posible identificar fallas estructurales complejas en ese desarrollo. La industrialización se había concentrado principalmente en la región sudeste y en parte del sur, mientras que el resto de las regiones de Brasil se mantenían en el atraso. Los diversos programas de modernización de la agricultura y de la ganadería, además de propiciar una utilización derrochadora del dinero público, también se concentraron en algunas regiones, permitiendo que subsistieran bolsones rurales donde la aparcería, la media[1] y el tercio[2] antiguos se mantenían. Al mismo tiempo, comenzaron a amenazar a las regiones donde la agricultura de pequeños propietarios familiares se había arraigado, y a expropiarlos mediante deudas u otras formas.

Los principios de la ganancia capitalista impusieron a la industrialización y a la modernización agrícola un proceso en el cual algunos sectores recibían mayores flujos de inversiones, mientras otros eran abandonados. Se crearon así cadenas productivas discontinuas, poco densas, con eslabones inexistentes o localmente dispersos y, por tanto, con mayores costos y menor capacidad competitiva.

Es cierto que algunas de las empresas estatales operaban en el sentido de concentrar sus cadenas productivas en sociedad con capitales privados. Sin embargo, eso no era fruto de una política industrial ni agrícola, integrada, de corte nacional. La política industrial se subordinaba a los intereses inmediatos de algunos sectores y empresas, como sucedió con la industria automovilística y la naval. En tanto, la política agrícola se subordinó a los intereses de los productores de *commodities*[3] del momento, con lo cual impidió una zonificación agrícola, que obligase a conservar áreas de bosques nativos, dentro y entre *plantaciones* y áreas de pastizal y protegiese de la agresión destructiva al medio ambiente, en especial, a zonas ecológicas importantes como Pantanal y la Amazonia.

Algo similar ocurrió con la implantación de la infraestructura necesaria al sistema de circulación y distribución de mercancías. El sistema hidroeléctrico, que suministró la energía necesaria para el funcionamiento industrial y urbano, dejó a un lado los cuidados de la reproducción de la fauna fluvial y no se preocupó por hacer navegables los ríos y utilizarlos como vías de transporte de bajo costo. El sistema vial se convirtió en el principal complejo de transporte de cargas y pasajeros en detrimento de los sistemas ferroviario y marítimo que fueron casi totalmente desmantelados.

Crisis en el pacto capitalista

El pacto entre capitales estatales y capitales privados nacionales y extranjeros no estuvo exento de trastornos y crisis profundas en diferentes momentos de su

---

[1] Media: forma de asociación agrícola en la que la mitad de la producción es entregada por el productor directo al propietario de la tierra. *(N. de la T.)*
[2] Tercio: forma de asociación agrícola en la cual el productor recibe un tercio de la cosecha, mientras al propietario le corresponden las dos terceras restantes. *(N. de la T.)*
[3] En inglés, en el original: productos básicos, bienes de consumo. *(N. de la T.)*

historia, los cuales se reflejaron en la situación social y política del país, y ocurrieron tanto por contradicciones internas entre los capitales estatales y privados o entre los propios capitales privados, como por contradicciones externas al pacto, pero que interferían directamente en su conformación.

A comienzos de los años treinta, durante los primeros intentos para implantarlo, el pacto fue rechazado duramente por los latifundistas cafetaleros que en ese entonces tenían a los industriales paulistas como aliados, lo cual condujo al surgimiento del denominado movimiento constitucionalista. En la década del sesenta, con la entrada de los movimientos sociales de corte popular en la disputa por los rumbos del país, en gran medida apoyando la reforma agraria y el fortalecimiento de los capitales estatales contra los capitales extranjeros, la crisis evolucionó hacia una situación de ruptura violenta y acabó siendo resuelta por el golpe militar de 1964, con el objetivo de reducir el papel del Estado en la economía y fortalecer los sectores privados.

Sin embargo, la necesidad de grandes inversiones en la infraestructura para viabilizar la implantación de industrias proyectadas, principalmente, por capitales extranjeros, condujo a la ampliación de la presencia del Estado y de sus empresas en la economía, en vez de la reducción prevista. Esto ocurrió por el simple hecho de que las inversiones en infraestructura son, en general, voluminosas y de retorno lento, lo que no armoniza bien con las demandas de retorno rápido de los capitales privados. De cualquier forma, fue ese crecimiento estatal, ante la reducción del ritmo de crecimiento económico y de los márgenes de rentabilidad, durante los años setenta, lo que condujo al surgimiento de una nueva crisis en el pacto, y puso a gran parte de los capitales privados, extranjeros y nacionales en contraposición a los capitales estatales.

A finales de esta década, el capitalismo brasileño, incluyendo su parte estatal, estaba altamente concentrado. Y había comenzado a entrar en el proceso de centralización con la unificación de los sectores minero, industrial, agrícola, comercial, financiero y de servicios en algunas corporaciones empresariales. En contraposición, sus fuerzas productivas no estaban plenamente desarrolladas. Su núcleo tecnológico era comparativamente débil con respecto a los países desarrollados y su núcleo financiero era muy dependiente del sistema internacional. La reducción del ritmo de crecimiento económico, además de interferir en la rentabilidad empresarial, condujo a la formación de un inmenso ejército industrial de reserva, con todas las consecuencias sociales o antisociales que un fenómeno de ese tipo conlleva. La crisis en el pacto estatal-capitalista dividió a la burguesía y al régimen militar, lo cual los debilitó ante el crecimiento de los movimientos democrático, obrero y popular.

Al mismo tiempo, ese es el momento en que el capitalismo de los países desarrollados entra en una nueva etapa de su evolución. Impulsado por la nueva revolución tecnológica en las esferas electrónica, informática y de nuevos materiales, el capitalismo avanzado desarrolló su sistema nervioso central aumentando la velocidad y la cantidad de sus informaciones. Con ello, dio la impresión de que para continuar progresando no necesitaría más de sus sistemas óseo, muscular y circulatorio, representados por sus fábricas y trabajadores industriales. La ideología de la información, que sustituiría y supliría todo lo demás, se convirtió en la base de la ideología de la destrucción creadora, de la desindustrialización, de la desproletarización y de la privatización total. Unidas, esas ideologías tomaron cuerpo en el neoliberalismo.

El fin del régimen militar y la transición hacia el régimen político democrático en Brasil ocurrieron bajo el impacto de aquella crisis del pacto capitalista y de las transformaciones del capitalismo a nivel mundial. La victoria electoral de Fernando Collor de Mello en 1989, así como la transición de Itamar Franco y la elección de Fernando Henrique Cardoso en 1994, son diferentes momentos de la solución neoliberal de aquella crisis, que rompió el antiguo pacto de los capitales privados, nacionales y extranjeros con los capitales estatales. Las políticas de privatización y globalización capitalista fueron aplicadas rigurosamente y condujeron a la desindustrialización, a una brutal reestructuración de la propiedad capitalista del país y al predominio de los capitales privados extranjeros.

Sin embargo, al contrario de lo difundido, las políticas neoliberales no aprovecharon las posibles ventajas ofrecidas por la globalización. Brasil se vio inmerso en una situación de crisis económica, de casi estancamiento y de crisis social sin precedentes en su historia.

Una estructura tipo «*Frankenstein*»

La crisis resultante de las políticas neoliberales condenó a la economía brasileña a crecimientos mediocres, y agravó la desintegración de su tejido social. La estructura económica brasileña hoy parece más un «Frankenstein». Sus fuerzas productivas vieron agravadas sus desigualdades y desequilibrios, y sus cadenas productivas poseen enormes lagunas, lo cual impide que creen sinergias y aprovechen sus posibles ventajas comparativas.

La infraestructura del transporte está en el límite. La mayor parte de los puertos está atrasada desde el punto de vista técnico y carece de capacidad para recibir a buques de gran calado. Brasil no tiene marina mercante propia y sus astilleros están técnicamente obsoletos, solo salvados de la liquidación por la acción estatal. La red ferroviaria continúa operando con varios anchos de vía, imposibles de ser integrados, además de que su extensión y su capacidad de carga son desproporcionalmente reducidas con respecto al tamaño del país y a la potencialidad de su producción. El estado de la red ferroviaria exige cuantiosas inversiones para ofrecer condiciones mínimas de tráfico.

Si la producción de etanol, gas natural y petróleo crecieran al ritmo que prometen las inversiones en esas áreas, no habrá alcohoductos, gasoductos y oleoductos suficientes para transportarlos. Y, a pesar de los esfuerzos para superar la falta de inversiones neoliberales en el sector de la energía eléctrica, no están exentos los riesgos de escasez, si la aceleración del crecimiento fuese superior al 5% anual entre 2007 y 2010.

Los sectores más desarrollados y lucrativos de la economía brasileña están en manos de corporaciones transnacionales extranjeras y de algunas pocas corporaciones capitalistas nacionales. El sector financiero de las corporaciones empresariales pasó a ser determinante para aumentar la rentabilidad del capital, y realiza movimientos de alto riesgo para el país en la búsqueda delirante de la concentración de la renta. Su expresión social, la alta burguesía, vive la crisis existencial de querer acabar con el Estado o convertirlo en algo inexpresivo, al mismo tiempo que necesita mantenerlo y manipularlo para ver realizados sus intereses.

Los sectores capitalistas medios viven bajo una constante amenaza de expropiación, debido a la dificultad de realizar innovaciones constantes y mantener costos competitivos. Los sectores capitalistas pequeños y micros, urbanos y rurales, viven en permanente proceso de destrucción y resurgimiento clandestino; no pocos son conducidos a la proletarización. El ejército industrial de reserva, que ya era inmenso en los años setenta se fue engrosando gracias a la desindustrialización impuesta al país, y entró en un proceso de división y de rebelión antisocial. La clase trabajadora o proletaria, industrial, agrícola, comercial y de servicios vio reducido su peso o su fuerza social por la dispersión y reducción de su sector industrial y por la competencia humillante del ejército industrial de reserva.

Ante esta situación, surgen algunas posibilidades objetivas para superar la herencia maldita del fracaso neoliberal. Posibilidades, dicho sea de paso, que ya se están abriendo camino para concretarse. La primera, que resurge con mucha fuerza, es la del aumento de la participación de los capitales estatales en la economía y la reanudación de su pacto con los capitales privados, nacionales y extranjeros, para acelerar el crecimiento económico nacional. La segunda, que ha hecho presión, pero que encuentra una resistencia enorme, dentro y fuera del Estado, es la de la expansión de las micro y pequeñas empresas capitalistas, urbanas y rurales, como condición para que la aceleración del crecimiento esté acompañada por la creación de un gran número de empleos y, por tanto, por una redistribución económica de la renta.

La tercera es que los capitales estatales, en pacto con los capitales privados, prioricen la cooperación con las micro, pequeñas y medianas empresas privadas, y las aprovechen para unir las cadenas productivas en sistemas de *clusters*. Como cuarta opción, es preciso considerar la posibilidad de que los capitales estatales privilegien a los grandes capitales privados al renovar el pacto tripartito. Aunque existen otras posibilidades o incluso varias combinaciones entre las ya citadas, estas parecen ser las que emergen con más fuerza y tienen mayores condiciones de convertirse en escenarios futuros.

Posibles escenarios

El refuerzo de la presencia y actuación de los capitales estatales no es solo un deseo político de las fuerzas nacionalistas o de izquierda. Incluso a contragusto, hay sectores privados que consideran indispensable que eso ocurra, principalmente teniendo en cuenta que la reconstrucción y ampliación de la infraestructura energética, de transporte y tecnológica, necesarias para la reindustrialización del país, solo serán viabilizadas si el Estado adopta las decisiones políticas indispensables y, además de ello, también invierte fuertemente.

Por otra parte, incluso si hubiese un cambio sustancial en el poder político, con las fuerzas de izquierda asumiendo el Estado, y este orientado hacia una transición de tipo socialista, no existirían condiciones objetivas para que ese Estado realizara esa reconstrucción en la escala y en el tiempo requerido, solo con sus propios recursos. Si a eso sumásemos la necesidad de desarrollar la producción material del país, agrupando las cadenas productivas e instalando fuertes parques tecnológicos, sería necesario considerar la participación de las empresas privadas capitalistas, nacionales y extranjeras, en ese proceso, por más que desagrade.

Eso no es un problema de gusto social o político. Para resolverlo es necesario tener en cuenta la dialéctica de la historia humana, que dio a la propiedad privada la capacidad de desarrollar las fuerzas productivas, aunque también le haya negado la capacidad de redistribuir la riqueza producida de modo equitativo. Con ello creó una contradicción, que solo puede ser resuelta en su totalidad cuando las fuerzas productivas estén plenamente desarrolladas y puedan suplir las necesidades materiales de la sociedad en su conjunto. Hasta que esto ocurra, incluso bajo un régimen político socialista, las fuerzas productivas tendrán que desarrollarse con la participación de diferentes formas de propiedad, incluso capitalistas, aunque se generen desigualdades económicas y contradicciones sociales y políticas.

De esta forma, considerando que estamos bajo un Estado capitalista, existe la posibilidad de que los capitales estatales privilegien tanto el pacto con las micro, pequeñas y medianas empresas privadas, urbanas y rurales (aquí se incluyen las economías familiares) como el pacto con las corporaciones empresariales. En el primer caso, eso podrá hasta resultar en una suspensión del proceso de expropiación que sufrieron las micro y pequeñas empresas y, por tanto, la reducción del ejército industrial de reserva, todo lo cual conduciría a una fuerte expansión de aquel sector, hoy casi todo informal o clandestino. Esto, a su vez, puede contribuir a la ampliación de la clase de los trabajadores asalariados y, en especial, de los industriales, y, con ello, aumentar su peso o fuerza social y crear más condiciones para su presencia como protagonistas activos en la sociedad.

Si prevaleciera el segundo caso, que los capitales estatales privilegien el pacto con los capitales corporativos nacionales y extranjeros, sin algún otro contrapeso, podrían reanudarse los intentos de privatización, siempre a costa del erario público, y el fortalecimiento de la hegemonía de los sectores financieros de las corporaciones, o sea, el aumento de la tendencia a la centralización empresarial y a la concentración de la renta, a la expropiación de los medios, pequeños y micros empresarios, a la proletarización de las capas medias, a la dispersión y depauperación de los trabajadores y a la ampliación del ejército industrial de reserva.

Retos del Partido de los Trabajadores en el segundo mandato de Lula

Ante esas tendencias objetivas y el hecho de que el Partido de los Trabajadores (PT) y Lula gobiernan únicamente una parte pequeña del Estado, a los petistas y al gobierno se les plantea el desafío de escoger entre los caminos antes expuestos, aquel que más armonice con sus objetivos programáticos aunque eso, por sí solo, no sea suficiente para lograrlos.

En ese sentido, el PT confronta algunas lagunas. En primer lugar, en su seno hay mucha indefinición sobre el camino a escoger, e incluso sobre si los escenarios descritos anteriormente son los más predecibles. Después se retrae ante la ausencia de grandes movilizaciones sociales que saquen a la superficie, con vigor, los problemas estructurales más apremiantes y empujen a las fuerzas políticas a encontrar soluciones que respondan a las expectativas y necesidades de la mayoría del pueblo brasileño. Como esta mayoría cree firmemente que puede presionar a las fuerzas políticas e imponer soluciones mediante la vía electoral, y considera imprudente y aventurera cualquier otra forma de lucha transformadora, el PT también enfrenta dificultades para entender, realizar y explicar las intervenciones tácticas que la desmovilización social le impone, y resbala en ocasiones por caminos que parecen llevarlo hacia el lado opuesto de su meta.

De este modo, la cuestión clave tal vez consista en hacer, sobre la base de las imposiciones férreas del proceso económico y social, una selección clara del camino o del escenario que debe alcanzarse. En teoría, hubo una selección correcta en acelerar el crecimiento con el aumento de la distribución de la renta, incluso de forma administrativa. Sin embargo, como la aceleración del crecimiento es posible con cualquier rearreglo que se haga en el pacto entre los capitales estatales y privados, esa segunda selección es todavía más importante para salir airosamente de la encrucijada. En la práctica, la aceleración del crecimiento, acompañada de la redistribución de la renta solo será factible si se da el pacto privilegiado de los capitales estatales con los micro, pequeños y medianos capitales privados, pero esa selección permanece confusa entre los petistas y grandes fracciones de la izquierda brasileña.

En otras palabras, el segundo mandato de Lula puede no realizar la transición del pacto con los capitales corporativos hacia el pacto privilegiado con aquellos sectores privados capitalistas en condiciones de elevar sustancialmente las tasas de empleo y recrear una activa clase trabajadora. Si eso ocurriese, es probable que se asista a una frustración social y política muy fuerte y que el país se hunda más rápidamente en el pantano de desintegración social en que entró desde los años ochenta, incluso con crecimiento.

Es evidente que existen riesgos en la selección del pacto privilegiado de los capitales estatales con los capitales privados micro, pequeños y medianos. Aunque eso aún sea un pacto capitalista o una democratización del capitalismo, el dominio monopolista u oligopólico que ejercen las corporaciones empresariales puede ser roto o afectado, aunque ellas continúen actuando en el país y se hagan las mediaciones tácticas necesarias para atenuar las confrontaciones.

El posible resurgimiento de la clase trabajadora asalariada como fuerza social activa, en un momento en que la perspectiva socialista comienza a despuntar nuevamente, aunque de forma embarazosa y llena de confusiones, es lo último que aquellas corporaciones y sus representantes sociales y políticos quisieran que sucediera. Ellos consideran que sería el renacimiento de la combatividad obrera en Brasil y temen las consecuencias y la influencia que pueda ejercer sobre las tendencias económicas, sociales y políticas en América Latina y otras regiones. Por tanto, en caso de que se realice esa segunda selección puede predecirse que se produzcan movimientos desestabilizadores de diversos tipos contra el segundo mandato de Lula y contra el PT, lo que, a fin de cuentas, no será una novedad.

Texto traducido del portugués por Caridad García.

WLADIMIR POMAR, periodista y escritor, es miembro del Consejo de Redacción de la revista *Teoría y Debate*. Fue coordinador de la campaña de Lula a la presidencia en 1989.

Crisis y perspectivas del sindicalismo brasileño

ALTAMIRO BORGES

> *Los sindicatos deben llevar al mundo a la convicción de que sus esfuerzos, lejos de ser egoístas y ambiciosos tienen antes como objetivo la emancipación total de las masas oprimidas.*
>
> Carlos Marx

El sindicalismo brasileño, que se convirtió en una referencia mundial desde finales de los años setenta, actualmente padece de la misma grave, crónica y prolongada crisis que afecta al resto del sindicalismo internacional. En aquella «etapa de oro», pasó por un intenso proceso de renovación o reciclaje de sus direcciones, fue el responsable de los constantes récords en el número de huelgas, retomó la actuación intersindical de clase con la creación de la Central Única de Trabajadores (CUT) y de otras centrales, extendió su influencia al funcionalismo público (que hasta entonces tenía prohibido organizarse sindicalmente) y hacia el campo, y desempeñó un papel decisivo en la lucha para poner fin a la dictadura militar.

Fruto de esa dinámica, propia de la evolución de la lucha de clases en el país, el sindicalismo presenció el crecimiento de la tasa de sindicalización del 16 al 24%, proyectó a numerosos líderes en el escenario político –Lula fue la mayor expresión de esta ascensión–, ganó enorme credibilidad en la sociedad –se ubicó en el segundo lugar entre las instituciones más respetadas por los brasileños–, y obtuvo importantes conquistas en la Constituyente de 1988. Mientras que en la inmensa mayoría de los países el sindicalismo ya sentía los efectos destructivos y regresivos de la globalización neoliberal, en Brasil el escenario era muy diferente, más favorable a la lucha de los trabajadores.

La devastación neoliberal en Brasil

Hoy, sin embargo, la realidad sindical en el país es bastante preocupante. Ni siquiera el gobierno de Lula, oriundo de las luchas sociales, fue capaz de revertir el descarrilamiento del sindicalismo brasileño. La crisis es anterior al actual gobierno; se comenzó a manifestar con mayor fuerza en los años noventa. La ofensiva neoliberal en Brasil, iniciada durante el gobierno de Collor de Mello e intensificada en los dos mandatos de Fernando Henrique Cardoso, fue un desastre para los trabajadores y un infierno para el sindicalismo. La explosión récord de desempleo, la corrosión salarial, la precarización del trabajo y la regresión de los derechos intimidaron a los que tenían empleos, interrumpieron a millones de desempleados y pusieron a la defensiva a los sindicatos.

Ante ese escenario de fragilidad, las empresas promovieron una reestructuración productiva «salvaje» y atrajeron a los ingenuos hacia sus «trampas participativas». Los gobiernos neoliberales, por su parte, contrarios a la democracia, hicieron de todo para satanizar y debilitar al sindicalismo. En los inicios de su triste gobierno, Fernando Henrique Cardoso utilizó al Ejército para reprimir la huelga de los petroleros, en mayo de 1995, con el propósito de «romper la espina dorsal de los sindicatos». Se introdujeron proyectos legislativos con el objetivo de dividir las entidades, asfixiarlas financieramente e impedir su acceso a la justicia laboral. Así, por ejemplo, los funcionarios federales, que tuvieron sus salarios congelados durante ocho años ni siquiera fueron recibidos por el gobierno.

Del mismo modo en que Collor de Mello patrocinó, incluso con enormes recursos, la fundación de la Fuerza Sindical, Cardoso apostó sus cartas al debilitamiento de la CUT y a la creación de centrales dóciles y serviles. Amparado por los medios de comunicación, su gobierno consideró como delictivos a los movimientos sociales, atacó violentamente al Movimiento de los Trabajadores Rurales Sin Tierra (MST) y a las pastorales de la iglesia, y descalificó a los críticos de su mandato. Para imponer a sangre y fuego el nefasto proyecto neoliberal de desregulamentación, desestatización y desnacionalización, implantó un nuevo tipo de «fascismo de mercado» en el país. ¡El sindicalismo se convirtió en blanco prioritario de esa «dictadura moderna» y sufrió los peores momentos de toda su larga y combativa historia!

Los efectos fueron devastadores: caída del índice de sindicalización, que retornó a los niveles del 16% de la población económicamente activa (PEA); asambleas vacías; disminución del número de huelgas; crisis de perspectiva en las direcciones sindicales –con varios líderes pasándose para el bando neoliberal–; reducción de la influencia de las centrales y surgimiento de numerosas corrientes abiertamente favorables al neoliberalismo o adaptadas al capitalismo; degeneración de varios dirigentes, más preocupados por sus aparatos y privilegios, entre otras desgracias. El sindicalismo perdió representatividad en las bases y fuerza política en la sociedad. Después de la ascensión de los años ochenta, entró en un profundo descenso a partir de la década de 1990.

La esperanza renovada y frustrada

La consagradora victoria popular en las elecciones presidenciales de octubre de 2002, expresión de la rebelión contra el neoliberalismo, abrió un horizonte promisorio para los trabajadores y sus organizaciones de clase. Por primera vez en la historia de Brasil, un obrero y ex-sindicalista –referencia mayor de la reanudación de las luchas huelguísticas, preso e incluido en la Ley de Seguridad Nacional por la dictadura militar, y fundador de la CUT– llegaba al Palacio de Planalto. Se abría la posibilidad de una significativa modificación de la correlación de fuerzas en el país, más favorable a la lucha de los trabajadores y al fortalecimiento del sindicalismo.

En una pesadilla para la oligarquía, que de inmediato calificó al nuevo gobierno de «república sindicalista», Lula designó para el primer escalón a doce líderes provenientes del sindicalismo –entre ellos, a varios fundadores de la CUT–. Los medios de difusión burgueses alegaron: «Lula da empleo a más de cuarenta sindicalistas», incluyendo los puestos del segundo escalón. También condenaron la designación de líderes identificados con el MST y otros movimientos populares para ocupar cargos en las áreas de reforma agraria, política urbana y medio ambiente. Con actitudes de elevado simbolismo, el presidente también posó para fotos con gorras del temido MST y participó en numerosas actividades de los movimientos sociales en un acto de respeto democrático a las luchas de los trabajadores.

¡El temor de las élites era comprensible! Finalmente, Lula resultó electo con un programa de cambios que preveía crear diez millones de empleos, duplicar el valor del salario mínimo, fortalecer el poder de fiscalización de las Delegaciones Regionales del Trabajo y combatir la informalidad y la precarización del trabajo. Además, había ratificado el compromiso de que su gobierno contribuiría al fortalecimiento del diálogo con el sindicalismo, superaría la ferocidad neoliberal e introduciría nuevos mecanismos de participación democrática. Por estas y otras razones, el primer mandato de Lula creó fuertes expectativas en el ámbito popular.

Solo que la realidad del primer mandato se mostró más compleja y llena de obstáculos. El pueblo había vencido en unas elecciones y no había hecho una revolución; había elegido un presidente, pero no había tomado el poder, que se mantenía en las manos de la oligarquía capitalista; había derrotado al neoliberalismo, mas este predominaba en el mundo. La burguesía no se detuvo a lamerse sus heridas, salió a tomar revancha. Al mismo tiempo en que criticaba la «falta de autoridad del presidente» para reprimir las luchas sociales, utilizó el chantaje del mercado y manipuló a los medios para enmarcar al gobierno y evitar que este rompiese con la camisa de fuerza neoliberal. Si en las elecciones «la esperanza venció al miedo», ¡ahora el miedo se vengaba de la esperanza!

Esa «dictadura del mercado» incluso atrajo adeptos en el seno del gobierno de Lula. Los recién convertidos al credo liberal relativizaron las promesas de campaña, abandonando el proyecto de cambio victorioso en las urnas y adoptaron la agenda de los derrotados, como quedó patente en la contrareforma de la seguridad social. El mantenimiento y la profundización del trípode neoliberal –contención salarial, superávit primario y libertinaje financiero– impidieron que el país superase sus graves problemas estructurales. Los avances logrados en otros campos, con la adopción de una política exterior altiva y soberana, la no criminalización de las luchas populares y la prioridad dada a los programas sociales fueron opacados por el continuismo en el área económica.

Relación compleja y extremos peligrosos

Ese escenario cargado de ambigüedades provocó perplejidad y confusión entre los trabajadores y en el medio sindical. Algunos sectores, que desde hacía tiempo ya manifestaban una fuerte tendencia reformista y socialdemócrata, se postraron ante el discurso fatalista de que «no hay alternativas al neoliberalismo» e intentaron justificar todos los equívocos del nuevo gobierno, en una actitud de pasividad acrítica y de puro adhesionismo. Algunos líderes, inclusive, se deslumbraron con la llegada al Palacio de Planalto y renunciaron a sus antiguos compromisos de clase. Esa postura reforzó la crítica al sindicalismo como un vehículo de «chapa blanca» e hirió gravemente uno de sus principios más sagrados: el de su autonomía ante el Estado.

En vez de contribuir a los avances del gobierno, presionando por cambios e intensificando las luchas sociales, esa pasividad fortaleció a los neoliberales de fuera y dentro de Planalto. También reforzó la tendencia, ya en curso en el país, de transformar el sindicalismo, modificando su carácter de instrumento de la lucha de clases y convirtiéndolo en una dócil organización no gubernamental (ONG) que privilegia la intermediación de préstamos bancarios, la administración de los fondos de pensión o la solicitud y formación de mano de obra barata para el mercado. Estos límites se evidenciaron en la postura dudosa de la CUT ante la lucha contra la reforma de la seguridad social y su timidez frente a los reducidos reajustes del salario mínimo.

En el extremo opuesto, otros sectores se sumaron directamente a la oposición frontal al gobierno de Lula: lo acusaron de neoliberal e imperialista y afirmaron que no existían diferencias con el archifamoso Fernando Henrique Cardoso. Sin tener en cuenta la adversa correlación de fuerzas, la naturaleza híbrida del gobierno y algunos avances trillados, el voluntarismo izquierdista apostó por el escepticismo político y reforzó el coro de la élite rentista en su intento golpista. En lugar de concentrar las energías para combatir a los neoliberales, tanto fuera como en el seno del gobierno, esta postura estimuló la división sectaria en las masas populares, y tuvo como efecto práctico y desastroso la división de la CUT con la creación del guetto de las Conlutas, lo cual dificultó la acción clasista en el seno de la mayor central brasileña.

Históricamente, la relación entre sindicato, partido y Estado siempre generó una encendida polémica, como lo ilustra el choque entre Lenin y Trosky. El gobierno de Lula, algo inédito en la historia del país, exigía mayor equilibrio y habilidad al definir la táctica ajustada, pero el movimiento sindical cayó en los extremos de la pasividad acrítica y del voluntarismo sectario. Como resultado de las limitaciones y desvíos de su gobierno, Lula no logró enfrentar esa conquista histórica como un medio y no un fin para avanzar en la lucha por un país soberano, democrático y más justo, como aproximación al objetivo socialista. A la crisis estructural, derivada de la ofensiva neoliberal y de la «revolución informacional», se unió una grave crisis teórica.

Una segunda oportunidad histórica

El desarrollo de la lucha de clases en el país, sin embargo, ha contribuido más recientemente a ajustar la táctica del sindicalismo. Ante la política conciliadora y vacilante del gobierno y las prácticas que han degenerado en el lodazal de la democracia burguesa, la derecha neoliberal salió a buscar revancha y apostó sus cartas al *impeachment*[1] del presidente. Esta acción golpista lisonjeada por los medios burgueses obligó a una postura más activa del sindicalismo, que salió a las calles para denunciar al bloque liberal-conservador y exigir un avance en los cambios. Incluso los sectores más críticos como el MST comprendieron el riesgo del retroceso. Solo algunas corrientes más sectarias mantuvieron el lema de «fuera Lula» para deleite de la élite burguesa.

Aprovechándose del clima de mayor democracia y de la frágil reactivación de la economía, el sindicalismo también intensificó la presión para conseguir avances parciales. La propia CUT salió de su letargo, organizando marchas por el aumento del salario mínimo y por la corrección del Impuesto de Renta y cuestionando de forma más incisiva a la ortodoxia neoliberal. Ya la mayoría de las categorías laborales había obtenido aumentos reales de salario en sus fechas-bases según el balance del Departamento Intersindical de Estudios y Estadísticas Socioeconómicas (DIEESE), un hecho inédito en los últimos tiempos. En una acción todavía de resistencia, el sindicalismo logró enfrentar temporalmente algunas embestidas del capital, como la de la tercera fase de la reforma de la seguridad social.

El choque entre los proyectos liberal-conservador y popular-democrático, aunque bastante deshidratado en el primer mandato del gobierno Lula, se evidenció aún más en las elecciones presidenciales de finales de 2006. El resultado de la pugna confirmó que el pueblo no acepta el retroceso y desea avanzar en los cambios, por lo cual ha dado una segunda oportunidad al presidente Lula. La derecha neoliberal fue rechazada en las urnas; perdió casi 2,5 millones de votos en la segunda vuelta y redujo su presencia en importantes regiones.

---

[1] En inglés, en el original: recusación, puesta en tela de juicio, censura. *(N. del T.)*

Además del éxito electoral, el sector democrático-popular obtuvo una elocuente victoria ideológica al poner a la defensiva a los partidarios de la privatización, del «Estado mínimo», del colonial Área de Libre Comercio de las Américas (ALCA) y de la criminalización de las luchas sociales.

El resultado de la disputa en Brasil y la creciente resistencia al neoliberalismo, en especial en América Latina con las victorias sucesivas de fuerzas progresistas y hasta revolucionarias, crean mejores condiciones para el avance de los cambios. El cuadro de fuerzas indica que es posible adoptar una táctica más ofensiva, incluso en un escenario de defensiva estratégica de los trabajadores. En el segundo mandato iniciado en enero de 2007, el presidente Lula reúne las condiciones para comenzar un nuevo ciclo de desarrollo, superando los obstáculos neoliberales. La duda reside en si él tendrá convicción de proyecto y osadía política para adoptar ese rumbo o si mantendrá su postura conciliadora y pragmática expresada en el infeliz estribillo de «lulinha, paz y amor».

Las primeras señales son contradictorias. Sensible a las urnas, que indicaron el deseo del trabajador de que el país se desarrolle y genere empleos y renta, el presidente reelecto presentó el Programa de Aceleración del Crecimiento (PAC) con el objetivo de reforzar el papel inductor del Estado y superar el mito del «dios-mercado». En el mismo rumbo progresista, el gobierno vetó una enmienda presentada por la bancada patronal en el parlamento que limitaba la fiscalización en las empresas e incentivaba la precarización e incluso el trabajo esclavo. Otra iniciativa ha sido la creación de una red pública de TV, con el objetivo de contraponerse al poder de la dictadura mediática que hoy es el principal «partido del capital» en Brasil.

Sin embargo, al mismo tiempo el gobierno insiste en no inmiscuirse en los intereses del capital financiero, manteniendo intocable el trípode neoliberal, lo que puede detener el PAC. Además, este nuevo programa, decisivo para el futuro del gobierno y de la propia izquierda brasileña, también presenta fraudes, como el que fija en 1,5% el reajuste de la nómina de los funcionarios públicos e inmoviliza el propio fortalecimiento del Estado. Para contraponerse a la esperada resistencia de ese sector, el gobierno especula con la idea desastrosa de acabar con el derecho de huelga de los funcionarios públicos y de los trabajadores de los «sectores vitales».

Lula II y los retos del sindicalismo

Como se observa, el segundo mandato del presidente Lula planteará enormes retos al sindicalismo brasileño y definirá el futuro de la lucha de clases en el país, pero el escenario actual, por los mismos factores anteriormente citados es mucho más favorable al avance de las luchas proletarias y también confirma que es posible y urgente que los movimientos sociales adopten una táctica más ofensiva y osada. Será necesario aprender de los errores del pasado, y evitar tanto la pasividad acrítica como el voluntarismo que no tiene en consideración la real correlación de fuerzas en la sociedad brasileña.

En ese sentido, ante el gobierno de Lula surgen tres retos en la actuación táctica. El primero es el de preservar la autonomía del movimiento sindical. Cualquier confusión en esta tan compleja relación con el Estado será fatal para la lucha de los trabajadores, dejándolos desarmados para enfrentar las maniobras del capital y las vacilaciones del gobierno. El segundo es el de intensificar la lucha de clases y elevar la presión social. La mejor forma de viabilizar un proyecto de izquierda en el gobierno es mediante la presión. Hoy, ante el fascismo del mercado, no basta con votar por gobiernos progresistas. Es necesario mantener fuerte y permanente la presión social. El tercero, será el de actuar con sabiduría política, evitando las artimañas de la derecha neoliberal.

En términos concretos, la combinación de esos tres elementos –en una ecuación que es fácil decir pero difícil de hacer– tiene efectos prácticos palpables. De inmediato, significa apoyar el veto del presidente Lula contra la enmienda que precariza el trabajo, ya bautizada como «enmienda de la Globo»; apostar por la creación de una red pública de TV; y dar un contenido más avanzado al PAC, convertir en objetivo la valorización del trabajo y la inclusión social. Por otra parte, mantener la autonomía y reforzar la presión significa rechazar de manera contundente el continuismo neoliberal en la política macroeconómica; condenar el intento de una nueva reforma de la seguridad social y rechazar cualquier retroceso pragmático en la política exterior brasileña.

Además de la urgencia de ajustes tácticos con respecto al gobierno oriundo de sus luchas, el sindicalismo enfrenta otros retos de envergadura y de nuevas oportunidades históricas. Entre ellos, vale destacar cinco temas estratégicos para fortalecer el sindicalismo clasista y para avanzar en la acumulación de fuerzas y en la disputa de la hegemonía en la sociedad dirigida a superar la barbarie capitalista:

1. *Politización de la clase.* La vida demostró que no basta con que el sindicalismo luche por las cuestiones inmediatas, económicas y corporativas; es necesario modificar las fuerzas en los puestos de dirección del país para garantizar las conquistas duraderas para su clase. Ahora bien, tampoco basta con elegir gobiernos identificados con los anhelos de los trabajadores, pues el poder de la «dictadura del mercado» es violento. Ambas enseñanzas refuerzan aún más la necesidad de que se forje un sindicalismo que politice la clase e intervenga en los rumbos políticos del país. Sin cambios estructurales, no habrá desarrollo, soberanía y valorización del trabajo. Sin un sindicalismo protagonista de la lucha política, no habrá urgentes cambios estructurales.
2. *Organización en la base.* No existe sindicalismo fuerte sin sólidas organizaciones en los centros de trabajo. Las empresas saben eso y emplean todos los recursos para evitar ese enraizamiento; no quieren permitir un doble poder en el seno de la explotación. La dictadura militar prohibió los sindicatos; el neoliberalismo intentó romper su espina dorsal y las nuevas técnicas admi-

nistrativas intentan convertirlo en algo superfluo. El nuevo ciclo político abierto en el país crea una posibilidad excepcional para fortalecer el sindicato en la base, incluso con la conquista de su reconocimiento legal, pero, contradictoriamente, también pone trampas. Gobiernos de origen popular siempre corren el riesgo de atraer líderes, de institucionalizar los sindicatos, de las intrigas palaciegas, del cumbrismo. ¡Ese nuevo ciclo político solo traerá un saldo positivo si la organización en los centros de trabajo (OCT) es considerada como prioridad máxima del sindicalismo, en palabras y actos!

3. *Formación de clase.* La ofensiva neoliberal persiguió a los sindicatos. Entre otros daños, hubo un natural envejecimiento de las direcciones sindicales, fruto del carácter defensivo de las luchas y del vacío de las entidades. Una investigación realizada en el 8vo. Congreso de la CUT, en junio de 2003, reveló que el 58% de los delegados tenían más de cuarenta años de edad (mientras en el 5to. Congreso de la CUT, en 1994, eran solo el 29%), que el 60% pertenecía a las direcciones de los sindicatos y solo el 6,7% provenía directamente de las bases, mientras el 69% ocupaba cargos de dirección en las entidades desde hacía más de 10 años. Esa muestra bastante significativa revela la preocupante ausencia de renovación de los líderes y la fragilidad del trabajo de formación y reciclaje político-sindical de los dirigentes y activistas de base. Invertir en la formación resulta hoy una prioridad y debe ser tratada como una emergencia. En caso contrario, los sindicatos no expresarán las nuevas realidades del trabajo, incluso con el creciente ingreso de jóvenes, y no tendrán cómo responder al complejo debate de ideas que se da en la sociedad y en los propios centros de trabajo, donde el patronato disputa la mente del trabajador.

4. *Acción intersindical.* Para intervenir en los rumbos del país no basta una actuación meramente corporativa, por categoría laboral. La unidad de la clase resulta indispensable. En el gobierno de Lula aún son tímidas las medidas en el sentido de fortalecer las centrales como instrumento para horizontalizar y unificar la clase. Por otra parte, el complejo marco actual provoca una cierta fragmentación de los organismos de los trabajadores. El sindicato es un instrumento de frente único en el que se expresan diversas concepciones. Su fuerza reside exactamente en garantizar la unidad de la diversidad. Cualquier postura hegemonista pone en riesgo la indispensable unión de los trabajadores. Hoy, más que nunca, es necesario democratizar la CUT, garantizar su autonomía ante el Estado e imprimirle un sello nítidamente clasista. De lo contrario, esta central corre serios peligros.

5. *Movimientos sociales.* Las recientes mutaciones en la forma de explotación capitalista derivadas de la dictadura del capital financiero, de la amarga medicina neoliberal y de la reestructuración productiva, pusieron en jaque la propia forma-sindicato. El problema no es solo coyuntural, de defensiva momentánea, es estructural, de largo aliento. Refleja profundos cambios en la composición de la clase trabajadora, que hoy es más compleja y fragmentada. Una parte redu-

cida sobrevive en el mercado formal, muchos padecen en empleos precarizados, millones están desempleados y otros millones vegetan en la informalidad.

Hoy por hoy los sindicatos representan una parte minoritaria de los explotados: de los 82 millones de trabajadores en el país, 32 millones son parte del mercado formal y de ellos el 16% está sindicalizado. Por ello, los conflictos de clase surgen actualmente en varios espacios: en las ocupaciones de tierras ociosas, en la lucha por la vivienda, en la rebeldía de la juventud. En la práctica, el sindicalismo no tiene suficiente fuerza para, por sí solo, liderar al resto de los sectores y hegemonizar un proyecto alternativo. La nueva realidad impone nuevas formas de unir a los explotados, donde converjan las numerosas iniciativas de los sectores populares. La recién constituida Coordinación de los Movimientos Sociales (CMS), que reúne a la CUT, el MST, la Unión Nacional de Estudiantes (UNE), la Coordinadora de los Movimientos Populares (CMP), la Confederación Nacional de Asociaciones de Moradores (CONAM) y a pastorales de la iglesia, entre otros, se puede convertir en el embrión de la unidad. Para ello, resulta indispensable la activa contribución del sindicalismo.

Texto traducido del portugués por Caridad García.

ALTAMIRO BORGES es periodista y miembro del Comité Central del Partido Comunista de Brasil, editor de la revista *Debate Sindical* y autor del libro *Las encrucijadas del sindicalismo.*

vidas rebeldes

vidas rebeldes, una nueva serie de libros accesibles y provocativos que redescubren historias sobre la rebeldía de algunas figuras familiares y dan a conocer a algunos rebeldes menos conocidos.

vidas rebeldes, selecciones de ensayos escritos por y sobre mujeres y hombres destacados cuyo radicalismo había estado oculto u olvidados. Serie editada y presentada por activistas e investigadores de todo el mundo.

vidas rebeldes no pretende canonizar a sus protagonistas como modelos políticos perfectos, visionarios o mártires, sino darlos a conocer en sus diversas aristas a las nuevas generaciones.

rosa luxemburgo
La obra de Rosa, su pensamiento marxista, su ética revolucionaria y ejemplo de vida, continúan vigentes.
132 páginas, ISBN 978-1-920888-60-2

antonio gramsci
Revolucionario italiano. Sus aportes al pensamiento marxista adquieren renovada vigencia en la lucha contemporánea contra la dominación neoliberal.
132 páginas, ISBN 978-1-920888-59-6

louise michel
Feminista, anarquista y revolucionaria encarcelada y exiliada por dirigir el levantamiento popular de 1871 en París.
144 páginas, ISBN 978-1-921235-03-0

sacco y vanzetti
Inmigrantes italianos anarquistas, acusados injustamente de un asesinato durante el "Pánico Rojo". Fueron ejecutados en Massachussets, Estados Unidos, en 1927.
144 páginas, ISBN 978-1-921235-06-1

www.oceansur.com • info@oceansur.com

Dos años de gobierno de izquierda en Uruguay

NIKO SCHVARZ Y ÁLVARO CORONEL

El pasado 1ro. de marzo se cumplieron dos años de instalado el primer gobierno de izquierda en la República Oriental del Uruguay. En un gran estrado y con una bandera gigante del libertador José Gervasio Artigas, detrás de la cual asomaba el monumento donde él mismo está montado en su caballo, se realizó una comparecencia pública del presidente Tabaré Vázquez quien presentó los logros del gobierno frentamplista y las proyecciones para el resto del período ante el pueblo uruguayo que concurrió masivamente a la plaza y batió el récord de audiencia en los medios televisivos. A siete días de haber recibido al presidente de los Estados Unidos, dijo: «este es un gobierno antioligárquico y antimperialista», con lo cual echó por tierra las falsas elucubraciones de la derecha y de la que se autodenomina «verdadera izquierda» sobre los rumbos políticos y programáticos del gobierno uruguayo.

En este artículo haremos una presentación de los logros y dificultades del gobierno frenteamplista utilizando como base lo expresado por el presidente Tabaré Vázquez, para lo cual, al rescatar lo más importante de su discurso,[1] agregaremos algunas cifras o acciones que no abarcó por razones de tiempo, a pesar de que la oratoria fue seguida durante tres horas con especial atención por dirigentes y militantes de izquierda, por la oposición, por los periodistas y por el pueblo uruguayo en general.

Las señas de identidad que el gobierno frenteamplista le planteó a la ciudadanía cuando asumió el poder, el 1ro. de marzo de 2005, apoyado en el respaldo popular expresado en las urnas el 31 de octubre de 2004, no se han diluido ni disimulado, están presentes en todas las acciones del gobierno, en las

---

[1] El discurso de Tabaré Vázquez donde hace un balance de dos años de gobierno fue pronunciado en la noche del 2 de marzo, en la Plaza Independencia, al pie del monumento a Artigas. Se publicó en una separata especial del diario *La República*, el martes 6 de marzo de 2007.

cuales se ha destacado: el compromiso con la austeridad y el combate a la corrupción; la política en relación con los derechos humanos (investigaciones, búsqueda y desentierro de cuerpos en predios militares, juicio y encarcelamiento de represores, el nunca más); la atención a la emergencia social (pobreza e indigencia); las grandes reformas realizadas o en marcha (tributaria, de salud, educación, del Estado, etcétera); y los avances en los objetivos programáticos en materia de justicia y equidad social, de aumento de la producción nacional, de ampliación y profundización de la democracia, de integración en la región e inserción en el mundo, y de innovación tecnológica y aumento de la investigación y educación de calidad.

Desarrollaremos cada uno de estos asuntos exponiendo las principales acciones y evaluando el estado de avance del cumplimiento de los compromisos asumidos por la fuerza política. Al final, veremos algunas propuestas para el presente año y para el resto del período que finaliza en marzo de 2010.

El asumir tareas de gobierno no es excusa para abandonar ningún principio, fundamentalmente los compartidos y debidamente definidos en el último Congreso del Frente Amplio (FA) en 2003, en los plenarios nacionales (tres o más por año) y departamentales, en la Mesa Política (los lunes, integrada por representantes de los sectores y de los Comités de Base de todo el país) y en los acuerdos programáticos que se plantearon a la ciudadanía de cara a asumir el gobierno; cada uno de los sectores del FA tiene sus ideas de por dónde van los cambios a mediano y largo plazo, pero si no están unidos difícilmente se logrará un Uruguay con mayor justicia social, con mayor democracia, integrado a Latinoamérica y el Caribe, innovado tecnológicamente y con producción nacional vendida en la región y en el mundo. No estamos construyendo hoy el socialismo, pero sí damos pasos hacia una sociedad más justa y vamos formando el hombre nuevo que lo pueda construir.

La actuación del poder legislativo ha sido jerarquizada por el gobierno frenteamplista, no solo porque el poder ejecutivo ha respetado su voz, como la Constitución lo tiene previsto, aunque algunos gobiernos no lo hicieron antes, y porque los legisladores son representantes del pueblo ante el gobierno, sino también porque los legisladores del Frente Amplio han hecho un gran aporte al gobierno: han propuesto leyes, mejorado las enviadas por el poder ejecutivo y debatido los grandes temas nacionales con mucha profundidad y manejo de información. En lo que respecta al poder judicial, su independencia del resto de los poderes ha crecido durante el período y su situación de infraestructura y recursos ha mejorado significativamente, en una clara apuesta al aumento de su agilidad y calidad.

En líneas generales, se han implementado cambios en el orden jurídico que tienen que ver con aspectos institucionales del Estado para facilitar la ejecución de los cambios, y en el orden ejecutivo que sientan las bases de la forma en que estos se llevarán adelante. Se han tomado una serie de medidas de austeridad, ahorro y buen uso del gasto público y otras vinculadas con el combate al clientelismo, al abuso de funciones y a la corrupción, pues aunque se sabe que ningún gobierno está exento de estos flagelos, un gobierno de izquierda debe caracterizarse por la actitud de combate permanente, no ocultamiento de los casos particulares, y penalización de los mismos.

Estas medidas generales, referidas a principios y valores que un gobierno de izquierda debe tener y mantener, junto a la atención a la emergencia social (pobreza y extrema pobreza) y a la aplicación del programa de gobierno en sus cinco puntos principales: Uruguay Social, Uruguay Productivo, Uruguay Democrático, Uruguay Innovador y Uruguay Integrado, son las apuestas principales del gobierno frenteamplista para los dos primeros años de gobierno y las que revisaremos al evaluar su éxito o fracaso.

Según el estudio más reciente sobre pobreza y desigualdad en Uruguay en 2006, elaborado por el Instituto Nacional de Estadística, basándose en datos disponibles de junio pasado y tomando como referencia los parámetros de la Comisión Económica para América Latina y el Caribe (CEPALC), a partir de 2005 se registra un descenso en el porcentaje de personas indigentes, descenso que vuelve a verificarse en el primer semestre de 2006. En 2004, el 5,28% de la población estaba en la indigencia, mientras en 2006, bajó a 3,94% en su primer semestre. La pobreza evolucionó de manera similar, aunque con variaciones de mayor magnitud. En 2004 el 22,49% de la población se encontraba en la pobreza, en 2005 esta cifra había bajado a 20,5%, es decir, dos puntos, y en 2006 bajó a 19%; se ha mantenido su tendencia a bajar hasta nuestros días.

Ello se logró a pesar de factores coyunturales adversos: el primero es la abrupta subida del precio del petróleo en el año 2005, lo cual se mantiene hasta nuestros días y perjudica claramente a un país pequeño como el nuestro que no tiene reservas propias; en segundo lugar, la sequía de finales de 2005 y principios de 2006, con sus consecuencias nefastas en el rubro agropecuario, como causa del aumento del consumo de petróleo para la generación de energía eléctrica, muy dependiente en Uruguay de la generación hidroeléctrica; en tercer lugar, los cortes de rutas y puentes realizados por ciudadanos argentinos, con complicidad o pasividad del gobierno, e incluso ofrecimiento de los militares carapintadas y otros de derribar la torre de Botnia a martillazos, han causado un grave perjuicio económico al país; y cuarto, el número de pobres e indigentes era, en realidad, mayor al que los gobiernos anteriores aceptaban.

En este contexto, se ha iniciado el proceso de descentralización del Estado uruguayo; se han fortalecido y ampliado las facultades presupuestales y decisorias sobre el desarrollo local que los gobiernos municipales tienen, tanto en los ocho gobiernos municipales en manos del FA (incluido Montevideo, y que, en conjunto, engloban la mayor parte de la población y del PIB) como en los once que responden a los partidos de derecha; se ha aumentado la cantidad y calidad de la información que se trasmite, junto a la apertura de canales de comunicación y ámbitos de participación, en la búsqueda de un mayor involucramiento y control de la población con las políticas llevadas adelante por el gobierno en todos sus niveles. Un ejemplo de esto, es el proceso impulsado por las autoridades de la educación, que promovieron un debate profundo entre autoridades, profesores, alumnos, padres y ciudadanos en general en todos los rincones del territorio nacional, y, mediante la elección de delegados, llevaron la discusión a un Congreso de la Educación –donde participaron miles de delegados–, que sentó las bases para la reforma educativa que incluye la necesaria descentralización del sistema.

Derechos humanos

Uno de los pilares del gobierno ha sido el tema de los derechos humanos. Ha promovido una política activa para investigar, buscar la verdad y castigar, dentro del marco legal vigente, lo sucedido durante y antes de la dictadura militar; esto ha dado muy buenos resultados y seguirá dando en la medida en que aparezcan nuevos elementos. El presidente dijo lo siguiente al asumir el gobierno ante la Asamblea General: «Y con la verdad buscaremos que nuestra sociedad recupere la paz, la justicia y sobre todo que el horror de otras épocas nunca más vuelva a pasar, nunca más. Cumpliremos el mandato establecido en el artículo 4º de la Ley 15848, procurando adoptar la investigación de lo sucedido con los detenidos desaparecidos e investigando al respecto a los establecimientos militares correspondientes. Queremos saber qué pasó con estos ciudadanos desaparecidos».[2]

Se hizo una investigación exhaustiva sobre lo ocurrido con los ciudadanos uruguayos desaparecidos. Se ordenó a las Fuerzas Armadas que recabaran toda la información posible y la transmitieran al presidente. Se encomendó a un grupo de historiadores la recopilación de toda la documentación disponible hasta la fecha sobre la materia, incluyendo los archivos de los ministerios del Interior, de Relaciones Exteriores, Defensa y de la Comisión para la Paz. Se relevaron dos batallones militares. Una chacra privada fue registrada buscando restos de desaparecidos; se encontraron los del docente universitario Fernando Miranda y los del militante sindical Ubagesner Chaves Sosa. Se ha abierto camino a la justicia para investigar algunos casos, haciendo una nueva interpretación de la Ley de Caducidad. El gobierno ha dado claras muestras de que no lo mueve la venganza pero que sí lo impulsan la verdad y la justicia, indispensables para la convivencia pacífica y democrática.

Como los derechos humanos no son solo asunto del pasado, se está trabajando en la ampliación del campo de los derechos civiles y sociales, también llamados de última generación. Ejemplo de ello es la creación de la Comisión

---

[2] El discurso de toma de posesión de la presidencia fue pronunciado el 1ro. de marzo de 2005, en las escalinatas del Palacio Legislativo. Se publicó en el diario *La República*, el 2 de marzo. Puede consultarse en el sitio web de la Secretaría de Prensa y Difusión de la Presidencia (www. presidencia.gob.uy).

Nacional contra el racismo, la xenofobia y todo tipo de discriminación, y acciones afirmativas en materia de derechos de género, infancia y adolescencia, minusvalidez, etcétera.

Atención a la emergencia social

El segundo pilar en el que se asienta el gobierno de izquierda uruguayo es el de la atención a la emergencia social, a partir de algunas políticas de ayuda a las familias con mayores carencias, pero no con una perspectiva asistencialista, pues se tiene una visión de los pobres como sujetos de derecho. Para cumplir con este objetivo se creó en los primeros meses de gobierno el Ministerio de Desarrollo Social, no como un ministerio de la pobreza, sino como un ministerio para el desarrollo de toda la sociedad uruguaya; mientras se implementan una serie de programas para la atención de la pobreza y la indigencia, paralelamente se va armando una estructura y un plan de trabajo que apunte al desarrollo con inclusión del conjunto de la población, con una batería de políticas universales que le den sustento.

Para asistir a los que padecen desamparo social, no como un acto de caridad, sino como un deber de toda sociedad, en el entendido de que los pobres no son objeto de caridad, sino sujetos de derecho, es que se creó el Plan de Asistencia Nacional a la Emergencia Social (PANES), el cual contiene varios programas para la atención de la pobreza y la indigencia. Pensado para atender a 150 000 uruguayos, tuvo que adecuarse a la realidad y atender a 300 000 personas que estaban en la extrema pobreza; además algunos componentes del plan llegaron directamente a otros 100 000 uruguayos e indirectamente a muchos más.

Entre los componentes del PANES se encuentran un programa de alimentación con canastas familiares; otro sanitario que incluye la atención bucal y oftalmológica; el Ingreso Ciudadano (dinero que reciben todos los inscriptos); el Trabajo por Uruguay (trabajo transitorio en organismos públicos); la asistencia a los sin techo, a la infancia y la familia, etcétera.

Hasta este momento, 1 463 compatriotas de escasos recursos económicos recuperaron la visión gracias a la Operación Milagro, dentro del programa Nos Tenemos Que Ver y con la ayuda de los gobiernos cubano y venezolano. El Ingreso Ciudadano, que ha sido criticado por considerarse asistencialista, más allá de algún mal uso que haya tenido, benefició, no obstante, a 76 000 hogares y a unas 327 000 personas que lo recibieron y utilizaron correctamente; esto no sale en la prensa, tampoco que el dinero dinamizó y fortaleció los pequeños comercios barriales que venden alimentos, y los servicios de luz, agua y teléfono, entre otros.

Se destaca también el programa Trabajo por Uruguay que brindó oportunidades socio-laborales a más de 10 000 compatriotas y permitió, aparte de avanzar en términos de inclusión social, realizar obras de acondicionamiento edilicio en varias instituciones públicas: 438 escuelas, 76 liceos, 83 policlínicas barriales, 20 hogares del Instituto de la Niñez y la Adolescencia del Uruguay (INAU), 18 centros de salud barriales y 12 plazas de deporte en todo el país.

El Plan de Emergencia, que se cerrará en septiembre próximo, dará paso al Plan de Equidad, equidad generacional, de género, de oportunidades, territorial, de igualdad ante la ley, y sobre todo igualdad ante la vida. La idea es ir abandonando las políticas focalizadas y más asistenciales, para dar paso a políticas universales que aseguren la cobertura básica de alimentación, vivienda, salud, vestimenta, etcétera, en todo momento de la vida de las personas y lugar del territorio donde vivan.

Defensa nacional

Al asumir la presidencia, Tabaré Vázquez dijo: «En una auténtica democracia, la Defensa Nacional no puede ser un tema tabú. Es un tema de la ciudadanía». Su gobierno, enseguida, estableció un grupo de trabajo con el cometido de definir los ámbitos, el temario y la realización del debate público sobre defensa nacional.

El 15 de mayo de 2006 se inició una serie de mesas de debate sobre la defensa nacional que se extendieron durante todo el año y en las que participaron académicos, colegios profesionales, especialistas nacionales e internacionales, organizaciones no gubernamentales (ONGs) de derechos humanos, dirigentes políticos, legisladores, miembros del poder ejecutivo, civiles y militares del Ministerio de Defensa, los ex presidentes doctores Julio María Sanguinetti y Luis Alberto Lacalle, y el actual presidente Dr. Tabaré Vázquez.

Los aportes del debate fueron publicados y constituyen materiales esenciales para la elaboración del proyecto de Ley de Defensa, el cual será considerado por el poder ejecutivo y remitido al poder legislativo. Se aprobó la ley que dispone la reparación, incluida la reconstrucción de la carrera, de los militares destituidos por la dictadura, hasta la fecha se han resuelto favorablemente 171 casos. Se modificó el régimen de ascenso al grado de general del Ejército; se estableció que las vacantes serán provistas por sistema de selección entre los coroneles que hayan sido calificados como aptos o muy aptos.

Además de lo anunciado el 1ro. de marzo de 2005:

1) se mejoró la calidad nutricional de la alimentación del personal de tropa;
2) el personal subalterno de las FF. AA., con salario inferior a $7 000.00, recibe boletos gratuitos;
3) se adquirieron dos censores-radar para complementar el sistema integrado de vigilancia y control del espacio aéreo jurisdiccional de la Fuerza Aérea;
4) se incorporó a la Armada Nacional un helicóptero donado por Brasil;
5) se gestionó una solicitud de refuerzo de crédito presupuestal para aumentar la capacidad de construcción de embarcaciones de transporte de carga fluvial destinadas al movimiento de la producción nacional, utilizando diques y astilleros nacionales; y

6) participan en misiones de la ONU 2 706 efectivos de las FF. AA. uruguayas, para el mantenimiento de la paz en una decena de países, la mayoría en Haití y en el Congo. La tarea de estos soldados no es fácil y en el transcurso de la misma ha habido accidentes fatales o graves, así como hechos aislados que han ameritado las correspondientes sanciones, pero, en su conjunto, la labor del contingente uruguayo en estas misiones ha sido evaluado muy positivamente por la ONU.

Rumbo económico y financiero del país

«Ya no tendremos que discutir con el FMI cómo llevamos adelante la economía del país», dijo el presidente Tabaré Vázquez en el acto. Y luego agregó: «Vamos a cumplir con los compromisos contraídos por el país, pero también vamos a cumplir con el país y con los uruguayos y sobre todo con los que más lo necesitan».

Un hecho de gran significación es que Uruguay canceló la deuda pública con el Fondo Monetario Internacional (FMI). La administración prolija y profesional de la deuda del sector público ha permitido, además, avanzar en objetivos básicos como son: reducir el peso de la deuda con relación al PIB, lo cual permitió retomar el manejo sustentable de las cuentas públicas; reperfilar la estructura de vencimientos para superar el ahogo financiero heredado; disminuir el peso de la deuda con condicionamiento e incrementar la deuda soberana, sin condicionamiento, priorizando la colocación de títulos en los mercados internacionales y pagando las obligaciones con organismos multilaterales de crédito; contribuir a la desdolarización de la economía, diversificando las monedas de colocación de títulos y procurando incrementar la incidencia de la deuda en moneda local y unidades indexadas.

Por primera vez, se aprobó una Ley de Presupuesto Nacional consistente con un programa financiero responsable y con prioridades bien definidas como son la educación, salud, infraestructura, seguridad pública y sistema judicial. Además, se garantizó, en este período de gobierno, la recuperación salarial en los organismos públicos con respecto a lo perdido con la administración del gobierno anterior.

La Ley de Reforma Tributaria ya está aprobada y establece un nuevo sistema tributario y de aportes patronales a la seguridad social en el país, que comenzará a implementarse el 1ro. de julio de este año. Esta reforma está guiada por la búsqueda de una mayor equidad vertical, pues procura que la carga tributaria de las familias se asocie a su capacidad contributiva, va a pagar más quien tiene más y va a pagar menos quien tiene menos; también habrá una mayor equidad horizontal, ya que tiende a homogeneizar el tratamiento tributario de los diversos sectores económicos, una mayor eficiencia, porque aprovecha la simplificación del sistema y la racionalización de la base imponible, y, por último, una mayor contribución al Uruguay productivo, en tanto el sistema impositivo resulta coherente con el estímulo a la inversión productiva y a la generación de más y mejores puestos de trabajo.

No se elevó la presión tributaria, pero la Dirección General Impositiva recaudó durante 2006 un 16% más que en 2005, debido a una gestión más eficiente, seria y responsable, que incluye, entre otras medidas, la capacitación del personal, mejoras en la gestión, campañas de concientización, mayor fiscalización, y sanciones a evasores y defraudadores, sobre todo cuando son poderosos. Se aumentó el activo de reservas del Banco Central, se cumplieron y se sobrepasaron levemente las metas de crecimiento anual del PIB fijadas en el entorno del 6%, se lograron las metas trazadas con referencia al superávit fiscal, el déficit fiscal y la inflación anual. La inversión pública creció más del 50%, en términos reales. El sector privado ha acompañado este esfuerzo: su inversión creció más del 60% en términos reales en estos años. En materia de inversión extranjera directa, en el año terminado en septiembre de 2006 la inversión privada destinada el sector productivo alcanzó una cifra récord de más de 1 400 millones de dólares, sin contar la inversión de las plantas de celulosa.

Educación y cultura

«La cultura es un derecho de todos» dijo el presidente al asumir y añadía: «La educación y la cultura son mucho más que un ministerio, son un derecho, un derecho de todos, durante toda la vida. El ministerio se encargará de garantizar que todos los uruguayos tengan igualdad de oportunidades para ejercer ese derecho».

Entre 2005 y 2006 se realizaron reparaciones menores y medias en 394 escuelas de todo el país, y obras de reparación mayor en 42 jardines de infantes, escuelas, liceos y escuelas agrarias. El Consejo Directivo Central (CODICEN) destinó veinticinco millones de pesos para atender situaciones de mantenimiento de locales, y para mejorar la gestión se adjudicaron partidas financieras específicas que fueron administradas por los propios centros educativos. Se han provisto 139 cargos docentes en las escuelas, y en 2007 se añadirán 100 más. De los 139 provistos, 54 fueron financiados con recursos de los cargos gerenciales que fueron suprimidos.

Los docentes fueron incorporados a los organismos rectores de la enseñanza. En noviembre de 2005 se integró la representante de Asamblea Técnico-Docente (ATD) al Consejo de Primaria. En marzo de 2006 ocurrió lo mismo en Secundaria, y en abril de este año se integró el representante de la ATD al Consejo de UTU (Universidad del Trabajo de Uruguay, es un instituto técnico docente de nivel secundario de la enseñanza pública). Se promovió el debate educativo: 713 asambleas en 171 localidades del país, 32 asambleas sectoriales, 410 ponencias y un Congreso Nacional en diciembre de 2006 con 12 000 delegados.

Tras una serie de asambleas departamentales y regionales realizadas durante el segundo semestre de 2005, el 1ro. de abril de 2006 se reunió en Salto, la Asamblea Nacional de la Cultura. Allí participaron más de trescientos agentes culturales de todas las expresiones de la cultura. De ese ámbito consultivo, pluralista, democrático y representativo, también, como en el caso de la Educación, salieron importantes aportes para un plan estratégico de cultura de calidad al alcance de todos los uruguayos.

El Gabinete Interministerial de la Innovación fue creado por decreto del 14 de abril de 2005, y está integrado por los ministerios de Educación, que lo preside, Economía y Finanzas, Ganadería y Pesca, Industria y Energía y la OPP. Al presente hay alrededor de 200 jóvenes investigadores becados en empresas o entidades dedicadas, principalmente, a la agroindustria, biotecnología, farmacéutica, genética molecular y diversificación energética.

Además de lo anunciado en marzo de 2005:

1) se inició el Programa Nacional de Educación y Trabajo, dirigido a jóvenes que no estudian ni trabajan;

2) se promovió y aprobó la Ley 17 930 mediante la cual por primera vez el Uruguay contará con un instrumento fiscal que incentive la inversión privada en proyectos culturales;

3) se pusieron en marcha los Fondos Concursables en doce disciplinas artísticas y en la primera convocatoria se presentaron seiscientos proyectos de los cuales fueron seleccionados cien;

4) se promovió la ley por la que se crea la Agencia Nacional de Innovación, con el fin de promover la ciencia, la tecnología y la innovación al servicio del desarrollo productivo del país;

5) durante 2006 la inversión del Ministerio de Educación y Cultura (MEC) en ciencia y tecnología ascendió a ocho millones de dólares, casi el doble que en el año 2005, y el triple que en 2004;

6) se realizaron obras de mejoramiento edilicio en la Biblioteca Nacional, en el Archivo General de la Nación, y se inició un proceso de relevamiento del acervo bibliográfico y documental de ambas instituciones;

7) se mejoró la infraestructura y equipamiento de las radioemisoras del SODRE y de la Televisión Nacional; también se recuperaron repetidoras regionales de radio y televisión estatal que estaban fuera de servicio;

8) se mejoró el equipamiento informático del Ministerio Público y Fiscal y se nombró por consenso político al Fiscal de la Corte y Procurador General de la Nación;

9) se creó e instaló la Comisión Nacional contra el racismo, la xenofobia y toda clase de discriminación.

Ganadería y agricultura

Se abordó la problemática del endeudamiento agropecuario como componente de la deuda interna. Con participación del Ministerio de Economía y Finanzas (MEF), del Ministerio de Ganadería, Agricultura y Pesca (MGAP), del Banco de la República (BROU) y de la bancada parlamentaria, se adoptaron decisiones para mitigarlo.

El financiamiento del Fondo de Fortalecimiento de la Actividad Lechera y el nuevo fondo lechero que aprobó el parlamento y está en vías de implementación, el nuevo Fondo Arrocero y el Fondo de Fomento Granjero son medidas que aliviaron la deuda. Un tratamiento preferencial para los deudores más pequeños se resolvió el año pasado como decisión de gobierno y se agregó a todo lo anterior.

Se convino en más de un caso condonar la deuda de aquel pequeño ganadero, de aquel pequeño productor rural, con una mínima extensión de tierra que la trabaja con su familia, y a veces tiene dos o tres vacas para ordeñar, que quería quedarse en la tierra, pero tenía alguna deuda, por lo cual debía irse, pues ahora se queda, porque al decir del presidente «...necesitamos a esa gente en ese lugar.»

Se entabló un proceso de diálogo con todos los actores de la cadena láctea, que culminó en una serie de políticas que se están llevando adelante con queseros artesanales, desarrollo de la lechería y acceso a la tierra de pequeños tamberos. La cadena avícola se está fortaleciendo a partir del impulso dado por el Ministerio a la formalización de las empresas, la trazabilidad, la unidad de monitoreo avícola y el funcionamiento de la mesa respectiva. Las políticas sobre la carne, el arroz, las semillas, la vitivinicultura y la granja son objeto de informaciones, análisis, propuestas y acciones llevadas adelante por los institutos y juntas correspondientes.

Hay en marcha un proyecto de producción de azúcar y alcohol en el que participan el Ministerio de Ganadería, Agricultura y Pesca (MGAP), el Ministerio de Economía y Finanzas (MEF), el Ministerio de Industria, la Corporación Nacional para el Desarrollo, el BROU, los gremios de productores de caña y los trabajadores asalariados de Bella Unión. Este proyecto sucroalcoholero significa, aparte de un compromiso de gobierno, un verdadero desafío económico, social, productivo y científico, pues se plantea mejorar la productividad y la eficiencia económica desde la producción de caña de azúcar y de otros derivados. El ingenio azucarero de ANCAP (Administración Nacional de Combustibles, Alcohol y Portland), la Corporación Nacional para el Desarrollo y Alcoholes del Uruguay (ALUR), en un año de gestión han alcanzado una participación del 57% en el mercado interno azucarero con una facturación de 24 millones de dólares.

Además de lo anunciado el 1ro. de marzo de 2005:
1) se han desarrollado medidas para atender a las familias de bajos ingresos del medio rural, generando valor; así, se sustituyó en 2006 el 50% de la importación

de pulpa de tomate, se apoyó a productores de miel, de carne ovina, de carne porcina, de leche, mediante mesas de desarrollo integradas por los actores sociales de cada parte;

2) en materia de desarrollo forestal, se cambiaron las normas que permitieron plantaciones forestales en suelos de marcada aptitud agrícola o en terrenos estratégicos para la ganadería, y se cambiaron; se recalificaron los suelos forestales, se están promoviendo bosques multipropósitos y al servicio de la ganadería, superando la forestación celulósica hacia una diversificación productiva del bosque con modelos probados para la forestación nacional;

3) se instrumentó el Plan Sequía, para atenuar la falta de agua que afecta cada vez más a los pequeños ganaderos del norte del país; ya está en marcha la construcción de las reservas de agua necesarias para que puedan abrevar los animales de los pequeños ganaderos de esas zonas alejadas, sin cuyo trabajo y producción de terneros las exportaciones de carne no serían posibles;

4) Uruguay mantiene el *status* de país libre de aftosa con vacunación y libre de encefalopatía espongiforme bovina, conocida como la enfermedad de la vaca loca;

5) finalmente y muy importante, comenzó la instrumentación del sistema de identificación y registro animal, denominado trazabilidad; si se cumplen las metas y plazos previstos, en el año 2009 Uruguay será el primer país del mundo en tener un registro individual de todo su ganado bovino, de cada vacuno, desde que nace hasta que muere, lo cual garantiza la calidad de su carne y facilita el acceso de la misma a los mercados más exigentes.

Industria y energía

«Contar con un suministro de energía continuo, seguro, ambientalmente sustentable y a precios competitivos resulta vital para la construcción de un país productivo», dijo el presidente Vázquez en su discurso al asumir el gobierno ante la ciudadanía en la explanada del Palacio Legislativo. Se convocó a la población a que extreme las medidas de ahorro de energía eléctrica y paralelamente se inició la incorporación en el mediano plazo de nuevas centrales térmicas y la profundización del intercambio energético con Argentina, Brasil, Bolivia y Venezuela.

Es de resaltar el excelente nivel de cooperación con nuestros vecinos; tanto Argentina como Brasil, nos han brindado la posibilidad de contar con energía eléctrica en años de dificultades.

Además, se han adjudicado los primeros contratos para generar energía eólica y de la biomasa en Treinta y Tres, Rivera, Rocha, Tacuarembó y Montevideo; ya se está en la etapa de instalación de plantas generadoras de estas energías limpias y renovables por primera vez en el Uruguay.

En cuanto a la política industrial, el proceso de recuperación y crecimiento de la industria, generador de riqueza y de puestos de trabajo, ha estado muy por encima de los valores del conjunto de la economía, tanto en el valor del producto como en inversión y empleo. El producto del sector creció en estos dos años 21%, falta mucho por hacer, pues la crisis en el sector fue particularmente prolongada y profunda.

Según datos del Instituto Nacional de Estadística disponibles al cierre del ejercicio 2006, el índice de volumen físico de la industria manufacturera acumulado durante el año pasado ubicó ese crecimiento en 8,9% y 10,9% con y sin refinería de petróleo, respectivamente. Los rubros de mayor incidencia en esta variación fueron: elaboración de productos alimenticios y bebidas, y productos químicos de caucho y plástico.

Según datos manejados por la Unión Nacional de Exportadores, entre enero y noviembre de 2006 el país exportó bienes por 3 674 millones de dólares, lo cual significa un crecimiento del 17,7% respecto a la totalidad del año 2005. Son las cifras más altas registradas en Uruguay.

La seguridad interna, la labor de la policía

«Severos con el delito, y más severos con las causas que llevan al delito» decía el presidente Vázquez al asumir el gobierno. Se tomaron medidas para modernizar el Instituto Policial y mejorar la seguridad pública con plena vigencia de los derechos humanos; se incrementaron remuneraciones, especialmente del personal subalterno, cuyo salario real ha aumentado un 25%.

Se han incrementado las políticas de bienestar social al personal policial; se ha mejorado la infraestructura y el equipamiento de direcciones nacionales, jefaturas y comisarías; y se remitieron al parlamento proyectos de ley sobre procedimientos policiales, seguridad rural, modificaciones al Código de la Niñez, y violencia en el deporte.

En todos los casos, dichos proyectos fueron elaborados en consulta con otros ministerios, instituciones académicas, organizaciones sociales y con el propio Instituto Policial.

Se aprobó la ley de humanización del sistema carcelario que significó un cambio en la política penitenciaria para ponerla más acorde con la Constitución y los tratados internacionales vigentes. En marzo de 2005 había aproximadamente 7 000 presos y poco más de 3 500 plazas para alojarlos. Desde entonces, se habilitaron mil plazas más, también se crearon 500 nuevos cargos para el sistema carcelario y se incrementaron los rubros de funcionamiento e inversión.

Se fortaleció al Patronato Nacional de Encarcelados y Liberados y sus respectivas filiales departamentales, pero además de lo anunciado el 1ro. de marzo de 2005:

1) aumentó la presencia policial en zonas urbanas de todo el país y se fortalecieron las brigadas para la represión del abigeato;

2) se desbarataron varias redes de narcotráfico, entre 2005 y 2006, se incautaron 146 kg de pasta base, 521 de cocaína y 139 de marihuana, y fueron procesadas 784 personas; en 2006 la incautación de pasta base duplicó la registrada en 2005 y cuadruplicó la de 2004; la incautación de cocaína fue nueve veces mayor que la de 2005 y casi trece veces mayor que la de 2004; prosigue el combate a la plaga del narcotráfico que afecta a la humanidad;
3) también se redujo el número de hechos delictivos.

Relaciones exteriores e integración regional

«Este es un gobierno popular, democrático, antioligárquico y antimperialista» dijo el presidente en la conmemoración de los dos años de gobierno. Al asumir había dicho: «Adhesión al derecho internacional y especialmente el pleno derecho a la soberanía de los Estados, la defensa y promoción de los derechos humanos, la solución pacífica de las controversias, el principio de no intervención, la autodeterminación de los pueblos, el universalismo en las relaciones internacionales y la defensa y promoción de la democracia».

La conducta de Uruguay en el diferendo con Argentina, respecto a la instalación de plantas de producción de pasta de celulosa en el territorio nacional, ratifica nuestra adhesión al derecho internacional, a la soberanía de los Estados, a la solución pacífica de las controversias. Sobre este tema, el presidente Vázquez dijo:

> ante la proximidad del comienzo de una instancia de diálogo entre los representantes de los gobiernos de ambos países, auspiciada por su majestad el Rey Juan Carlos de España, estimo del caso reiterar al poder legislativo y por su intermedio a la ciudadanía uruguaya que el gobierno nacional mantiene su más firme disposición a una salida diplomática que sobre la base del respeto estricto al derecho internacional, resuelva definitivamente este diferendo, normalice las relaciones entre dos naciones históricamente hermanas, preserve la soberanía nacional y renueve el derecho de la sociedad uruguaya al desarrollo sustentable.

Ello a pesar de que, mediante el corte de los puentes, Uruguay es víctima de una agresión muy prolongada y carente de justificación. No corresponde a la realidad la afirmación de Julio Gambina, Rina Bertaccini y Jorge Kreyness sobre el deterioro del medio ambiente y la contaminación con «daños previstos irreparables», ya que Uruguay ha tomado todas las medidas para prevenir el impacto ambiental, las seguirá aplicando en cada etapa de construcción y funcionamiento de la planta, y ha ofrecido a la Argentina un monitoreo conjunto al que esta se ha negado. Ignoramos si cuando los autores elogian «la dinámica de la resistencia de los movimientos populares» están avalando sus afirmaciones de que en la zona van a nacer niños con dos cabezas y de que «Tabaré Vázquez es peor que Hitler», tal como lo oímos de boca de los manifestantes en el documental argentino *No a los papelones*. El canciller Taiana no concurrió a defender la postura del gobierno argentino en el programa televisivo de Morales Solá. Hablando del citado periodista, dice en referencia a los cortes de ruta que Argentina es «un extraño país en que la policía solo puede hacer dos cosas: mirar o matar», aludiendo al asesinato del docente Carlos Fuentealba en Neuquén, que motivó el paro general del 9 de abril. El mismo Morales Solá nos informa que hubo días en que el Puente de Colón estuvo cortado por siete asambleístas con la cooperación de doce efectivos de la gendarmería. En cuanto a la insólita afirmación de los representantes del Partido Comunista Argentino (PCA) de que «a la dinámica de la resistencia se suma en forma creciente parte del movimiento popular uruguayo», carece de todo asidero. Existe un claro compromiso con el MERCOSUR como desarrollo estratégico. Uruguay es uno de los socios del MERCOSUR que más cumple sus resoluciones, sobrepasando la media.

El presidente plantea: «Queremos más y mejor MERCOSUR, lo hemos dicho hasta el cansancio», Uruguay ha impulsado el ingreso de Venezuela, de Bolivia y de México al MERCOSUR, pero también ha realizado propuestas para abatir las asimetrías existentes entre sus socios. Ha postulado iniciativas en materia de seguridad energética, de infraestructura, de conectividad, de cooperación científica y complementariedad, de intercambio cultural, en el entendido de que los procesos de integración sirven, si repercuten positivamente en la vida cotidiana de nuestra gente.

A nivel de la Comunidad Sudamericana de Naciones, Uruguay propuso la creación y presidió la Comisión de Propuesta Estratégica de Integración Sudamericana cuyas conclusiones fueron aprobadas en la reciente reunión de jefes de Estado de esa comunidad, en Cochabamba, en diciembre de 2006.

El presidente dijo: «el concepto de integración regional viene desde la noche de los tiempos, desde las raíces más profundas de la historia uruguaya, fue él, Artigas, el que primero habló de los procesos de integración de los pueblos de América».

El Ministerio de Relaciones Exteriores creó la Dirección para la vinculación con los uruguayos residentes en el exterior, conocida con el nombre de Departamento 20, ya que en el territorio uruguayo hay 19 departamentos. Se crearon más de cien consejos consultivos en otros tantos lugares del mundo, en donde residen compatriotas. En diciembre pasado se realizó el primer Congreso de Consejos Consultivos que consideró diversos asuntos referidos a la patria peregrina.

Además:

1) se abatieron los gastos en las representaciones diplomáticas;
2) se recompuso la carrera funcional en el ministerio; ingresos y ascensos por concurso, y designación de destinos mediante comisión especializada;
3) fuimos anfitriones y organizadores de la XVI Cumbre de Jefes de Estado y de Gobierno de Iberoamérica;

4) más allá del MERCOSUR, se han optimizado las relaciones comerciales con Chile (Tabaré Vázquez se entrevistó con Michelle Bachelet en Santiago, el 9 de abril), con México, con la Unión Europea, con Rusia, con los países árabes, que serán visitados en las próximas semanas, con Israel, con la India, con China, con Corea, con Japón y también con los Estados Unidos, cuyo presidente estuvo en Uruguay en marzo.

En el acto de conmemoración de los dos años de gobierno, el presidente dijo: «Recibiré al presidente de los Estados Unidos como he recibido a todos los presidentes y jefes de Estado de los países con los cuales Uruguay mantiene relaciones diplomáticas» y seguidamente agregó: «Que existen diferencias entre los gobiernos de los Estados Unidos y Uruguay, pero por supuesto ¿y qué? Este es un gobierno popular, democrático, antioligárquico y antimperialista, le decimos que no a cualquier forma de imperialismo, a cualquiera, pero lo cortés no quita lo valiente».

Salud pública

«La mortalidad infantil ha descendido a 10,5 por mil» informó el presidente Vázquez, para de inmediato agregar: «Tal como lo habíamos dicho todos los beneficiarios del Plan de Emergencia Social recibieron atención de salud, incluidas ocular y bucal».

Ya señalamos que por la Operación Milagro 1 463 uruguayos de bajos recursos fueron operados gratuitamente en Cuba y recuperaron la visión. Se integró la salud ocular infantil a la política de prevención y en ese contexto, mediante acuerdo institucional del Ministerio de Salud Pública, el Ministerio de Desarrollo Social y la Administración Nacional de Educación Pública (ANEP), se realizan exámenes, diagnósticos y tratamiento que incluyen lentes, a 2 000 escolares por mes.

Se remitieron al parlamento los proyectos de dos leyes fundamentales para la consolidación del Sistema Nacional de Salud, la descentralización de la Administración de Servicios de Salud del Estado (ASSE) y el aumento de la cobertura de la seguridad social para los trabajadores públicos.

Mediante el establecimiento y mantenimiento de las alertas sanitarias correspondientes, Uruguay sigue siendo país libre de cólera y dengue. Por primera vez en la historia del país, se inspeccionaron todas las estructuras asistenciales públicas y privadas: CTI (centros de tratamientos intensivos), *blocks* quirúrgicos, laboratorios, hospitales y sanatorios, residencias para adultos mayores.

Además de lo anunciado el 1ro. de marzo de 2005:

1) por el descenso de la mortalidad infantil, Uruguay volvió a ocupar el segundo lugar de los países de América del Sur con menor índice; Chile primero, Uruguay después;

2) se realizaron obras de mejoramiento edilicio en hospitales, centros de salud y policlínicas de todo el país, en varios casos con personal de Trabajo por Uruguay; se iniciaron las obras del nuevo Instituto Nacional del Cáncer con tres millones de dólares donados por la República Bolivariana de Venezuela; también se construyó un centro oftalmológico en el hospital Saint Bois, con el equipamiento donado por la República de Cuba; y se instalaron equipos de última generación en servicios de endoscopía de los hospitales Maciel y Pasteur;

3) se efectuó el ingreso mediante concurso de cien médicos, 68 en el interior para el fortalecimiento del primer nivel de atención; mejoraron los salarios mínimos de médicos y no médicos, los médicos pasaron de 4 500 pesos que ganaban en salud pública en marzo de 2005 a 12 000 en enero de 2007, los no médicos tuvieron un aumento de 25% nominal y de 14% real por encima del IPC; se extendió al sistema mutual la gratuidad de los exámenes de control de embarazo, mamografías y Papanicolau, y de los medicamentos para los diabéticos;

4) Uruguay fue declarado país libre de humo de tabaco, sexto a nivel mundial y primero en América; ya hace más de un año fue decretado por el poder ejecutivo no fumar en lugares cerrados.

Trabajo y seguridad social

Se restablecieron los Consejos de Salarios, incluyendo a los trabajadores rurales y del servicio doméstico, y se recuperó el papel rector del Ministerio en las materias de su competencia; hay una estrecha relación con el Banco de Previsión Social en el manejo del área de seguridad social.

En el 85% de los casos los Consejos de Salarios acordaron convenios colectivos; el 11% llegó a acuerdos por mayoría y en el 4% restante, ante la ausencia de acuerdos, el poder ejecutivo debió decretar. Se busca promover la negociación colectiva para mejorar las relaciones laborales y coadyuvar a un diálogo social indispensable en una estrategia de desarrollo nacional.

En mayo de 2005 se convocó al Compromiso Nacional por el empleo, los ingresos y responsabilidades; este ámbito consultivo tripartito, integrado por representantes del poder ejecutivo, los empleadores y los trabajadores, entre otros cometidos, tiene que identificar las bases para un proyecto de negociación colectiva que articule cuatro elementos, complementarios y fundamentales: el salario mínimo nacional; los Consejos de Salarios por rama de actividad; la negociación colectiva bipartita entre empleadores individuales o agrupados y las organizaciones representativas de los trabajadores; y la prevención de conflictos y gestión de su solicitud.

En cuanto al sistema de seguridad social, ha mejorado enormemente la gestión del Banco de Previsión Social: 1 120 000 cotizantes en noviembre de 2006, entre ellos 120 000 trabajadores rurales y 45 000 del servicio doméstico. Hay 45 000 nuevos beneficiarios de asignaciones familiares y un total de 550 000 menores, pues muchos no la tenían, porque carecían de cédula de identidad, al no tener dinero para sacarla. El gobierno les dio la posibilidad de tener la cédula de identidad gratuitamente y hoy cuentan con asignaciones familiares.

Los beneficiarios de DISSE (Dirección de Seguros Sociales por Enfermedad) ascienden a 717 000 y aún así, el sistema de seguridad social tiene debilidades estructurales, por eso, al igual que se ha hecho con otros asuntos de interés nacional, se ha decidido poner la seguridad social a debate, para, entre los involucrados, que de una forma u otra son todos los uruguayos, encontrar las mejores soluciones posibles.

Además de lo anunciado el 1ro. de marzo de 2005:
1) en 2006 se atendieron 768 conflictos laborales;
2) se fortalecieron las oficinas departamentales de trabajo;
3) se realizaron 13 465 inspecciones de trabajo, 60% en Montevideo y 40% en el interior, 69% de oficio y 31% ante denuncias, 40% en industria, 46% en servicios, el 53% por condiciones ambientales y el 47% por condiciones generales.

El Instituto Nacional de Alimentación (INDA) atendió las necesidades alimentarias de 301 058 uruguayos, entre los beneficiarios hay 15 000 enfermos renales, 13 000 pacientes oncológicos, 9 500 celíacos y 8 000 portadores de VIH. Además, 15 000 jubilados, pensionistas y discapacitados han participado en los programas de turismo social.

Transporte y obras públicas

«Boleto gratuito para estudiantes secundarios en todo el país. El 27 de septiembre de 2005 el poder ejecutivo estableció la gratuidad, es decir, para ser bien entendido, los boletos gratuitos para el traslado de los alumnos de primer ciclo de enseñanza media pública», dijo el presidente Vázquez.

Hay un relevamiento y recuperación de escuelas en todo el país, sobre todo en tres arreglos básicos: filtraciones de agua en techos, desobstrucción de cañerías de desagües y reposición de vidrios en aberturas exteriores.

Se extendieron al interior del país los trabajos de caminería rural. Se ha laborado fuertemente en el plan de dragado de la bahía de Montevideo a los efectos de mejorar los niveles de profundidad. Se instalaron y se iniciaron los trabajos de ampliación del muelle de la terminal de contenedores.

Durante el año 2006, se integró una comisión de trabajo entre el ministerio y las intendencias de Canelones, Montevideo y San José en el marco del programa denominado Agenda Metropolitana.

Los primeros resultados de este trabajo, son la concreción de:

1) la rebaja de tarifas en todo el transporte de pasajeros del país, 7% interdepartamentales y 15% de rebaja en el boleto suburbano;

2) la extensión de líneas urbanas de Montevideo para cumplir destinos más allá de los límites político-administrativos con los departamentos de Canelones y San José; y el boleto de combinación metropolitana del cual se vendieron 60 000 en el primer mes, y en el segundo subió a 125 000, manteniéndose la proyección de crecimiento, pues favorece, sobre esto, al sector de trabajadores.

Por otra parte, se está reviviendo el ferrocarril, que había sido liquidado por los gobiernos anteriores.

Turismo y deporte

«Quince mil ciudadanos participaron del Turismo Social» dijo el presidente Vázquez. El 1ro. de marzo había señalado: «Convocaremos a un Consejo Nacional de Turismo Público y Privado de carácter honorario y consultivo que contribuya al establecimiento de políticas de mediano y largo plazo para el desarrollo del sector» y «Adoptaremos medidas para el establecimiento de un Sistema Nacional de Turismo Social que se extienda a los sectores sociales de menores recursos, a los trabajadores, a los jubilados, para que puedan acceder a lo que entendemos es un derecho humano más».

El Consejo Nacional de Turismo, previsto en la Constitución, está constituido y está trabajando en torno a sus objetivos específicos de establecer políticas de mediano y largo plazo para el desarrollo del sector. En él, se han planteado las principales líneas de acción del gobierno en ese campo, incluyendo la aprobación, por primera vez, de un préstamo del Banco Interamericano de Desarrollo (BID) para la actividad turística. En cuanto al Turismo Social, se ha instalado un Sistema Nacional de Turismo Social, donde están participando organismos públicos, como el Banco de Previsión Social (BPS), el Banco República Oriental del Uruguay (BROU), la Administración de Ferrocarriles del Estado (AFE), operadores turísticos privados, así como organizaciones no gubernamentales y gremiales como la central única de trabajadores PIT-CNT.

En materia de deporte:

1) el 11 de diciembre pasado se remitió al poder legislativo el proyecto de ley declarando la obligatoriedad de la educación física en todas las escuelas del país;

2) se estableció el programa Uruguay a Toda Costa, en coordinación con el Ministerio de Educación y Cultura y las intendencias municipales; entre otros componentes promueve el deporte recreativo en playas, parques, etcétera.

3) con el Ministerio y la Presidencia se llevaron adelante varios pequeños programas que, utilizando la herramienta del deporte, buscan una proyección social, entre otros: Programa Knock Out a las Drogas; la instalación de

36 academias de boxeo en todo el país; aproximadamente 1 500 jóvenes nucleados en esta actividad, el 70% de ellos residentes en el interior del país y la enorme mayoría de familias muy pobres; niños que se sacaron de la calle, que aprenden a defenderse, a respetar y a ser respetados, a los que en estas academias se les inculca el respeto y la tolerancia;

4) otro proyecto es el Básquetbol Crece Contigo y aquí también, connotados profesionales de este deporte están dando un gran apoyo a los niños que concurren a las plazas públicas para jugar al básquetbol; tableros de básquetbol en 30 espacios públicos y gimnasia rítmica para niños y niñas, ya se están implementando en todo el país; además se practica en una cantidad enorme de clubes e instituciones deportivos de las Fuerzas Armadas en todo el territorio nacional.

Vivienda, ordenamiento territorial y medio ambiente

En el año 2005 se colaboró con el PANES dándole soporte administrativo-logístico para la realización de 53 licitaciones de materiales destinadas a atender situaciones de emergencia habitacional en 30 localidades. Sobre los asentamientos irregulares, el Presupuesto Nacional dispuso los fondos necesarios a fin de cumplir en el período 2005-2008 con los compromisos asumidos por el Programa Integral de Asentamientos Irregulares.

La ejecución de los años 2005 y 2006 alcanzó el 98% de lo previsto. Al cierre de 2006 ya se habían culminado las obras correspondientes a 1 924 hogares en asentamientos; hay otros 1 484 hogares con obras en ejecución y se han firmado contratos para obras a iniciarse en los primeros meses de 2007 que involucran a 1 800 hogares más. El PIAI (Programa de Integración de Asentamientos Irregulares) ha atendido a 13 942 hogares, superando en un 39,4% la meta planteada en el contrato original de atender en forma directa a diez mil hogares en todo el período.

En cuanto a la situación de la población que habita en pensiones e inquilinatos, el poder ejecutivo envió en diciembre de 2006, un proyecto de ley al parlamento, estableciendo nuevas normas que regulen los derechos y obligaciones de los propietarios de pensiones, estableciendo las potestades del Ministerio. Significa, en los hechos, la derogación de la llamada «ley candado», la cual permitía retener las pertenencias del inquilino hasta que pudiera pagar su deuda.

También se han puesto en operación convenios con el Banco Hipotecario del Uruguay para permitir el mantenimiento en la vivienda a familias con lanzamientos y para atender situaciones de emergencia con viviendas alquiladas por el Banco Hipotecario.

La situación de Banco Hipotecario, por cierto, era aún más caótica y compleja de lo previsto, por lo cual se ha diseñado una estrategia para que en el segundo semestre de 2007 pueda otorgar nuevamente préstamos hipotecarios.

En breve, se aprobará en el parlamento la ley correspondiente a la reforma de esta institución.

Se promovió la ley de garantías de alquileres a cualquier familia de ingresos menores a 100 unidades reajustables.

Además de lo anunciado el 1ro. de marzo de 2005 para este ministerio:

1) MEVIR (Movimiento de Erradicación de la Vivienda Insalubre Rural) ha entregado durante los años 2005 y 2006, 1 373 viviendas nuevas en todo el país, y se terminaron adicionalmente 295 en unidades productivas;
2) en cuanto a viviendas para pasivos, entre 2005 y 2006 se han entregado 264 y otras 180 se encuentran en obra, mientras hay en proceso de licitación 600 viviendas más;
3) por otra parte, al finalizar el año 2006 se habían construido 668 viviendas bajo el régimen de cooperativa; actualmente 1 861 se encuentran en obra y para este año se aprobó el comienzo de otras 1 486 viviendas;
4) en el área del suministro de agua potable y saneamiento y en cumplimiento de la reforma constitucional, artículo 47 aprobada por los uruguayos en 2004, se dispuso el cese de la concesión a Uragua y comenzó a funcionar la Unidad de Gestión Desconcentrada de la empresa estatal OSE (Obras Sanitarias del Estado);
5) se adquirió el 60% del paquete accionario de la empresa Aguas de la Costa y los bienes e instalaciones de la empresa Tarse S.A., Aguas del Pinar, con lo que se ha logrado que el 100% del abastecimiento de agua potable y saneamiento que se encontraba en manos de empresas con fines de lucro, hoy están bajo la órbita de la empresa estatal. El agua volvió a ser de los uruguayos.

Servicio civil

La Oficina Nacional del Servicio Civil (ONSC) ha asumido, efectivamente, la responsabilidad de formular la política de recursos humanos de la administración pública, adoptando como principios fundamentales la instalación del ingreso democrático, la carrera funcional y el egreso digno; a la vez que estimulando, con iniciativas concretas, el compromiso de los funcionarios públicos con la prestación de un servicio eficiente, orientado hacia el usuario y la innovación de la gestión.

Desde este ámbito se ha logrado instalar una Mesa de Negociación Colectiva de carácter permanente, que convoca a las organizaciones representativas de los funcionarios públicos, con la finalidad de debatir sobre la regulación marco, y que posibilitó la concreción de acuerdos salariales y condiciones de trabajo, con resultados francamente exitosos. Se formalizó la situación de más de seis mil personas que estaban contratadas por el Estado mediante formas impropias.

También en este ámbito se acordó con el sindicato de funcionarios estatales COFE (Confederación de Organizaciones de Funcionarios del Estado) y la Mesa Sindical Coordinadora de Entes, un programa de capacitación de los funcionarios públicos, a los efectos de perfeccionar los recursos humanos existentes y reorientar la carrera administrativa.

Además, se ha logrado desarrollar y ejecutar un programa integral de recursos humanos, que contempla la implantación de un Sistema Integrado de Retribuciones y Ocupaciones para la Administración Central, uniforme, simple y flexible, con miras a mejorar la gestión del sector público, a fin de garantizar una carrera funcional homogénea, ágil y con mayores posibilidades, basada en la capacitación, la experiencia calificada y los resultados; se contempla un escalafón de conducción, que será ocupado en su nivel superior por quienes hayan cumplido con el requisito de cursar y aprobar la Maestría de Gestión Pública impartida por la Universidad de la República y programada junto a la Escuela de Funcionarios Públicos, con la contribución académica de la Escuela Nacional de Administración de Francia.

También desde la ONSC, se ha logrado la inclusión de normas en el Presupuesto Nacional y en la Rendición de Cuentas, tendientes a transformar el Estado, naturalizar los vínculos funcionales, derogar la prohibición de ingreso a la función pública, facilitar los procesos de redistribución de funcionarios, perfeccionar el sistema de pases en comisión, administrar mejor el sistema de llenado de vacantes, facilitar el egreso incentivado de funcionarios públicos, y evitar actos de corrupción, entre otras.

Planeamiento y presupuesto

Se han tomado medidas para trasladar programas y áreas operativas de inadecuada radicación en la Oficina de Planeamiento y Presupuesto (OPP) a organismos estatales competentes para esas funciones. Por ejemplo, se trasladaron al MVOTMA (Ministerio de Vivienda) el programa de erradicación de asentamientos irregulares, y a la Oficina del Servicio Civil el área operativa para la Reforma del Estado de todo lo concerniente a recursos humanos.

Se constituyó un equipo técnico especializado sobre planes de desarrollo y por segunda vez en la historia se convocó a la Comisión de OPP, que la integran los Ministerios vinculados al desarrollo, para marcar las pautas del plan de trabajo de la Oficina. Se está trabajando en una reorganización institucional de la OPP para que cumpla los cometidos establecidos en la Constitución, con el propósito de que atienda las áreas de planificación estratégica, que hoy no existe, inversiones, desarrollo local, cooperación internacional, presupuesto y empresas públicas. Se consolidó un buen funcionamiento de la asesoría técnica.

Se ha consolidado la Comisión de descentralización que ha posibilitado una buena relación entre el gobierno nacional y los gobiernos departamentales. Se han logrado acuerdos históricos en cuanto a definir el monto presupuestal establecido en la Constitución destinado a la descentralización, y también acuerdos de compromisos de gestión de los gobiernos departamentales con el gobierno nacional. Se ha establecido un adecuado seguimiento de la utilización de los recursos para inversiones municipales, con la certificación de las obras y la remisión de los recursos en forma puntual por parte del Ministerio de Economía y Finanzas.

Las empresas del Estado

Dejamos para otra nota la gran obra realizada en estos dos años por las empresas públicas. En Uruguay revisten importancia excepcional, y constituyen una base muy sólida para avanzar hacia un régimen social más justo, humano y solidario. Estas empresas están en el corazón del pueblo. Un plebiscito efectuado en 1992 en torno a su permanencia en el ámbito estatal triunfó por 72% contra 27% y resultó afirmativo en 142 de las 157 localidades en que se votó.

Nos referimos a los bancos del Estado (Banco de la República, Banco de Previsión Social, Banco de Seguros, Banco Hipotecario), así como a la Administración Nacional de Puertos, el ente petrolero ANCAP, la Administración de Ferrocarriles del Estado, la Administración Nacional de Telecomunicaciones, las Usinas y Trasmisiones Eléctricas, las Obras Sanitarias del Estado y la empresa de navegación aérea PLUNA.

También nos limitamos a adelantar algunas de las principales prioridades para 2007. Entre ellas: el Plan Ceibal, por el cual un niño = una computadora, fundamental en esta época de revolución tecnológica y del conocimiento; el Sistema Nacional Integrado de Salud; y las políticas públicas para la juventud, en los ámbitos de la educación, el deporte, el empleo y la investigación.

Izquierda e integración latinoamericana

En síntesis, en dos años de gobierno, el Frente Amplio, expresión de la izquierda uruguaya unida, ha dado pasos positivos en el cumplimiento de su programa de cambios, especialmente en lo relativo a los derechos humanos, la justicia social, la lucha contra la pobreza, el desarrollo económico, el aumento de la producción, del intercambio comercial y de la inversión, la salvaguarda de la soberanía nacional, la independencia respecto del FMI, un régimen impositivo justo, la defensa del salario, las libertades sindicales y los derechos de los trabajadores, la extensión y profundización de la democracia y de la participación ciudadana a todos los niveles. Está cumpliendo con su deber junto a los gobiernos de izquierda que abrieron, con el nuevo siglo y milenio, una nueva época en América Latina y el Caribe. Está comprometido con la causa superior de la integración latinoamericana y caribeña, del destino común de nuestros pueblos desde el Río Bravo a la Patagonia.

NIKO SCHVARZ, periodista, editorialista internacional del diario *La República* y corresponsal de varias publicaciones de América Latina y Europa, fue subdirector y redactor responsable del diario *El Popular* hasta su clausura por la dictadura. Integra la Comisión de Asuntos y Relaciones Internacionales del Frente Amplio (CARIFA) y la Directiva de la Fundación Rodney Arismendi. Es autor de los libros *América Latina y el retoñar de la utopía* (1994) y *Mariátegui y Arismedi, dos cumbres del marxismo en América Latina* (1998), y coautor de los libros *El águila imperial perdió muchas plumas en San Rafael* (1961) y *150 años del Manifiesto Comunista* (1999).

ÁLVARO CORONEL, investigador en política internacional y en procesos de integración regional, así como Coordinador del Programa Emergencia Social del Observatorio Laboral y Social de Uruguay, integra la Comisión de Asuntos y Relaciones Internacionales del Frente Amplio y es responsable de Relaciones Internacionales de la Vertiente Artiguista-Frente Amplio.

biblioteca marxista

Esta colección, más que un repertorio de textos, consiste en una pretensión: la de contribuir a restaurar la diversidad y complejidad propia de la reflexión marxista.

Más que una aspiración, formula una política: la exigencia de realizar tanto la crítica del orden capitalista como la del campo de tensiones existente entre la enunciación del *proyecto revolucionario* y la consecución de cualquier *poder revolucionario*.

En este horizonte, el marxismo es un pensamiento sobre la libertad. Por ello, es una política de la libertad. Sin sectarismos, "contra los dogmas propios y ajenos", estos libros recorren el camino de la insurrección contra todas las dominaciones. Es una forma de pensar hoy la Revolución. Otra forma de contribuir a hacerla posible.

Coordinador de la colección: Julio César Guanche

Textos clásicos:

El Manifiesto del Partido Comunista
Carlos Marx y Federico Engels

¿Qué hacer? Problemas candentes de nuestro movimiento
Vladimir I. Lenin

Las luchas de clases en Francia de 1848 a 1850
Carlos Marx

Manuscritos Económicos y Filosóficos de 1844
Carlos Marx

El Estado y la Revolución
Vladimir I. Lenin

El origen de la familia, la propiedad privada y el Estado
Federico Engels

Repertorios de Autor:

José Carlos Mariátegui
Antonio Gramsci
León Trotsky
Rosa Luxemburgo
Vladimir I. Lenin
Carlos Marx y Federico Engels

Antologías temáticas:

El pensamiento socialista en América Latina
Marxismo y Anarquismo. Un diálogo
Socialismo y feminismo
Marxismo, nación y nacionalismo

www.oceansur.com ■ info@oceansur.com

¿A dónde va la Bolivia de Evo? Balance y perspectivas en un año de gobierno

PABLO STEFANONI

En los últimos años, Bolivia pasó de ser contemplada con la tradicional mirada «miserabilista» –un país de indígenas pobres y resignados– a ser la expresión de la insurrección popular, capaz de proponer un proyecto político y social alternativo al conjunto de América Latina. Se trata de dos imágenes exageradas, pero es cierto que Bolivia se fue transformando en un gran laboratorio de acción colectiva popular y de construcción de imaginarios políticos antineoliberales y anticoloniales. En pocos países latinoamericanos el movimiento social logró, como en esta nación andino-amazónica, una acumulación política en paralelo a las protestas sociales: lo que constituía un conjunto de organizaciones corporativas, con fuerte arraigo territorial, se desbordó hacia el ámbito nacional y comenzó a cuestionar la idea de nación y de bolivianidad construida junto a la exclusión de las mayorías nacionales indígenas desde 1825. El 22 de enero de 2006 –día en que asumió la presidencia Evo Morales Ayma– fue vivido por una gran mayoría de bolivianos como un parteaguas en una historia nacional que pasó del colonialismo español al «colonialismo interno», un sistema formalmente republicano en el que el color (más blanco) de la piel, los apellidos criollos y el dominio del castellano devinieron un «capital» necesario para acceder a los espacios de decisión política, acumulación de riquezas y construcción de prestigio social.

A poco más de un año de aquella «gesta», el presidente boliviano, que llegó al Palacio Quemado con el inédito 54% de los votos, conserva un gran capital político, derivado de un hecho que debería ser la regla pero es la excepción en la mayoría de los gobiernos de centroizquierda en la región: cumplió con sus promesas electorales (convocatoria a la Asamblea Constituyente y nacionalización de los hidrocarburos); la derecha conservadora se encuentra a la defensiva y, para recuperar algo de credibilidad, debe vestir un forzado traje nacionalista que no termina de calzarle; y el mandatario socialista parece listo para pasar con éxito la prueba de las elecciones adelantadas previstas para 2008 en el marco de la nueva Constitución que debe escribir la convención reunida en Sucre. Los contornos de la denominada «revolución democrática y cultural» aún se encuentran en construcción, pero tienen dos nítidas fronteras políticas: una «memoria corta» antineoliberal y una «memoria larga» anticolonial que intentan articularse en las reformas en marcha.

Las encuestas muestran una aprobación a Evo Morales y al vicepresidente Álvaro García Linera que siempre se mantuvo por encima del 50%: varió entre el 81% luego de la nacionalización de los hidrocarburos en mayo de 2006, que marcó el pico más alto de la épica nacional-popular, y el 51%, cuando la batalla campal entre mineros cooperativistas y estatales en la localidad de Huanuni –con un saldo de 16 muertos–[1] mostró la cara más trágica de la realidad boliviana: pelea de pobres contra pobres y riesgo del retorno de la ingobernabilidad. La última medición –febrero de 2007– arrojó una apoyo del 65%.

Sin embargo, luego de los «grandes anuncios» que marcaron una ruptura con la historia boliviana quizás vienen ahora los mayores obstáculos, que no solo provienen de la resistencia de la oposición y de los medios de comunicación que rechazan el rumbo «populista» del gobierno, sino de las propias limitaciones de una izquierda plebeya carente de cuadros y de espacios de debate político que contribuyan a definir el rumbo estratégico del proceso de transformaciones y de recambio de élites que vive Bolivia.

Del campo a la ciudad

Luego de una década y media de derrotas a manos de gobiernos neoliberales, el movimiento popular boliviano comenzó su etapa de reconstrucción en abril de 2000. En esos días, una potente movilización en la ciudad de Cochabamba logró poner fin al contrato de concesión de aguas a la transnacional Bechtel y, casi en paralelo, los aymaras del altiplano cercaban la ciudad de La Paz liderados por Felipe Quispe Huanca. Sin embargo, este renacer de las cenizas de los sectores subalternos se dio en un escenario novedoso: con la crisis minera de 1985 se desmoronó la otrora poderosa Central Obrera Boliviana (COB) –que, hasta hoy, mantiene en sus estatutos que su secretario general debe ser minero– y una identidad de clase construida dentro del viejo Estado nacionalista erigido por la revolución de 1952 (capitalismo de Estado), al que la COB buscaba radicalizar en una línea socializante. Muchos de los mineros despedidos migraron a El Alto o la región cocalera del Chapare, donde reinvirtieron su «capital militante» en juntas vecinales y sindicatos campesinos. De esta forma, los obreros siguieron haciendo política pero bajo nuevas identidades: vecinos, cocaleros, indígenas,

---

[1] Véase «El boom minero que dinamitó la paz social», *Página/12*, Buenos Aires, 7 de octubre de 2006.

sin una organización matriz que unifique las luchas. Y el nacionalismo volverá a la escena como un discurso disponible para enfrentar al neoliberalismo luego de la crisis del marxismo que siguió al derrumbe del «socialismo real» en la URSS y Europa del Este. Solo que esta vez el núcleo articulador ya no serán los intelectuales de las clases medias urbanas –como en los años cincuenta– sino los indígenas, campesinos y urbanos, protagonistas de las movilizaciones que tuvieron como punto más alto la «guerra del gas» de septiembre y octubre de 2003, con un saldo de sesenta y cuatro muertos y la huida de Gonzalo Sánchez de Lozada hacia los Estados Unidos, donde todavía se encuentra protegido por las autoridades locales.

La singularidad boliviana es que el «ciclo de protestas» antineoliberales –con énfasis en la recuperación de los recursos naturales y los servicios privatizados– tuvo como contrapartida la construcción de una herramienta política autónoma de las organizaciones sociales en lucha, con su núcleo duro en el campo: la «tesis del instrumento político» de los sindicatos dio lugar al Movimiento al Socialismo (MAS) como expresión electoral, que realizó un primer «salto» en 2002, y se hizo sorpresivamente con el poder en 2005, a solo una década de su fundación.

Sin embargo, este tipo de «militancia indirecta» –desde las organizaciones gremiales– frenó la incorporación de los sectores urbanos que no pertenecen a instituciones corporativas y limitó los procesos de formación de cuadros político-administrativos capaces de manejar el aparato estatal. El débil desarrollo urbano no ha permitido al MAS conquistar electoralmente ningún municipio «grande» y sus estructuras urbanas están dominadas por el clientelismo político.[2] La ausencia de debate político es más la regla que la excepción, y lo inverso ocurre con las peleas –a menudo violentas– por el acceso a los escasos espacios disponibles en la administración estatal.

A ello se suma que el carácter de «federación de sindicatos» del MAS, sin instancias orgánicas efectivas, impide la articulación policlasista y multicultural, así como la configuración de espacios de confianza mutua y de formación técnico-política, en el marco de una permanente tensión corporativa. Evo Morales se encuentra, así, ante una disyuntiva permanente: colocar en los puestos estratégicos a indígenas o campesinos que aún no se han formado suficientemente en la gestión estatal y fomentar inciertos procesos de aprendizaje que chocan con las expectativas sociales de cambios rápidos, o nombrar en esos cargos a «invitados» de las clases medias, muchos de ellos ligados a los gobiernos de la década del noventa que, en los últimos años de la crisis intelectual y moral del neoliberalismo, han virado convenientemente de perspectiva para no quedar fuera de la ola nacionalista. Cada cambio lo enfrenta a la misma pregunta en la «mesa chica» de su despacho: «¿A quién llamamos?» Con un largo silencio colectivo como

---

[2] Recientemente estalló un escándalo debido a la venta de «avales» por parte de dirigentes del MAS para conseguir empleo en la administración pública.

respuesta o elecciones apresuradas que, a los pocos días, muestran su ineficacia o falta de visión común con el Ejecutivo.

Estas limitaciones hacen que Evo Morales se recueste en el campo, donde encuentra su base de apoyo más «dura», leal y confiable. No es casual que sean los campesinos –cerca del 40% de la población– quienes más se beneficiaron de las políticas públicas del nuevo gobierno, anunciadas y llevadas personalmente por el propio mandatario indígena a las zonas rurales: construcción de infraestructura hospitalaria y educativa, plan de alfabetización, otorgamiento de cédulas de identidad gratuitas, reparto de tierras fiscales –en una etapa aún incipiente de la reforma agraria–, distribución de tractores, servicios telefónicos, transmisión por aire del mundial de fútbol, etcétera. Son varios los viajes semanales de Morales a alguna de estas localidades históricamente fuera del horizonte visual del Estado, donde «el Evo» gusta recordar anécdotas de su pasado de pastor de llamas, músico o cultivador de papas para conseguir la empatía popular. Y esa empatía es visible en la recepción de sus discursos y hasta en los festejos de chistes, que no provocan ni una mueca en las clases medias, pero arrancan carcajadas entre los campesinos que lo reciben como el «hermano presidente». En estas regiones de la Bolivia profunda, su liderazgo es, hasta ahora, indiscutido. Y este apoyo rural se extiende a Santa Cruz o Tarija, donde se han conformado anillos *masistas* sobre las capitales departamentales; de estos bastiones de la migración «colla» salió el voto que el 2 de julio le dio el triunfo al oficialismo: en Santa Cruz con el 25% y en Tarija con el 41%, y hoy limita el poder de la oposición regionalista y cualquier ambición independentista de los sectores más duros del autonomismo.

Frente a esta «lealtad incondicional», el apoyo urbano es más volátil, especialmente entre los sectores medios y acomodados –con comportamiento de élite– que el 18 de diciembre de 2005 marcaron con una cruz la opción de Evo Morales en la papeleta electoral para apoyar el cambio o como fruto de la convicción de que «si gana un bloqueador» se acabaría la inestabilidad social que se llevó por delante a dos gobiernos en menos de tres años. Hoy, las encuestas –con un fuerte sesgo urbano– reflejan el paulatino alejamiento de estas clases medias ante las primeras dificultades del gobierno. Ello tiene una explicación sociológica concreta: en Bolivia, el Estado es el pilar de la reproducción económica de las élites y, bajo el gobierno del MAS, estos sectores han perdido varios privilegios, como las famosas consultorías –en retribución a diversos tipos de apoyo político– y el acceso directo a los despachos ministeriales. El comentario de un profesional de la acomodada zona sur de La Paz, transmitido en privado por un funcionario del actual gobierno, es sintomático del momento actual: «Cómo habrá sido sufrir más de quinientos años de exclusión si nosotros hace ocho meses que nos sentimos fuera del poder y ya no sabemos para dónde escapar». Un editorial del semanario *Pulso* refleja, desde una perspectiva más sociológica, el pesimismo de las élites ante un país que, periódicamente, se les va de las manos: «Ni el socialismo y el autoritarismo que temían unos. Ni el cambio de estructuras y el comienzo de un nuevo ciclo de desarrollo que deseaban otros. Simplemente el viejo y feo rostro, tan conocido, del infortunio boliviano: la inestabilidad política, la pura ingobernabilidad, que son formas sintéticas de designar la crónica implosión del país».[3]

Nacionalismo plebeyo

El de Evo Morales no es el primer ensayo nacional-popular con apoyo de masas en Bolivia. La propia historia de esta nación andino-amazónica puede ser leída como una sucesión de ciclos «liberales» y «nacionalistas» desde los años cuarenta, cuando el socialismo militar de David Toro y Germán Busch inauguró un cuestionamiento a las oligarquías dominantes que motorizaría más tarde la revolución nacional de 1952, que nacionalizó las grandes minas, instauró el voto universal y repartió la tierra. Y, ya en la década del setenta, alentó un nuevo ciclo de nacionalismos militares con Alfredo Ovando y Juan José Torres. Pero estas experiencias populares fueron socavadas por las luchas sectoriales por el control de la renta de los recursos naturales –tradicionalmente proveniente de la minería y utilizada para financiar diversas formas de clientelismo político– y la imposibilidad de generar instituciones capaces de transformar los objetivos emancipadores en políticas públicas en beneficio de las grandes mayorías nacionales. El Estado fue concebido como un botín por la vieja rosca minero-feudal y luego por las nuevas élites «clasemedieras» que accedieron al poder con la revolución de 1952. Peligros similares se erigen hoy sobre el nacionalismo indígena en el poder.

El entronque histórico del gobierno de Evo Morales con el viejo nacionalismo es evidente. La nacionalización del gas y del petróleo siguió una escenificación conocida: la ocupación militar de los campos de gas y petróleo; la «revolución agraria» –como la llama Evo Morales– se anunció en el aniversario y en el mismo lugar (Ucureña, en los valles de Cochabamba) de la reforma agraria de 1953; y la inauguración de la Asamblea Constituyente se realizó el 6 de agosto, en Sucre, en medio de un desfile indígena militar que recordó la alianza campesina militar que fue la base social de los gobiernos del Movimiento Nacionalista Revolucionario (MNR) y del régimen militar populista del general René Barrientos que llegó al poder, de facto, en 1964. Ello no implica, empero, una reivindicación del MNR, sino la perspectiva de su profundización y superación histórica, no en una línea socialista, como propiciaba la COB, sino en la perspectiva de un nacionalismo multicultural y plebeyo «aprendido» por el actual presidente en su militancia en la región cocalera del Chapare, donde migrantes de diferentes regiones de Bolivia se enfrentaban a los militares bolivianos asesorados y apoyados por uniformados estadounidenses.

No es casual que los cambios más perceptibles del primer año de gestión de Evo Morales se vinculen a la recuperación de la capacidad de decisión nacional

---

[3] *Pulso*, no. 368, La Paz, del 6 al 12 de octubre de 2006.

en áreas estratégicas del Estado como las Fuerzas Armadas y la política exterior, donde se desplazó de la tradicional y casi ilimitada subordinación a los Estados Unidos hacia una alianza –con fuertes vínculos emotivos– con Cuba y Venezuela. Un caso paradigmático fue el del cuerpo militar de élite F-10, creado bajo el control del grupo militar que opera desde la embajada estadounidense. Morales nombró a un comandante que no contaba con la aprobación de los Estados Unidos, lo que motivó la suspensión del financiamiento de este país al F-10 y algunas escaramuzas verbales. Pero el comandante no fue cambiado y Morales anunció, desde el Palacio Quemado, que «se acabaron los tiempos en los que ministros y jefes militares eran nombrados desde la Embajada norteamericana».

En el área económica se reactivaron imaginarios desarrollistas, junto a una suerte de nostalgia por un «Estado de bienestar» que en el caso boliviano fue extremadamente limitado. La consigna lanzada por el vicepresidente Álvaro García Linera «industria o muerte» expresa el *revival* de la Teoría de la Dependencia –dejar de exportar materias primas– que subyace, y suele imponerse, sobre el discurso indigenista en las filas del actual gobierno, atravesado por los clásicos clivajes nación/antinación, pueblo/oligarquía de los variados nacionalismos latinoamericanos. Sin embargo, se trata de un «desarrollismo con disciplina fiscal», tal como lo reafirma en los hechos el gobierno, que, por otra parte, ha conseguido un superávit inédito en la historia reciente y se enorgullece de que «ahora los bolivianos sí pagan sus impuestos», incluidos sectores anteriormente eximidos como el transporte de larga distancia. Los aumentos salariales a los funcionarios públicos –como médicos y maestros– fueron muy moderados en 2006: entre el 5 y el 7%. Aquí encontramos dos explicaciones básicas: el trauma generado por el descontrol financiero de la Unidad Democrática Popular (UDP) en la década de 1980 –que terminó en hiperinflación, quince años de silenciamiento político de la izquierda y una feroz ofensiva ideológica neoliberal– y la propia «idiosincrasia» campesina de Evo Morales, quien se resiste a «gastar sin tener la plata». Fue en el área financiera donde más continuidad hubo respecto de los años del reinado neoliberal y, recientemente, en la cartera de Planificación –encargada del Plan Nacional de Desarrollo– fue nombrado el «técnico» Gabriel Loza. Recientemente, García Linera rechazó el calificativo de socialismo del siglo XXI para el proyecto en marcha y lo definió como un «capitalismo con reglas claras, de producción, de inversión y de apego a su país».

«El Estado es lo único que puede unir a la sociedad, es el que asume la síntesis de la voluntad general y el que planifica el marco estratégico y el primer vagón de la locomotora. El segundo es la inversión privada boliviana; el tercero es la inversión extranjera; el cuarto es la microempresa; el quinto, la economía campesina y el sexto, la economía indígena. Este es el orden estratégico en el que tiene que estructurarse la economía del país», resumió su concepto de «capitalismo andino» en un giro de Toni Negri a Hegel.[4] La diferencia con el

---

[4] *El Deber*, Santa Cruz de la Sierra, 22 de enero de 2007.

cepalismo radicaría en la articulación entre economía moderna y premoderna sin subordinar ni liquidar a esta última, de donde surge una pregunta inmediata: ¿es posible un desarrollismo no homogeneizante?, y una más estratégica: ¿resulta posible un proyecto emancipatorio en el marco del capitalismo (dependiente)? Los próximos pasos del gobierno permitirán discernir con mayor base empírica si estamos ante el inicio de una nueva dinámica económica y social postneoliberal o ante la versión «andina» del viejo capitalismo nacional.

En el área hidrocarburífera, la salida del ministro de Hidrocarburos, Andrés Soliz Rada, en septiembre del año pasado, dejó en evidencia las diferentes visiones y el triunfo de una vía nacionalista moderada. El ex parlamentario del partido Conciencia de Patria (CONDEPA) abandonó el Ministerio declarando que «hay pugnas en el gobierno para aplicar el decreto de nacionalización». Tanto las empresas petroleras como los movimientos sociales leyeron la renuncia forzada de Soliz Rada y su reemplazo por el economista académico Carlos Villegas, hasta ese momento ministro de Planificación, como un «ablandamiento» de la política petrolera, pero con una valoración distinta: unos vieron en ello un paso hacia una mayor flexibilidad, en tanto que los otros evaluaron la situación como un debilitamiento de las convicciones nacionalizadoras del Poder Ejecutivo.

El giro «pragmático» se materializó en la firma de los nuevos contratos con las transnacionales afincadas en el país, que establecieron una fórmula intermedia entre contratos de servicios y de producción compartida.[5] También está en cuestión la recuperación para el Estado del control accionario de las petroleras capitalizadas (Chaco, Andina, Transredes y las refinerías de Petrobras): al rechazar la opción de expropiar –con indemnización– las acciones necesarias para controlar el 50% más uno de las mismas, el Estado solo logró recuperar el control de las acciones «de los bolivianos» en manos de las AFPs (administradoras de fondos de pensiones), pero se enfrenta a una fuerte resistencia de las empresas para vender

---

[5] «Existen graves contradicciones en los contratos. Mientras el contrato marco (cláusula 4-3) determina la propiedad de Bolivia sobre sus hidrocarburos y establece la vigencia de contratos de operación, el anexo F prescribe que las petroleras tienen derecho a participaciones, propias de contratos de producción compartida. El anexo D, a su vez, al definir los "costos recuperables", permite que YPFB asuma para sí riesgos de inversión, los que debieron ser asumidos solo por las compañías. Por estos anexos, Petrobrás dice que firmó contratos de producción compartida, los que, según ella, le permiten inscribir en sus balances el valor de las reservas que explota. Con ese argumento, las compañías inscribirán en bolsa los títulos valores de las reservas de gas y petróleo, cuyo valor sobrepasa los 200 000 millones de dólares, con lo que la nacionalización habrá quedado totalmente desvirtuada. [...] Las petroleras han conseguido que se les reconozca las delirantes inversiones que dicen haber efectuado y las esmirriadas amortizaciones que indican haber obtenido en el país. Con esas cifras se elaboran las fórmulas de participaciones de YPFB y las petroleras [...]», Andrés Soliz Rada, *La Prensa*, La Paz, 5 de diciembre de 2006. Sobre la reciente polémica vinculada a una supuesta renegociación con las petroleras después de la firma del 28 de octubre de 2006, véase «Escándalo por contratos petroleros: Evo cambia a un funcionario clave», *Clarín*, Buenos Aires, 24 de marzo de 2007 (http://www.clarin.com/diario/2007/03/24/elmundo/i-04401.htm).

sus paquetes accionarios que asegurarían la mayoría estatal en sus directorios. De esta forma, está en juego el tipo de refundación de YPFB: una empresa puramente testimonial en el mercado o una empresa que, poco a poco, avance en el control efectivo de toda la cadena: desde la exploración hasta la comercialización. La falta de recursos y los constantes cambios de autoridades ponen varios palos en la rueda.

Refundación, qué refundación

Si la «pata económica» del proyecto de Evo Morales mostró avances pese a estas dificultades, su «pata política» –la Asamblea Constituyente– enfrenta el peligro de la pérdida de legitimidad. En el primer medio año de sesiones, los convencionales apenas avanzaron en la elaboración de sus reglas de funcionamiento, en el marco de una pelea a brazo partido entre oficialismo y oposición en torno al carácter de la Asamblea («originaria» o «derivada», es decir por debajo o por encima de los actuales poderes constituidos) y a la forma de votación de la nueva Carta Magna (mayoría absoluta frente a la mayoría especial de dos tercios). Y este predominio de los aspectos legales por encima de los contenidos de la nueva Ley Fundamental provocó elevados niveles de apatía en la población. El constituyente Raúl Prada, independiente electo por el MAS, ha alertado sobre las consecuencias políticas de un fracaso de la Constituyente por la imposibilidad de lograr consensos mínimos para garantizar el desarrollo de sus actividades. Y alertó sobre las dificultades del gobierno del MAS para transformar su mayoría política y social en una nueva hegemonía «indígena-popular». El reciente acuerdo entre el gobierno y la oposición sobre la forma de votación destraba el cónclave, pero inaugura un riesgo adicional: la elaboración de una nueva Constitución «desde arriba» para cumplir con el plazo que vencía el 6 de agosto y fue recientemente postergado. Hasta ahora, la «escenificación de un nuevo pacto social y de la refundación del país» –retomando una frase de García Linera– no tiene como correlato, un debate público y corre el riesgo de ser absorbida por el maximalismo discursivo, como sucedáneo a la creatividad social y al empoderamiento ciudadano.

Uno de los déficits más importantes del actual gobierno boliviano es la inexistencia de debate «estratégico» y espacios de deliberación colectiva que hagan realidad aquello de que se trata de un «gobierno de los movimientos sociales». El Ejecutivo parece actuar en un horizonte temporal extremadamente corto y en un permanente *zig-zag* en cuanto a la radicalidad de las reformas y a su relación con la oposición política, empresarial y regional. Y todo ello se encuadra en una discusión no saldada: García Linera teorizó –antes de llegar a la segunda magistratura– la necesidad de una «salida pactada» para acabar con el «empate hegemónico» que agobia al país desde 2003; mientras que el presidente Evo Morales es más partidario de una «guerra de maniobras» para restarle poder a la «oligarquía cruceña». El referéndum autonómico del 2 de julio de 2006 dejó en evidencia estas dos posiciones: mientras Morales llamó a votar «No a las autonomías de la burguesía», García Linera mantuvo una poco desapercibida neutralidad ante la consulta. Y estas diferencias se repiten en otras áreas de la gestión estatal, aunque la aceptación incondicional del liderazgo indígena por parte del vicepresidente evita transformar estas visiones discrepantes en crisis política dentro del Ejecutivo, donde García Linera funciona como una suerte de «copiloto» en la actividad diaria del jefe de Estado.

La realidad es que la autonomía regional ya es un hecho en el sentido común oriental y el propio Evo Morales parece estar girando hacia posiciones más «realistas», que comienzan a plantear la discusión sobre el contenido concreto del postcentralismo paceño, más que una oposición total a mayores libertades para los gobiernos departamentales. Solo así parece posible articular una verdadera hegemonía nacional del proyecto indígena-popular que aún conserva un fuerte contenido «andinocéntrico», tanto en su retórica como en su estética. También decidió reducir la confrontación verbal permanente para dedicarse a mejorar la gestión y tratar de recuperar el apoyo de las clases medias temerosas del «rumbo totalitario» del gobierno indígena. García Linera fue el encargado de poner en palabras este giro. «Vamos a corregir el discurso, suspendiendo esa retórica innecesaria, porque encima no corresponde con nuestros hechos prácticos [...] en este año no hubo una sola medida que haya afectado a las clases medias e incluso a las clases altas de Bolivia», explicó en una entrevista con el matutino paceño *La Prensa*.[6] Luego enfatizó: «repetimos una y mil veces: el gobierno del presidente Morales respeta la propiedad privada, respeta la religión, respeta la actividad sana del empresariado, garantiza la actividad privada en la enseñanza y la salud». Las clases medias bolivianas –que no incluyen a los prósperos comerciantes aymaras o quechuas– son un puñado de la población, pero su presencia en los medios lo vuelve un sector creador de opinión difícil de ignorar. Especialmente cuando ya se anunció que en 2008 habrá elecciones para renovar todos los cargos públicos en el marco de la nueva Constitución y el objetivo del oficialismo es incorporar la reelección del presidente y vicepresidente, que actualmente solo pueden aspirar a un mandato de cinco años.

El dilema no es nuevo: cómo mantener la mayoría electoral sin perder de vista los objetivos transformadores. O, dicho de otro modo, cómo hacer una revolución en los marcos de una democracia «liberal» que sigue siendo la fuente de legitimidad del actual proceso de cambio.

PABLO STEFANONI, periodista y economista, es coautor de *Evo Morales, de la coca al palacio. Una oportunidad para la izquierda indígena.*

---

[6] *La Prensa*, La Paz, 21 de febrero de 2007.

Mucho más que la mitad del Perú

OLLANTA HUMALA

La mitad de los peruanos desea un cambio de forma inmediata. Los datos, evidentemente, no surgen de ninguna de las deficientes encuestas que en los últimos meses han salido publicadas y que ponen al Partido Nacionalista Peruano muy lejos del gobierno. La única encuesta fiable está en las elecciones presidenciales de junio de 2006, donde el 47,5% de los ciudadanos dio su apoyo al Partido Nacionalista. Estos resultados nos llenan de orgullo y de esperanza de que nuestro país se puede transformar y que una parte sustancial de nuestro pueblo está dispuesto a ser protagonista de su futuro.

La construcción del Partido Nacionalista Peruano era la consecuencia lógica de un amplio movimiento de descontento que aglutinaba a organizaciones sociales de base, grupos ambientalistas, organizaciones estudiantiles, gremios sindicales y profesionales, licenciados del Ejército y un variado apoyo de profesores, mineros, agricultores, pescadores y comunidades indígenas: todo un abanico social de más de seis millones de personas que conformaron el 47,5% de votos logrados en las elecciones de 2006.

El apoyo, lejos de plantearse como la mera apuesta de una elección, era la unión de ideas que se plasmaron en un programa electoral cuyos objetivos eran superar la profunda fractura social, cultural y geográfica del país; acabar con la privatización del Estado, y frenar a la clase política tradicional que depende de los grandes grupos de poder, así como la corrupción sistemática que se da habitualmente en el Perú. No había dudas de que estas eran las metas a alcanzar.

Se discute mucho sobre estas elecciones peruanas, y se remarca el dato de que nuestra candidatura, la candidatura del Partido Nacionalista Peruano, era la señal de la protesta, el síntoma de un profundo malestar social y cultural, cuando no el dato inquietante de una hondísima fractura social. Esto es verdad, pero no toda la verdad. Junto a esta rebeldía social ha existido un conjunto articulado de principios básicos que nuestro partido ha puesto en pie; un plan de gobierno que los ha concretado en propuestas viables y transformadoras; un equipo solvente y, sobre todo, el trabajo militante de miles de hombres y mujeres que, con escasísimos medios, con poca experiencia, trabajando contra corriente, han tenido la ilusión y la confianza suficientes para hacer surgir una fuerza política que puede y debe transformar nuestro país.

La cuestión sigue siendo relevante: ¿por qué estos resultados?, ¿cómo explicarlos? De la respuesta a estas preguntas dependerá, en gran medida, la definición de la etapa política que se ha abierto en nuestro país. A nuestro juicio, la presente situación está marcada por:

1) una *profunda fractura social, cultural y geográfica* que divide al país y que margina a la mayoría de los peruanos y peruanas; sin este dato, nada se puede explicar; la construcción de la nación peruana estará determinada por la capacidad de integrar, unir y vertebrar al conjunto de ciudadanos y ciudadanas de nuestro país, donde todos y todas quepan;

2) lo que podríamos llamar la *privatización del Estado,* es decir, una estructura y aparatos institucionales al servicio de unos grupos económicos poderosos que imponen sus directrices, y que limitan el poder estatal para convertirlo en un dócil instrumento en sus manos;

3) una *clase política tradicional,* dependiente estructuralmente de estos grupos de poder, sin un proyecto real de país y a espaldas de las necesidades económicas, sociales y culturales de las mayorías;

4) como consecuencia y síntesis de lo anterior, una *corrupción sistemática* convertida en un modo normal de funcionamiento del sistema político que hoy impera en nuestro país; la corrupción es, por un lado, el mecanismo que hace posible que, gane quien gane, los grupos de poder siempre acaben imponiendo sus intereses, y, por otro, el medio para impedir que la rebeldía social se organice y se traduzca políticamente; ha implementado una maquinaria única que une a los grupos de poder económico, a los partidos tradicionales y a una parte de los medios masivos de comunicación en la tarea de perpetuar este sistema de dominio e impedir la consolidación y desarrollo de un Estado auténticamente democrático;

5) la *pérdida de legitimidad social de las políticas neoliberales;* después de veinte años de aplicación sistemática de este modelo, el famoso «chorreo» no se ha producido y lo que realmente ha ocurrido es una creciente polarización entre una minoría cada vez más rica y con mayor poder, y unas mayorías sociales empobrecidas y excluidas de derechos sociales y culturales básicos.

Esta es la realidad que las clases dirigentes y sus medios de comunicación se niegan a reconocer y a afrontar. Cuando una inmensa cifra de peruanos y peruanas están dispuestos a abandonar el territorio nacional y cuando esto resulta mayoritario en el caso de las generaciones más jóvenes, debemos considerar que la vida del país, el proyecto de la nación peruana está en un grave peligro. Seguramente, para los grupos económicos de poder nacionales y foráneos, esta situación puede ser un buen negocio: se quitan un problema social y lo convierten en un mecanismo de ingresos vía remesas de emigrantes. Para los que amamos al país, para los que nos duele el Perú, es una señal de alarma, de que nuestro futuro como pueblo está en peligro y de que es necesario rebelarse y organizar un proyecto alternativo al que hemos llamado la gran transformación del Perú.

Más allá de las líneas generales de gobierno que tenía en programa el Partido Nacionalista Peruano, están los compromisos concretos, entre los cuales se destaca la exigencia de un modelo económico y social solidario, democrático e igualitario, como freno a las políticas neoliberales que han empobrecido a la mayoría del país. Este cambio pasa, sin lugar a dudas, por implicar activamente al Estado en la regulación y gestión de los recursos naturales, con la necesaria recuperación de estos, así como en el control de su espacio aéreo y marítimo, considerados estratégicos para el futuro.

De igual manera, la formación nacionalista y todo el espectro social que la respalda, instaba, en la campaña, a construir una verdadera democracia participativa, lo que implicaba devolver el poder al pueblo y elaborar una nueva Constitución que emerja de una Asamblea Constituyente y que refunda la República del Perú: una propuesta que diese por finalizada la Constitución de Fujimori de 1993 y los efectos perversos que ha tenido en la vida de los peruanos.

Presentar un programa como este, que tenía como vértice el deseo de mejorar la vida de las grandes masas de población, solo podía alcanzar la forma de nacionalismo, inclusivo e integrador, no solo peruano sino latinoamericano, en su vertiente antimperialista y antineoliberal, porque construir la nación peruana que se merece el país e integrarla en el contexto latinoamericano no es algo antagónico, sino profundamente complementario.

Han pasado muchos meses desde las elecciones, pero aún sigue vigente lo que se fraguó en la segunda vuelta: aliados en aparente rivalidad se encontraron en plena sintonía para formar un frente aprista-fujimontesinista-derechista ante el crecimiento de la corriente nacionalista que amenazaba los monopolios que con tanto esmero han acumulado durante años.

La contra campaña

Sin embargo, si en algo fueron inteligentes los que sustentaron a Alan García fue en creer que la apuesta nacionalista era real y seria, que en la conversación en las plazas con los militantes y simpatizantes no había vacías promesas electorales, sino compromisos de cambio. La experiencia de un partido, el Partido Aprista Peruano (APRA), y de un político como Alan García, con tantos años y tantos fracasos a sus espaldas, les permitió conocer que el camino para arrebatar la presidencia al Partido Nacionalista era atacar y desprestigiar con innumerables calumnias al candidato nacionalista.

Imaginación no les faltó y términos e historias alrededor del presidente del Partido Nacionalista Peruano surgieron mientras el apoyo popular no paraba de crecer: antisemita y posteriormente «instrumento del *lobby* judío»; asesino, fascista; propulsor de un futuro conflicto armado con Chile, financiado por las Fuerzas Armadas Revolucionarias de Colombia (FARC) y por el presidente venezolano Hugo Chávez, entre otras.

La intención era evidente: frenar el imparable crecimiento del nacionalismo recurriendo a la ayuda de los medios de comunicación para llevar al candidato del nacionalismo a un linchamiento mediático que le restara votos. La consigna, una vez analizados los resultados de la primera vuelta, era hundir a un partido que comenzaba de cero, que había conseguido llevar a las urnas el apoyo social que acumulaban sus ideas y proyectos desde hace años. Y así surgieron titulares que merecerían ser presentados en todas las aulas de periodismo, como ejemplo de la inexistente ética de los responsables de los medios de comunicación, quienes perciben, con la lógica del dinero, que el periódico, la radio o la televisión son sus negocios privados cuyo único fin es pedir u otorgar favores, y olvidan la obligación de informar de modo objetivo y veraz.

Así se configuró la curiosa campaña electoral en la que el candidato del «todos contra Ollanta», el ahora presidente García, apenas hacía propuestas de gobierno y se dedicaba a exprimir el ingenio de sus asesores no para ganar votos, sino para intentar restar los de su oponente. Y perdieron, porque el Partido Nacionalista Peruano pasó del 30,84% de los apoyos de la primera vuelta al 47,5%.

El pueblo peruano, por escaso número de votos, situó a la coalición político mediática dirigida por Alan García en el gobierno, y a nosotros, los nacionalistas, en la oposición. Cada uno debe cumplir su papel en esta obra creada por nuestro pueblo, por los deseos y aspiraciones de la ciudadanía peruana. Así de simple y así de concreto: unos a gobernar y a cumplir las promesas, la enorme cantidad de promesas hechas en la larga y dura campaña electoral. Nosotros a la oposición, a fiscalizar la gestión del gobierno y a preparar social, política y culturalmente la alternativa. ¿No es esta la democracia?

Nada mata más la democracia que el hecho, una y otra vez repetido, de actuar como si nada hubiese pasado al otro día de las elecciones, y, lo que es peor, repartirse las prebendas de los poderes públicos, después de durísimas campañas electorales, de contraposición de programas claramente diferenciados y, como es nuestro caso, de recibir insultos y calumnias sin límite. La política así se convierte en mercadería y en arte de engañar al pueblo. Nuestra concepción de la política es otra: es un proyecto de transformación del país, es un programa y, sobre todo, una coherencia entre lo que se hace y lo que se dice. Nosotros, pase lo que pase, no vamos a traicionar al pueblo peruano. Si esto nos cuesta crisis internas, abandonos y rupturas, los afrontaremos y seguiremos adelante. No pactaremos con la corrupción, no pactaremos con la traición a los principios y al programa que hemos defendido y no venderemos nuestros ideales políticos y morales por el reparto del botín del poder.

Un político con sentido común no olvidaría que solo unos puntos le han dado el gobierno. La mitad de la población votó por García, pero la política de este no va destinada a toda la sociedad peruana, ni siquiera al 50% que lo apoyó, sino al escaso porcentaje, muy bien posicionado económicamente, que se beneficiará de su presidencia. Sin embargo, la alegría de la victoria electoral le ha durado muy poco a este gobierno, al tener enfrente a una formación nacionalista que, desde el día siguiente, cuando vislumbró la posibilidad de cambiar el Perú, ha trabajado desde la oposición por hacer real su alternativa de gobierno y por desmontar, una a una, todas las falsas promesas de un presidente que viene lastrado por el apoyo que la extrema derecha le tuvo que dar en la segunda vuelta.

Si en la campaña electoral hubo el objetivo de impedir el acceso de las ideas nacionalistas al gobierno, ahora existe el fin de desprestigiar las propuestas y el papel del Partido Nacionalista, ante la constatación real de que es un partido serio que plantea alternativas y que se consolida, día a día, como la mejor apuesta para 2011.

La política «fujialanista»

Nosotros estamos convencidos, y así lo hemos dicho durante la campaña electoral, que la coalición que ha llevado a Alan García a la presidencia del país no va a resolver los problemas centrales que tiene nuestro pueblo. Nos gustaría estar equivocados y que se apostase por cambiar el presente estado de cosas y mejorar la vida de nuestro pueblo, pero seguimos creyendo que los compromisos contraídos por el señor Alan García con los grupos económicos de poder, con el fujimontesinismo y con la Administración norteamericana han sido tan fuertes y determinantes que lo atan al modelo económico neoliberal vigente y al régimen político que lo sustenta.

Una nueva modalidad de continuismo económico, político, moral se ha instalado en el país: el fujialanismo. Este no es el gobierno del partido que ganó las elecciones, sino el de la alianza de Alan García con su viejo socio, que hoy reside en Chile a la espera de una decisión de extradición que el gobierno viene saboteando desde el primer día.

El fujimorismo fue el régimen más corrupto de la historia del Perú y avasalló implacablemente los derechos humanos de muchísimas personas. Estableció una Constitución hecha a la medida del dominio presidencial que el dictador creyó poder prolongar indefinidamente, y de los intereses del capital transnacional que fueron sus mejores aliados. García es ahora el puntal de esta Constitución, se opone a la propuesta de convocar una Asamblea Constituyente, como lo están haciendo otros países del continente, y tampoco se atreve a dar un solo paso en relación con su promesa de restablecer la vigencia de la Carta de 1979.

La propuesta regeneradora del Partido Nacionalista de proponer una Asamblea Constituyente que liquide la Constitución fujimontesinista y establezca un orden democrático en el país, con la participación soberana del pueblo, ha sido airosamente rechazada por el gobierno que teme a la decisión popular, como cualquier régimen autoritario. La Constitución fujimontesinista es, en estos momentos, una Constitución fujialanista.

En esta campaña electoral, con sutileza y mucha inteligencia, se ha pretendido separar a Fujimori de Montesinos adjudicándole al segundo las acciones delincuenciales, los actos de corrupción y el desgobierno, mientras se deja incólume la institucionalidad creada por y durante la época de Fujimori; es decir, Fujimori el bueno y Montesinos el malo, cuando la realidad muestra que ambos son en esencia lo mismo: delincuentes.

Hoy comprobamos que la llamada transición a la democracia no logró sus objetivos y que, en lo sustancial, las estructuras políticas e institucionales del fujimorismo siguen en pie. Lo decisivo es sentar las bases de una verdadera democracia y propiciar una ruptura sustancial con el régimen fujimorista que hoy organiza y define la Constitución de 1993, la cual consagra un sistema neoliberal que entrega los recursos a las transnacionales y renuncia a crear un Estado social y democrático.

En efecto, esta Constitución concede derechos reales a los privados que explotan los recursos naturales; prohíbe la modificación de los contratos leoninos firmados basándose en un nuevo concepto creado por Fujimori, los «Contratos Ley» que, en realidad, son contratos supranacionales; limita al máximo la participación del Estado en la economía, pues determina que su actividad empresarial solo puede realizarse «subsidiariamente»; establece un sistema tributario que no guarda ningún vínculo con la capacidad adquisitiva; crea un blindaje a «prueba de balas» al presidente de la República, etcétera. En definitiva, es una Constitución neoliberal que forma parte del pasado oscuro de la historia nacional, con el que debemos romper urgentemente para avanzar.

La dirección económica que se promueve respeta los criterios básicos de lo que se ha dado en llamar el «consenso de Washington», es decir, las políticas neoliberales. En el momento en que toda Latinoamérica, las cuestiona seriamente, el nuevo gobierno va a seguir amarrado a ellas. Antes, como ahora, el problema es el mismo: ¿cómo combinar estas políticas con los deseos y aspiraciones de unas mayorías empobrecidas que quieren empleo, derechos laborales efectivos y derechos sociales reales? Derecho a educación, a seguridad, a salud, ¿se puede afrontar, en realidad, estas demandas sociales dramáticas, sin una reforma fiscal por la cual quienes más ganan contribuyan suficientemente, y sin que haya una política estatal que distribuya la riqueza del país? ¿Se puede responder a estas demandas sin incrementar sustancialmente los ingresos del Estado mediante impuestos y regalías que hoy benefician escandalosamente a las grandes transnacionales que dominan nuestro país? ¿Se van a revisar los contratos suscritos por el Estado de manera sospechosa y lesivos al interés de la nación?, y esto, ¿se puede hacer apoyando el Tratado de Libre Comercio (TLC) con los Estados Unidos?

Nuestra labor

Desarrollar la democracia, consolidar las libertades, exige que el soberano se exprese, que hable quien decide en última instancia, es decir, el pueblo peruano. Para decirlo con claridad, el poder constituyente, fundamento de nuestra democracia republicana, reside, únicamente, en la soberanía popular, en el conjunto de ciudadanos y ciudadanas. El cambio del régimen, el cambio de Constitución, no se puede ni se debe hacer sin la participación activa de quien detenta el poder constituyente: el pueblo peruano.

Lo hemos dicho y lo repetimos de nuevo: *Vamos a hacer una oposición democrática y alternativa*.

Oposición democrática, porque vamos a ejercer nuestro derecho como tal en las instituciones y en la calle de forma pacífica y ordenada. Los derechos que no se ejercen acaban desapareciendo. Desarrollar la democracia es desarrollar los derechos democráticos: la libertad de expresión, de asociación, de manifestación, etcétera.

Oposición alternativa, porque lealmente queremos construir con las organizaciones sociales, con las agrupaciones gremiales y sindicales, con las comunidades, con las mujeres y los jóvenes, una alternativa democrática a este régimen político, una alternativa de gobierno, de Estado y de sociedad. Queremos construir una verdadera alternativa democrática y pacífica con todos los hombres y mujeres que aman el Perú, que sufren en carne propia esta tremenda fractura social, cultural y geográfica. Estamos convencidos de que el cambio real, la gran transformación terminará siendo inevitable. Queremos ser la garantía de su carácter democrático y pacífico.

El nacionalismo que representamos tiene profundas raíces en nuestro pasado y, como las elecciones han demostrado, recoge aspiraciones y sentimientos mayoritarios. En torno a estos ideales políticos y morales, en torno a estas propuestas, queremos construir una mayoría social para la gran transformación del Perú.

Partimos de un hecho que, a nuestro entender, es evidente: hoy, aquí y ahora, la mayoría de los peruanos ha definido un conjunto de reivindicaciones, un conjunto de aspiraciones que establecen necesidades y demandas inaplazables. Nuestra obligación, como nacionalistas y demócratas, es traducirlas en una plataforma coherente, social y políticamente viable. Con seguridad, el éxito más importante de nuestro movimiento ha sido establecer una agenda alternativa y que esta acabe concretando las aspiraciones de las mayorías sociales.

Nuestra plataforma no es nada original, aparece una y otra vez en las encuestas y en todas las consultas que directa o indirectamente se hacen con veracidad:

1. Construir una verdadera democracia, una democracia realmente participativa. Esto significa para nosotros devolver el poder constituyente al pueblo y elaborar una nueva Constitución que refunda nuestra República y permita que la política se convierta en la ética de lo colectivo y no en un oficio ignominioso.
2. Construir un modelo económico y social solidario, democrático e igualitario. Las políticas neoliberales han hecho más ricos a los ricos y han empobrecido a la mayoría de nuestro pueblo. No se pondrá fin a la pobreza y a la exclusión social sin un cambio de modelo económico, sin un Estado implicado activamente en la regulación y gestión de nuestros recursos naturales, y comprometido con la redistribución de la riqueza, para garantizar la satisfacción de las necesidades básicas de las personas en educación, salud, seguridad y en derechos laborales.
3. Nacionalizar el Estado; establecer un conjunto de instituciones que favorezcan la participación, el control y el ejercicio de los derechos y libertades del conjunto de los ciudadanos y ciudadanas. Nuestro Estado debe ser un Estado multicultural, con una vocación explícita de incorporar culturas y tradiciones, sin la cual nuestra patria no tendría sentido alguno y nuestro futuro realmente no existiría como nación; un Estado promotor, regulador y proveedor de bienes públicos que haga realidad la igualdad de todos los hombres y mujeres ante la Ley, y que incorpore al poder, al ejercicio efectivo de los derechos, a las mayorías sociales históricamente marginadas.
4. Recuperar y rescatar nuestros recursos naturales. La paradoja es explosiva: los recursos básicos que tiene hoy el Perú, son decisivos para el futuro de la humanidad. En un momento histórico para el planeta Tierra y ante desafíos ecológicos y sociales de gran magnitud, el Perú posee elementos clave para ese futuro: agua, biodiversidad y un fuerte patrimonio genético natural, gas, petróleo e ingentes recursos mineros y vegetales; pues bien, todos estos elementos que deberían ser usados racionalmente y puestos al servicio del desarrollo y bienestar de nuestro pueblo, se encuentran hoy en manos de grandes transnacionales extranjeras. No habrá un desarrollo económico ni social del país si no se rescatan estos recursos naturales para el conjunto de las poblaciones del Perú. El pueblo peruano debe asegurarse el control de su espacio aéreo y marítimo, y de todos los elementos considerados estratégicos para el futuro de nuestra nación. Desde este punto de vista, la soberanía alimentaria de nuestro país es un objetivo al que no podemos renunciar. Esta es una de las razones más importantes por las que nos oponemos al TLC.
5. La lucha contra la corrupción seguirá siendo una prioridad para todos nosotros. Cuando hablamos de corrupción, nos referimos a corruptos y a

corruptores, al fenómeno en su conjunto y no solo a una parte de él. Este régimen político y económico funciona gracias a la corrupción. El grupo de poder económico consigue sus objetivos porque financia y corrompe a la clase política, y se asegura el apoyo de los principales medios masivos de comunicación. Este es el mecanismo del cual la corrupción es a la vez el efecto y la causa. Se logrará ponerle fin a esta corrupción cuando se limite el poder de los grupos económicos, cuando se cambie el modelo económico y se reconstruya un Estado para hacerlo más sólido, con una burocracia profesionalizada y bien remunerada y, sobretodo, cuando se constituya una democracia más fuerte basada en una igualdad social sin la cual el concepto de ciudadano no es más que una abstracción.

6. En el centro de nuestra propuesta está mejorar la vida de las grandes mayorías sociales. Nuestro nacionalismo es inclusivo e integrador. No hay patria común sin una ciudadanía común. Eso significa responder al desafío de una educación pública gratuita y multicultural, significa la responsabilidad de un sistema público que atienda la salud del conjunto de los ciudadanos y ciudadanas, tanto en los aspectos colectivos como individuales. Asimismo, defenderemos un nivel básico de ingresos para todas las personas mayores que hoy no disponen de recursos suficientes. En este contexto, el concepto de seguridad ciudadana tiene una amplitud mayor que una simple seguridad policial. Aspiramos a una seguridad económica, jurídica y pública basada en una ciudadanía integral y en un sistema judicial y policial preventivo, que busque el apoyo de las poblaciones y que defienda los derechos, especialmente de los más débiles y desfavorecidos que hoy se encuentran excluidos, de hecho, del sistema jurídico del país.

7. Parte sustancial de nuestro nacionalismo es su vocación de integración latinoamericana, desde un punto de vista antimperialista. Partimos de un dato básico: para defender la soberanía e independencia de nuestro país es necesario construir una unión política y económica andina, en el marco de la construcción de una Latinoamérica y Caribe soberanos e independientes. La construcción de la nación peruana y su integración en Latinoamérica no son antagónicas, sino, por el contrario, profundamente complementarias y expresan necesidades radicales de nuestro presente. La única forma de responder, desde los pueblos y culturas dominados, a la globalización capitalista es creando marcos supranacionales, a partir de los cuales se pueda negociar, en condiciones aceptables, con las grandes multinacionales y los Estados que las apoyan.

El Partido Nacionalista pretende *unir al pueblo peruano en torno a un proyecto de reconstrucción nacional*. Como queda dicho, su contenido no es solo electoral, sino que es, en lo fundamental, político-social. Lo primero que debemos hacer es construir colectivamente un programa, un conjunto de ideas fuerza capaces de mostrar que hay alternativas y que nuestro país tiene solución: no estamos condenados a la decadencia o a la emigración masiva. En segundo lugar, para cambiar el país hace falta un fuerte compromiso moral e intelectual. Nuestra propuesta es que el conjunto de organizaciones sociales y movimientos que quieren reconstruir nuestro país se unan y elaboren un programa y que, en torno a él, se movilice y organice nuestro pueblo. Por último, como proceso histórico, debemos traducir dicha propuesta programática y dicha alianza social en una plataforma política unitaria capaz de construir una alternativa de gobierno, de Estado y de sociedad.

Deseamos erigir, organizar y hacer visible el partido más grande del Perú, capaz de ser el eje de un bloque social y político alternativo. Si queremos realmente cambiar el país, debemos cambiar todos nosotros, previa y paralelamente, poniendo nuestras mejores energías e ilusiones al servicio de un proyecto, debemos lograr la participación en él de miles de personas, de hombres y mujeres concretos, que den lo mejor de sí para conseguir la gran transformación de nuestro país. No aspiramos a ser un club de reparto de poderes, de cargos públicos, en definitiva, de intereses personales; queremos ser una escuela de idealismo, de sacrificio y de entrega.

OLLANTA HUMALA es el presidente del Partido Nacionalista Peruano.

Notas desde una isla rodeada de tierra*

VÍCTOR BARONE

> *Soy un país partido en dos*
> *recorrido en su parte más larga*
> *por un agua profunda*
> *de vidas y de muertes secretas.*
>
> Susi Delgado, «Territorios del Viento»

Cuando me piden el artículo, me encuentro con la duda que siempre nos asalta al escribir sobre nuestro país para un publico amplio e informado, pero con una muy probable nebulosa sobre Paraguay, inentendible para los que no se dan el tiempo de tratar de entenderlo, y envuelto en el misterio de una transición inacabable hacia algo que no se sabe bien qué es.

¿Qué pasa en Paraguay? ¿Cómo encuadrarlo en la situación general de América Latina? ¿Cómo es posible que continúe gobernando el Partido Colorado –la Asociación Nacional Republicana (ANR)–, el mismo partido de Stroessner, luego de sesenta años, en forma ininterrumpida? Quizás la última pregunta (larga como corresponde a una situación de tan prolongada dominación) es la que suma a todas las demás, y por supuesto, ¿cómo derrotarlo? ¿Quién es Lugo?

El cuadro estructural o la informalidad formalizada

Vamos por partes. Imposible entender a Paraguay sin referirnos a ciertos aspectos estructurales, es decir, a la forma muy particular del capitalismo implantado en él.

Paraguay es un país con una estructura productiva basada en una permanente «acumulación primitiva». Existe el capitalismo como un ordenador, y a veces desordenador, de una multitud de formas periféricas de acumulación (algunas

---

* Se refiere a una expresión de Augusto Roa Bastos, quien definía a Paraguay como «Una isla rodeada de tierra», metáfora de un país aislado y desconocido.

muy primitivas y criminales) y de extracción de plusvalor que no consiguen inscribirse en un sistema que permita una proyección infraestructural institucionalizada.

Los principales rubros productivos son de origen primario, con escasa o ninguna transformación industrial. Soja, carne, algodón constituyen el 90% de la oferta exportable, todos de origen en la tierra, todos expulsores y exterminadores de la agricultura familiar campesina tradicional, contaminantes del entorno, base de la conformación de un sector empresarial agrícola *(agrobusiness)* transnacionalizado, con fuerte presencia brasileña.

Otro segmento comercial y de servicios –casi una industria, dirán otros–, es la triangulación comercial (más bien contrabando) hacia Brasil principalmente, y en menor medida a Argentina, a través de la triple frontera y con centro en la muy conocida Ciudad del Este (pueden verla por quince minutos en la película *Miami Vice*). Según datos del Banco Central del Paraguay (BCP), el volumen (estimado)[1] en diciembre de 2006 sería de 2 665 millones de dólares, nada despreciable considerando que el Producto Interno Bruto (PIB), siempre según datos del BCP, no llega a los 8 000 millones de dólares.

Esta estructura hace que los latifundistas, empresarios,[2] «contratistas» del Estado, traficantes y mafiosos tengan un peso económico social bastante superior al empresariado burgués.

El sector industrial continua estancado (alrededor del 15%), y con base fundamentalmente en la construcción y en las pequeñas industrias casi familiares. En esta situación es improbable que, en breve, surja una vanguardia obrera clasista de masas.

Otra característica de Paraguay, es la extrema concentración de la renta, de la propiedad rural y urbana, y la escasa movilidad social. El 60% de las fincas poseen colectivamente menos del 3% de la superficie censada, mientras que el 1% de las fincas mayores de 1 000 hectáreas poseen el 80% de la superficie. El índice de Gini es de 57,7, uno de los más altos de Latinoamérica.

Esta situación tiene un reflejo superestructural cuya característica principal es la escasa institucionalización de los procedimientos democrático-burgueses. Hay un partido-Estado –Asociación Nacional Republicana (ANR), el Partido Colorado– que gobierna hace sesenta años, en gran medida por medios terroristas, que recambió las formalidades de la dominación por el autogolpe de 1989, y frente a él, una oposición burguesa conformada por los escasos cuadros burgueses honestos y una importante franja de oportunistas de todo tipo que hacen de las posiciones político-administrativas del Estado, una moneda de cambio para negociar con el sector oficial.

---

[1] Estimaciones del BCP. Las cifras en aduana son obviamente inferiores. En Paraguay existe una estimación oficial del volumen de la reexportacion (contrabando).

[2] Empresaurio: referencia a los que adquirieron sus fortunas, al amparo de la dictadura del general Stroessner, conocido como el *Tiranosaurio*. También existen los «empresarios de frontera» y sobran las palabras.

El movimiento popular es una expresión de ese dislocamiento estructural antes señalado, en cuanto a su composición heterogénea, con un peso muy alto de sectores no proletarios, escasa centralización productiva, niveles de asociación bajos y alguna tendencia a la cooptación y burocratización de las organizaciones y sus dirigentes.

Este cuadro permite la acumulación de una multiplicidad de demandas insatisfechas, de origen diverso y confuso en ocasiones, frente a un aparato institucional (estatal y paraestatal) incapaz de asimilarlas, procesarlas con una lógica burguesa lúcida y devolverlas con respuestas en el marco del sistema democrático-burgués capitalista.

La sociedad o la eterna resistencia

Todavía permanece el peso ideológico y subconsciente del terror stronista.[3] La dictadura instaló una cultura de la corrupción, pero no menos cierta y omnipresente es la cultura del terror, del terrorismo de Estado como forma de control social, con sus ramificaciones en el Partido Colorado, las Fuerzas Armadas y la Policía.

Este miedo y otros, paralizan a algunos sectores; el miedo a la pérdida del empleo, al empeoramiento de su situación económico-social y, entre los jóvenes, la falta de esperanzas y utopías hacia el futuro permiten la extensión de los valores conservadores y reaccionarios, en un terreno fértil para los autoritarismos y populismos derechistas de todo tipo, como ya lo demostrara el oviedismo[4] y ahora el neostronismo.[5] Se extiende una forma de hipocresía hacia lo social y político, hacia lo colectivo. Sin embargo, hay procesos sociales que tienen su dinámica propia y su relativa autonomía y en los que hay que profundizar para encontrar cómo se está construyendo, siguiendo su propia dinámica, una conciencia política independiente del Estado y de los partidos tradicionales, con elementos de contrahegemonía.

El entramado de las relaciones sociales, la cultura que las envuelve y les da marco, es de una sociedad tradicional, con una influencia determinante del sentido campesino de las relaciones personales, familiares y comunitarias, con escasa penetración de sistemas estructurados y desarrollo insuficiente de espacios secundarios de relación. Se trata de prácticas adquiridas en un ambiente precapitalista (cultural, económico), que subsisten por su capacidad de corregir las implicaciones

---

[3] Stronismo: de Stroessner, dictador desde 1954 hasta 1989.

[4] Oviedismo: sector político agrupado alrededor del ex general Lino César Oviedo, quien protagonizó varios intentos golpistas, putchistas y movilizaciones reaccionarias contra sucesivos gobiernos desde 1996. Su partido es el UNACE (Unión Nacional de Ciudadanos Éticos).

[5] Neostronismo: conformado alrededor del nieto del fallecido dictador. Alfredo Domínguez Stroessner, cambió su nombre a Alfredo Stroessner; para evitar dudas, es conocido como Goli Stroessner; lidera un sector interno de la ANR. Reivindica el régimen terrorista de Stroessner y es probable su crecimiento dentro de la esta organización.

excluyentes del modelo capitalista dominante al permitir la subsistencia de lazos familiares y comunitarios amplios.

Esta situación se refleja en el Estado, donde priman las relaciones basadas en el caudillismo, el compadrazgo y su consecuente cristalización en el clientelismo político, que se traslada y retroalimenta a la sociedad con sus aristas más reaccionarias.

Sin embargo, existen importantes luchas populares, como lo atestiguan las movilizaciones que en 2002 detuvieron la implementación de un modelo de privatizaciones masivas, acompañado de una Ley Antiterrorista de claros perfiles autoritarios, basada en la Ley Patriótica de los Estados Unidos.

El sector más dinámico de los movimientos sociales está conformado por las organizaciones campesinas, luego de la crisis del sindicalismo debido a la corrupción y al burocratismo que llevó a importantes dirigentes a la prisión;[6] ellas mantienen un nivel elevado de movilización desde hace varios años, con una profundización del contenido de sus demandas y una extensión de su capacidad de organización. Su nivel de conciencia ha evolucionado hacia una crítica de la organización social, económica y política, en la búsqueda de una nueva posición del sector en la distribución del poder y los recursos de la nación.

Las principales organizaciones son la Mesa Coordinadora Nacional de Organizaciones Campesinas (MCNOC) y la Federación Nacional Campesina (FNC); la primera es de alcance más nacional, pero de una estructura organizativa descentralizada en forma departamental, mientras la segunda es la más estructurada en forma vertical y con fuerte implantación en algunos departamentos. La MCNOC participa de agrupamientos con la izquierda, tanto a nivel de luchas reivindicativas como político-electorales, en tanto la FNC tiene una posición de abstencionismo electoral permanente.

Hay indicios de la formación de un actor social con reivindicaciones político-estructurales, que tiene constituida una identidad de clase, precisa claramente los sectores a los que se enfrenta y pretende constituir un polo de reagrupamiento sociopolítico amplio de los sectores subalternos, con una dimensión que abarca los objetivos de su lucha.

La masiva participación del campesinado organizado, en las movilizaciones de noviembre de 2004, por la tierra y contra la agresiva extensión del *agrobusiness*

---

[6] Las principales centrales son la Central Unitaria de Trabajadores (CUT), afiliada a la Confederación Internacional de Organizaciones Sindicales Libres (CIOSL), y la Central Nacional de Trabajadores (CNT), afiliada a la Confederación Mundial del Trabajo (CMT). La CUT está dividida en la CUT a secas y la CUT A (Auténtica). Otros sectores son la Confederación Paraguaya de Trabajadores (CPT), fundada por la dictadura y tradicionalmente vinculada al Partido Colorado, y la Central General de Trabajadores (CGT), escisión de la CNT. Se agrupan en una coordinadora de centrales sindicales. En 2002 fueron a prisión varios dirigentes sindicales, a nivel de secretario general de la CUT y de la CPT, por complicidad en la corrupción con el gobierno.

en el campo, y su capacidad de incorporar a otros sectores en el proceso reivindicatorio, es parte de este proceso de adquisición de una nueva ciudadanía del campesinado paraguayo.

Esta ola de movilizaciones fue desarticulada por el gobierno de Duarte Frutos, mediante una masiva campaña de judicializacion de la persecución a las organizaciones; al finalizar 2004 se encontraban en prisión seiscientos dirigentes y militantes campesinos, posteriormente liberados en pequeños grupos hasta febrero de 2005, y se mantienen hasta hoy más de mil procesos judiciales contra dirigentes y militantes, que son una espada de Damocles sobre las posibilidades de extender la organización y las luchas.

La ola represiva en la actualidad toma la forma de las llamadas «Guardias Rurales»; con la excusa de la inseguridad ciudadana y la represión al crimen, se forman núcleos de vecinos –por lo general partidarios del gobierno o de las autoridades locales–, que tienen un *status* parapolicial y están armados y financiados por el presupuesto público. Estos grupos están actuando como instancias de control social y político en el campo, y ya se han producido asesinatos y persecución de activistas por parte de ellos.

El campo paraguayo vive una feroz ofensiva del *agrobusiness*, y se está produciendo el desplazamiento del campesinado hacia los centros urbanos, con su consecuente pérdida de identidad, desarraigo, marginalización social y lumpenizacion. Este proceso conlleva la formación de una agricultura sin campesinos, lo cual afecta las organizaciones y la forma de relacionarse estas con sus bases, que se están deslocalizando, por lo que se está perdiendo el espacio de organización natural de las luchas populares campesinas. La migración al exterior es también muy significativa, los principales destinos son la Argentina, y (signos de la globalización) España y los Estados Unidos.

La política y sus laberintos

La ausencia de un proyecto de reorganización coherente de la producción material, cultural y de los espacios de interrelación social, es una característica de la clase dominante en Paraguay. Esta situación ha provocado no pocas crisis políticas, a nivel de gobierno y régimen, algunas, las más importantes, condujeron a un conflicto abierto, como, por ejemplo, la rebelión del general Oviedo en 1996, el asesinato del vicepresidente Argaña en 1999 y la subsiguiente caída del gobierno de Cubas Grau, el intento de golpe oviedista en 2000, la amplia movilización popular que derrota el intento de introducir una ley de privatizaciones en 2002, entre otras. La lista es larga e incluye la permanente formación de sectores en oposición al gobierno en el seno mismo del partido gobernante.

Existe una crisis permanente en la definición de la fracción de la clase dominante que liderará la construcción de un bloque histórico coherente; incluso en términos neoliberales, ninguno de los intentos anteriores avanzó más allá de la función de acumulación de poder político. La crisis es realimentada por la indefinición y la persistencia de modelos de acumulación perimidos, como destacábamos antes, que simultáneamente provocan la profundización de la miseria a nivel popular.

El Partido Liberal Radical Auténtico (PLRA), la Unión Nacional de Ciudadanos Éticos (UNACE), el Partido Patria Querida (PPQ)[7] y algunos partidos menores conforman la Concertación Nacional, un nuevo intento de consensuar un proyecto alternativo de dominación de clases, con componentes de mayor consenso popular y, si fuera posible, con la cooptación de direcciones populares reformistas. Su cohesión es baja y se encuentra permanentemente amenazada por uno u otro de los integrantes y sus proyectos sectoriales.

En el campo popular y de la izquierda nos encontramos con una gran dispersión, si Paraguay es una isla, la izquierda es un archipiélago, que, sin embargo, se mueve y va tomando cierta forma alrededor de algunos agrupamientos político-sociales que podrían marcar el cambio de rumbo de la situación general.

La larga dictadura represiva, la transición de 1989, en combinación con la crisis del socialismo real y las insuficiencias político-organizativo-ideológicas del movimiento popular y de la izquierda han derivado en una falta de penetración de las ideas, el programa y la organización socialista a nivel de masas; si bien se logró una importante implantación en el movimiento social combativo, y en particular en el campesinado, las tareas son aún de construcción a largo plazo.

Los agrupamientos que se van constituyendo son los siguientes:

- La Alianza Patriótica Socialista: integrada por el Partido Comunista Paraguayo, el Partido de la Unidad Popular, el Movimiento Comuneros y el Partido Convergencia Popular Socialista y la mayoría de los dirigentes de la MCNOC, es una agrupación de clara orientación socialista y con un programa que combina lo reivindicativo popular con las tareas pendientes hacia la construcción de una democracia radical basada en la movilización popular. Su propuesta es la conformación de un Frente Popular con las demás fuerzas de izquierda y centro-izquierda.

- El Bloque Social y Popular: formado por la coordinadora de centrales sindicales, el Partido del Movimiento al Socialismo (PMAS), el Partido de los Trabajadores (PT) y organizaciones sociales menores. Es un bloque heterogéneo y sin definiciones programáticas de fondo hasta el momento, si bien avanza hacia una plataforma socialista, que será motivo de gran fricción interna por la diversidad de sus integrantes.

- El Movimiento Popular Tekojoja (Vivir en igualdad, en guaraní): grupo de militantes organizados alrededor de la posible candidatura del (ex Mon) señor Fernando Lugo, en torno a un programa socialdemócrata y a una organización básicamente electoral.

---

[7] El PPQ, partido afiliado a la Internacional Demócrata Cristiana, tiene una orientación de centro-derecha con gran influencia de empresarios católicos conservadores.

Existen procesos abiertos de diálogo y negociación política entre los diversos sectores, que deben articularse tanto en lo político-ideológico como electoralmente.

Si consideramos que la política es una matriz simplificada con dos dimensiones, una horizontal y otra vertical, podemos colocar la expansión de las demandas populares y sus organizaciones en la horizontal, como expresión de la movilización de masas en busca de soluciones a sus problemáticas; en caso de prolongarse indefinidamente estas, sin que se articule una intervención sobre la vertical (el poder, las instituciones estatales y paraestatales), se corre el riesgo de una esterilidad política, que a largo plazo conduce a un desgaste y desintegración de los movimientos.

Por eso es importante la construcción de un campo popular unificado, para responder a las presiones que el desarrollo de la personalidad de Lugo y la crisis del sistema van a descargar sobre las aisladas y atomizadas organizaciones del campo popular y de la izquierda.

La única forma de responder a la heterogeneidad del campo popular, a sus demandas y organizaciones, es desde una unidad irreductible frente a las fracciones de la clase dominante, siempre listas a unificarse cuando se amenaza su hegemonía. La respuesta debe venir en forma de un sujeto político colectivo, unificador de las demandas, las energías y sinergia de las organizaciones populares y de la izquierda, capaz de convocar a segmentos o incluso individualidades progresistas identificadas con la participación popular independiente en la política y con la transformación de las instituciones para avanzar hacia formas democráticas radicales.

La izquierda en Paraguay enfrenta un doble desafío; por un lado, contribuir a desplazar a la ANR del poder, para liberarnos de sesenta años de terror, represión y corrupción, lo cual ocurrirá en un espacio electoral donde no tiene un peso muy determinante, y por otro lado, aprovechar el espacio que existe para construir un Frente Popular que haga posible una acumulación estratégica frente a la oposición burguesa, y que le permita ser un factor de presión importante frente al futuro gobierno y proyectarse hacia la conformación de un bloque histórico alternativo para fundar un nuevo Paraguay.

¿Y dónde está Lugo?

Paciencia, ya llegamos a la pregunta sobre la estrella del momento. El (ex Mon) señor Fernando Lugo Méndez, es un ex obispo católico, con influencia de la Teología de la Liberación, que se destacó en años pasados por su ministerio en una de las zonas más problemáticas del Paraguay, el departamento de San Pedro, donde se produjeron innumerables conflictos por tierra y otras reivindicaciones campesinas. El peso simbólico, en una sociedad tradicional y desestructurada, de un líder religioso es solo asimilable al que tienen las figuras militares. Oviedo fue un ejemplo por la derecha.

Sus posiciones políticas públicas son de «extremo centro», dada la enorme variedad de posiciones que busca conciliar para conformar un bloque amplio de fuerzas contra la continuidad de la ANR.

La centralidad del liderazgo político personalizado depende de la mayor o menor institucionalización de los sistemas de dominación capitalistas. Si es alto, la necesidad de identificarse con un elemento exterior al sistema disminuye y a veces tiende a desaparecer, los liderazgos son más orgánicos a las clases y organizaciones y sus capacidades de encuadrar a las personalidades es mayor, pero en Paraguay tenemos todos los elementos para apuntar a un liderazgo individual inorgánico, populista por la izquierda.

El señor Lugo,[8] necesita de la izquierda y de la derecha, dado que la primera tiene una sólida implantación en las organizaciones populares, una militancia orgánica y combativa que permitirá solidificar a su futuro gobierno frente a los desafíos de la ANR; y la segunda, un aparato electoral necesario para el triunfo en las urnas. En esta situación, aplica la vieja máxima de golpear juntos pero marchar separados: buscar alguna forma de acuerdo para apoyar todos al candidato presidencial, e ir en listas separadas a los demás cargos electorales en disputa.

El gobierno que emerja estará en una permanente tensión entre estos dos sectores, en una fase de agudización de la lucha de clases, por el brote de las flores cortadas por las décadas de represión y miedo, en un escenario regional de radicalización de las luchas y emergencia de reagrupamientos regionales revolucionarios.

Estas son las razones que exigen un macroesfuerzo de la izquierda y del movimiento popular por la unidad, a pesar de las legítimas diferencias que puedan existir y de los debates que necesariamente debemos asumir.

El escenario es inédito en las últimas décadas: surge la posibilidad de construir una izquierda con peso electoral propio, extender la organización hacia sectores más amplios, derrotar a la ANR, nuestro eterno adversario, disputar política e ideológicamente con la burguesía democrática y la no tanto, en fin, una serie de tareas casi titánicas pero que bien valen el esfuerzo.

Marzo de 2007 (pongamos fecha porque los acontecimientos son vertiginosos).

VÍCTOR BARONE, miembro de la Dirección Nacional del Partido Convergencia Popular Socialista (PCPS), es consultor en Tecnologías de la Información y de la Comunicación (TIC).

---

[8] Uso la expresión señor Lugo, porque existe una disputa con la ANR sobre el carácter civil de Lugo. La ANR sostiene que este sigue siendo obispo, ya que el Vaticano le negó el permiso. Los socialistas y republicanos sostenemos que la sola expresión de su voluntad de separarse de sus cargos en la Iglesia es suficiente.

Clásicos de Ernesto Che Guevara

Publicados en conjunto con el Centro de Estudios Che Guevara

PASAJES DE LA GUERRA REVOLUCIONARIA
Edición autorizada
Por Ernesto Che Guevara
Prefacio por Aleida Guevara

Un escrito clásico que recuenta la guerra popular que transformó a un pueblo entero, y transformó al mismo Che —desde médico de las tropas a revolucionario reconocido a través del mundo—. Con un prefacio por Aleida Guevara, hija de Che Guevara, y una nueva edición que incluye las correcciones propias del autor.
320 páginas, ISBN 978-1-920888-36-7

LA GUERRA DE GUERRILLAS
Edición autorizada
Por Ernesto Che Guevara
Prólogo por Harry Villegas, "Pombo"

Uno de los libros clásicos escritos por el Che Guevara, que con el decursar del tiempo se ha convertido en objeto de estudio por admiradores y adversarios. El manuscrito estaba destinado a ser ampliado y corregido por un "maestro de la guerra de guerrillas", el Comandante Camilo Cienfuegos, quien murió antes de poder hacerlo. Años después, el propio Che sometía a revisión el texto, y tampoco pudo concluir dicha tarea, al ir a combatir por sus ideales libertarios en Bolivia.
165 páginas, ISBN 978-1-920888-29-9

EL DIARIO DEL CHE EN BOLIVIA
Edición autorizada
Por Ernesto Che Guevara
Prólogo por Camilo Guevara, Introducción por Fidel Castro

El último de los diarios del Che, encontrado en su mochila en octubre de 1967, se convirtió de forma instantánea en uno de sus libros más célebres. La edición que se le entrega al lector ha sido revisada e incluye un prefacio de su hijo, Camilo Guevara, así como algunas fotos inéditas de la contienda.
291 páginas, ISBN 978-1-920888-30-5

www.oceansur.com ■ info@oceansur.com

América Latina: recursos naturales y soberanía

JAVIER DIEZ CANSECO

La realización, en marzo pasado, del XI Seminario Los Partidos y una Nueva Sociedad en la ciudad de México, colocó como uno de los temas centrales del análisis y el debate, el papel de la recuperación del control sobre los recursos naturales en la lucha por el desarrollo y la soberanía de los pueblos. Especialmente importante, fue la apreciación de esta temática en el contexto de la intensa lucha política y social que se libra en América Latina y, específicamente, en la subregión andina de América del Sur.

Una excelente ponencia de Víctor Hugo Jijón, del Movimiento Pachacutik del Ecuador, recordó –con argumentos abundantes y contundentes– que las fuentes de energía y los recursos naturales son hoy, temas fundamentales para el imperio norteamericano y los países desarrollados del Norte. Ello hace de la América Latina y el Caribe un área estratégica y de disputa entre quienes buscan su control, para mantenerla sometida, como un simple eslabón funcional, a su cadena productiva y comercial, y quienes batallamos por la soberanía, el bienestar y el desarrollo de los pueblos latinoamericanos.

Un primer asunto a destacar, en materia energética, es la clara brecha existente entre las reservas petroleras de los Estados Unidos y los países desarrollados del Norte, y sus requerimientos y niveles de consumo. Las cifras son claras: las más importante reservas petroleras del mundo no están en los Estados Unidos, ni mucho menos en Europa, aunque su requerimiento sea, largamente, el más importante del planeta.

Según datos de British Petroleum, de 2001, presentados por Jijón, las reservas probadas de crudos estaban claramente concentradas en el Medio Oriente, con 686 000 millones de barriles. Siguen, a distancia, Sur y Centroamérica con 96 000 millones de barriles, África con 77 000 millones, la ex Unión Soviética con 65 000, los Estados Unidos con 64 000, el Pacífico Asiático con 44 000, y, a la cola, Europa con 19 000 millones. Así, la OPEP controla el 78% de las reservas mundiales de petróleo, a 80 años. Arabia Saudita encabeza la lista, con 262 000 millones de barriles. Siguen Irak, con 112 000 millones; los Emiratos Árabes y Kuwait con 98 000 y 96 000 millones, respectivamente; y, en América Latina, se destaca Venezuela con 78 000 millones de barriles en reservas probadas, al margen de los más recientes descubrimientos que acrecientan su importancia.

Contrasta con ello, la demanda de los Estados Unidos y de otras potencias del Norte, en relación con sus escasas reservas. Y es que mientras los Estados Unidos tienen apenas el 2% de las reservas petroleras del mundo y producen solo el 9% del petróleo mundial, consumen el 26% del total del petróleo que se produce en el planeta. ¡Con solo el 4% de la población mundial, devoran más de la cuarta parte de lo que el mundo entero produce! Así, el imperio norteamericano consume también el 45% de las gasolinas y el 26% del gas mundial. Europa, aunque con menos dispendio que la principal potencia del actual mundo unipolar, consume el 21% del petróleo, el 25% de las gasolinas y el 20% del gas del mundo, mientras representa cerca del 13% de la población terrestre; y en materia de reservas probadas de crudos convencionales, puede decirse que es uno los continentes más pobres. Resulta, pues, evidente la brecha entre lo que tienen y lo que consumen las principales potencias del planeta.

Los Estados Unidos consumen veintiún millones de barriles de petróleo al día e importan más del 50% de lo que engulle diariamente. Importan 35% de Arabia Saudita y Canadá, 33% de América Latina y 32% del resto de la OPEP y otros países. Para entender mejor su situación, vale la pena recalcar que el imperio tiene petróleo propio solo para once años de producción, pero si tuviera que consumir lo que requiere exclusivamente de sus propias reservas, estas durarían solo cuatro años. En este marco, incluyendo la campaña pro etanol que Bush ha emprendido como una verdadera cruzada en América Latina y en su propio territorio, está claro que –para el 2020– los norteamericanos deberán importar el 77% de la energía que consumen. Y Europa, así como el Japón, importará el 100%. ¡Es clarísima, pues, la importancia de controlar el acceso a las reservas petroleras y la significación geopolítica de los países productores, para los Estados Unidos y las grandes potencias! Y América Latina y el Caribe tienen más del 11% de las reservas mundiales de petróleo, producen el 15% del total mundial, y garantizan –como ya señalamos– la tercera parte de lo que los Estados Unidos importan.

No son otros los hechos –junto a la revisión histórica sobre las formas de acumulación primitiva del capital en las grandes potencias, basadas en la expoliación, la piratería y la destrucción de los circuitos productivos nacionales de los países colonizados– en los que se asienta la constante prédica de Noam Chomski respecto a los planes expansionistas y guerreros del imperio. Ante la lucha de varios gobiernos del «tercer mundo» por ampliar o afirmar su independencia y soberanía, encontramos motivos más que suficientes, para el atropello a las normas de las mismas Naciones Unidas, para la invasión norteamericana en Irak o para las tensiones con Irán, Venezuela, Bolivia y el Medio Oriente.

Algo similar ocurre en lo que se refiere a minerales estratégicos. Hay un desbalance entre el consumo de los países capitalistas del Norte y sus requerimientos. Los Estados Unidos importan entre el 100 y el 90% del manganeso, cromo y cobalto que requieren, el 75% del estaño y el 61% del cobre, níquel y zinc que consumen, así como el 35% del hierro y entre el 16 y 12% de la bauxita y plomo que necesitan. El caso de Europa, como ya vimos en el petróleo, es aún más agudo: depende entre el 99 y 85% de la importación de estos minerales, con excepción del zinc, del cual importa el 74%.

América Latina y el Caribe proveen 66% del aluminio, 40% del cobre y 50% del níquel que los Estados Unidos consumen. Si a ello sumamos la importancia, ya mencionada, de los recursos petroleros, resulta difícil, a la luz de estas cifras, tener duda de que somos un territorio en disputa y que hay poderosos intereses imperiales contrarios a gobiernos que defiendan nuestra soberanía y el derecho a controlar nuestros propios recursos naturales. Estos recursos que, para nosotros, los latinoamericanos y caribeños, debieran estar al servicio de nuestro progreso y desarrollo, tienen otra función, sometidos al ritmo y los intereses de los Estados Unidos y las potencias del Norte. Y es que, no solo se trata, para las grandes potencias de tener disposición de los recursos, sino de apropiarse de la renta que ellos generan y de mantenerlos como un eslabón subordinado de su cadena productiva, en la división internacional del trabajo que niega el desarrollo a buena parte de los países del Sur.

Para los Estados Unidos de Norteamérica, garantizar el acceso –sin barreras ni condiciones– a fuentes de energía, a minerales estratégicos y a los mercados fundamentales, es un asunto de Seguridad Nacional, como lo es el poder garantizarse libertad de movimientos y controlar la seguridad de las comunicaciones. De esta manera, la seguridad y soberanía de los Estados Unidos es inversamente proporcional a la independencia y soberanía de quienes controlan los recursos y espacios que son de su interés. Así, es parte de la visión geopolítica norteamericana, interesada en perennizar una globalización bajo su control unipolar, el desarticular todo esfuerzo o plataforma de países que puedan ejercer un contrapeso al ejercicio discrecional de su poder. Bajo este razonamiento, considera una clara amenaza a sus intereses y a su seguridad, todo esfuerzo de articulación de países latinoamericanos, como los que inspira la propuesta bolivariana. Y, lógicamente, desarrolla medidas económicas, políticas y militares, en el afán de imponer sus intereses.

Como habíamos señalado, el interés de los países desarrollados del Norte no es solamente el acceso a los recursos, sino también el control sobre la renta que generan y la capacidad de determinar el ritmo de la explotación, así como de instrumentalizar la energía y los recursos en función de sus propios intereses y esquemas productivos, muy ajenos a los de los países latinoamericanos y del tercer mundo. La privatización de empresas públicas, impulsada con extraordinaria fuerza por el modelo neoliberal en las décadas pasadas, ha generado una transferencia de lo público a lo privado, y, además, de lo nacional a lo extranjero. Es decir, se ha transferido la propiedad y los centros de decisión, en forma extraordinariamente generalizada y, sin duda, en los sectores estratégicos, a la esfera del sector privado y de las transnacionales. La privatización ha ido de la mano con la extranjerización y con la pretensión de romper una tradición jurídica y política referida a la propiedad nacional sobre los recursos naturales, para generar derechos reales de propiedad sobre estos, ahora en manos de las transnacionales. Ello, en una fase de altos precios internacionales del petróleo y los minerales estratégicos, ha abierto y reavivado –en varios pueblos de América Latina– la lucha por la recuperación de la soberanía nacional sobre la explotación, el uso y la renta que generan estos recursos, históricamente de propiedad de la nación. Este tema ha cobrado especial fuerza en los países de la subregión andina, desde Venezuela hasta Bolivia, pasando por Ecuador y Perú. Constituye hoy un asunto central del debate político nacional y regional.

El impacto de la privatización del manejo de los recursos naturales, tiene numerosos ejemplos en América Latina. Uno que ha sido analizado en profundidad –por los trabajos de dos prestigiosos economistas chilenos, Orlando Caputo y Graciela Galarce– es el caso de Chile.

El 11 de julio de 1971, el presidente socialista Salvador Allende culminó una larga batalla por lo que llamó «el Sueldo de Chile», al lograr que el Congreso chileno aprobara por unanimidad la Nacionalización del Cobre, en un marco de enorme presión popular. Luego del sangriento golpe militar que perpetró, al servicio de las transnacionales y los poderosos de Chile, Pinochet –como lo haría luego su discípulo Fujimori con la minería y el petróleo peruanos– desnacionalizó el principal recurso natural del país: el cobre.

Este mineral es la principal riqueza natural de Chile. Se trata de un país que ocupa solo 0,5% del territorio del planeta, pero tiene el 35% de las reservas mundiales de cobre. Su comercio representa más del 50% de todas las exportaciones chilenas. Si los países de la OPEP representan el 37,5% de la producción mundial de petróleo, solo Chile genera el 36% del cobre mundial y sus exportaciones, en 2005, eran el 47,5% del total del mundo. Sus exportaciones de cobre y subproductos, en 2006, llegaron a $36 481 millones de dólares (equivalente al 71% del valor de las enormes exportaciones venezolanas de petróleo).

Allende, en el gobierno, planteó que la Constitución chilena recogiera la decisión de que «las riquezas chilenas sean de los chilenos y para los chilenos», señaló que «basados en ella construirán una nueva vida y una nueva sociedad». Con meridiana claridad, resaltó «la importancia que para la existencia libre, independiente y soberana del país tiene esta decisión». Salvador Allende definió el cobre como el «Sueldo de Chile» pues tenía claro que con la riqueza que generaba podía financiar el gasto social fundamental para la gente: educación y salud pública, vivienda y seguridad social. Advirtió claramente, además, que a Chile le interesaba transformar el cobre para industrializar el país, generar más empleo, más salarios, más tributación y más compras de insumos, maquinarias y tecnología producida nacionalmente, mientras «a los monopolios les interesa no industrializar en Chile para que el gran valor que agrega al precio del metal su elaboración –que significa inmensa actividad industrial y comercial, y altos salarios– quede en la metrópoli.» Allende definió no solamente la importancia del cobre para una alternativa industrial en Chile, sino también la necesidad de manejar su ritmo de explotación en función de los intereses nacionales y no de los transnacionales. «A nosotros nos interesa cuidar nuestra reserva y sacar el máximo provecho de ella, a medida que la necesitemos. A ellos les interesa llevarse fuera la mayor cantidad de cobre, al precio más bajo y en el menor tiempo posible».[1] Sin duda, tenía claro el interés nacional y recuperó el cobre para Chile.

En 1981, recuerdan Caputo y Galarce, la dictadura de Pinochet –con respaldo del Tribunal Constitucional que nombró a dedo– impuso una Ley de Concesiones Mineras que establece «concesiones plenas» con los mismos derechos de la propiedad privada, eliminando –de facto– el principio constitucional de que «el Estado tiene el dominio absoluto, exclusivo, inalienable e imprescriptible de todas las minas». Así, aunque el Estado mantuvo CODELCO –la Corporación del Cobre– se entregaron yacimientos mineros a transnacionales que los manejan a su antojo y con enormes privilegios, como lo hizo Fujimori en el Perú, sin preservar empresa minera pública alguna.

La coalición de centroizquierda chilena, la Concertación[2] planteó, en el Programa de Gobierno para vencer a Pinochet, «obtener mayores recursos fiscales preservando la autonomía y soberanía nacional en el manejo de los recursos». Pero, al igual que Alan García –en el Perú– que incumplió muy recientemente con su compromiso electoral de colocarle un impuesto a las sobreganancias mineras (que generaría al Perú no menos de $1 600 millones de dólares al año), los gobiernos de la Concertación chilena –sucesivamente y hasta hoy– incumplieron con derogar el inconstitucional concepto de «concesión plena» y, más bien, lo consolidaron en el Tratado de Libre Comercio (TLC) con los Estados Unidos. En vez de preservar la soberanía nacional sobre el cobre, como se comprometieron en el programa de gobierno de la Concertación, abrieron las puertas al capital extranjero que con $16 755 millones de inversiones controla hoy el 70% de la producción del cobre chileno. Ello también les permitió un incremento de la producción, desregulado, que entre 1995 y 2003 incidió negativamente –la caída o la demora en incrementar–, en el precio del cobre por la sobreoferta chilena, y perjudicó al país en lugar de ayudarlo a estabilizar un buen precio en su beneficio.

---

[1] Fragmentos del discurso pronunciado por Salvador Allende el 11 de julio de 1971, durante la promulgación de la Ley de Nacionalización del Cobre (www.vi-e.cl).
[2] En el momento de su fundación, en 1988, la Concertación estaba integrada por diecisiete fuerzas políticas que en el curso de los años se fueron agrupando en los cuatro partidos que hoy la integran: Partido Demócrata Cristiano (PDC), Partido Socialista de Chile (PSCh), Partido por la Democracia (PPD) y Partido Radical Socialdemócrata (PRSD).

El Chile post-Pinochet tampoco impuso la elaboración de los productos mineros. Solo CODELCO (estatal) ha hecho un esfuerzo en ese sentido: exporta 90% de cobre refinado, pero las empresas extranjeras –que han aumentado sus exportaciones de 413 000 ton anuales (1990) a 3 637 000 (2004)–, siguen exportando el 52,4% como simples concentrados. Y claro, tampoco se exige industrialización y tecnología generada nacionalmente. El intento de generar un *cluster* vinculado a la minería, en el norte de Chile, ha fracasado, por lo cual ha sido imposible el encadenamiento de insumos y tecnología nacional con la producción minera, así como el proceso de industrialización de la misma. En cuanto al papel del Estado, como representante de la nación, CODELCO ha perdido presencia puesto que ha pasado a producir un tercio del total del cobre, mientras que en 1977 representaba el 95% y se quedaba con esos beneficios que hoy van a manos extranjeras. Solo en 2006, las utilidades operacionales de las transnacionales mineras alcanzaron $20 000 millones de dólares, una cifra que representa más de los $16 755 millones que invirtieron de 1990 a 2004.

¿Qué les parece? A esto Caputo y Galarce llamaron «El Robo del Siglo XX y XXI en Chile». Veremos más adelante el de Perú y entenderemos las razones por las que en América Latina los pueblos (Venezuela, Bolivia, Ecuador) reivindican la soberanía nacional sobre nuestros recursos para generar nuestro progreso y bienestar.

El cuadro peruano es más dramático aún, porque el gobierno del prófugo Alberto Fujimori (hoy pendiente de un fallo de la Corte Suprema chilena para definir si es extraditado a Perú, a los efectos de responder por la corrupción y los delitos de lesa humanidad que se le imputan) simplemente entregó todo el patrimonio público a manos privadas. Destruyó Minero-Perú, Centromin-Perú y, ciertamente, el grueso de Petro-Perú, además de modificar el régimen tributario y firmar contratos de «estabilidad tributaria y jurídica» que otorgaron gigantescos privilegios a las transnacionales mineras. Perú no puede exhibir siquiera una empresa como CODELCO que, dicho sea de paso, cumple una función estratégica al ser una fuente de recursos para las Fuerzas Armadas Chilenas, cuya inversión en armamento ha desequilibrado la correlación militar en América del Sur.

El caso peruano es sumamente gráfico y claro. Observemos cómo se ha manejado la participación del Estado y de las transnacionales sobre el valor de las crecientes exportaciones mineras del país. Primero, cabe anotar que, entre 1992 y 2005, las regiones mineras de Perú recibieron una parte del impuesto a la renta por medio del llamado «canon» minero. Entre 1992 y 2000, el canon fue equivalente al 20% del impuesto a la renta que se quedaba en la región. Y, entre 2001 y 2005, este monto se incrementó al 50% del impuesto a la renta. Sin embargo, en estos catorce años entre 1992 y 2005, el país no llegó a quedarse ni con el 3% del valor de las exportaciones, y las regiones mineras mismas, apenas si bordearon el 1,3% del total exportado (incluido en el 3% ya referido del Estado).

El alza de los precios internacionales, la imposibilidad de argumentar que los costos de producción se elevan al ritmo de la elevación de estos precios, y el fin de los privilegios tributarios pactados hace una década o más con ciertas transnacionales, han elevado la participación del Estado, pero sigue siendo magra. En 2003, el valor de las exportaciones mineras superaba los $ 4 573 millones de dólares y el Estado se quedó ese año con menos de $306 millones de dólares, cuando las utilidades que quedaron en manos de las empresas fueron de casi $1 020 millones. Es decir, el Estado se quedó con 6,7% y las empresas con 22% del valor de las exportaciones. En 2004, el Estado se quedó con 9,8% del valor de las exportaciones ($678,7 millones) y las empresas con 33% ($2 262 millones). Y en 2005, al Estado le tocó el 13,5% del valor de las exportaciones (de un total récord que alcanzó la cifra de $9 724 300 000 dólares), contra el 45% ($4 380 300 000 dólares) que quedó en manos de las empresas. ¡Increíble, en un país con 52% de pobreza, con gravísimas urgencias en servicios de salud, educación, saneamiento e infraestructura básica!

En un cuadro de este tipo, la lucha por el control de los recursos naturales del país es el eje fundamental de la lucha por su soberanía. Se trata de reubicar los temas de energía y recursos estratégicos (al igual que otros temas fundamentales) como factores de una propuesta de desarrollo económico, productiva y comercial, que articule también la integración del transporte y de los servicios, en un proyecto que potencie el mercado interno y las alternativas de la integración regional. En este marco, es fundamental el papel del Estado y la organización de la sociedad civil dentro de una perspectiva de integración latinoamericana y subregional. Como es lógico, resulta central también articular nuestros Estados en la defensa de nuestros recursos, de sus precios, del planeamiento referido a su producción, y de los esfuerzos dirigidos a su industrialización.

Cabe mencionar aquí, que América del Sur tiene también una importancia geopolítica estratégica en razón de ser el más importante pulmón del planeta, por la presencia de la Amazonia, y por sus inmensas reservas de agua. Si bien el agua no tiene las características de los otros recursos naturales, ya referidos, Jijón nos recuerda que 40% de los ríos y lagos norteamericanos y 75% de sus acuíferos están contaminados, mientras que el 30% de la tubería de agua de la superpotencia, está deteriorada; encarar estos problemas exige una inversión de 840 000 millones de dólares, cifra astronómica y situación que hace apetecible a América Latina por sus reservas de agua. Y es que América del Sur tiene cerca del 47% de los recursos hídricos mundiales y la Amazonia recicla de 6 000 a 7 000 millones de toneladas de agua dulce al año, aparte de su invalorable biodiversidad.

Todos estos factores son elementos que explican la carrera armamentista norteamericana, la expansión de sus bases militares alrededor del mundo, y su clara vocación hegemonista y expansionista.

Entendamos, pues, por qué los Estados Unidos reaccionan no solo frente al histórico proceso revolucionario cubano, sino además frente a las posiciones transformadoras y nacionalistas de Venezuela, Bolivia y Ecuador, en su afán de recuperar el control sobre sus recursos naturales; por qué ve con preocupación la ampliación de las acciones soberanas y de las políticas internacionales latinoamericanistas de países como Argentina, Brasil, Uruguay y Nicaragua,o el crecimiento de tendencias nacionalistas, progresistas y de izquierda en México (donde se impuso un escandaloso fraude), en Colombia y en Perú, a pesar de las maniobras que impusieron un gobierno neoliberal y servil con Alan García a la cabeza.

La presión y el intervencionismo norteamericano, difícilmente harán que la figura integradora y antimperialista de Simón Bolívar deje de crecer en la América morena. Y, de seguro, la creciente conciencia de los pueblos llevará este tema a la agenda política, en el lugar que le corresponde, en aquellas experiencias de gobierno popular, progresista o de centro-izquierda de la América Latina en donde aún no aparece planteado con la fuerza y decisión requeridas.

JAVIER DIEZ CANSECO, sociólogo y periodista, editorialista de *La República* y *La Primera*, así como de la Coordinadora Nacional de Radio, es dirigente del Partido Socialista del cual fue candidato presidencial. Ha sido, en seis ocasiones, elegido al Congreso peruano. Fue vicepresidente del Congreso y presidente de la Comisión Congresal Investigadora de los delitos económico-financieros de Fujimori.

Colombia clama por el intercambio humanitario

RAÚL REYES

Tres estadounidenses de la Agencia Central de Inteligencia (CIA) de los Estados Unidos, comprometidos en labores de espionaje en áreas de guerra, cuyo avión fue derribado por guerrilleros del Bloque Sur, y un aproximado de cincuenta oficiales y suboficiales del Ejército y la Policía vencidos en combate, son los militares prisioneros de guerra en poder de las Fuerzas Armadas Revolucionarias de Colombia (FARC). Junto a ellos, como prisioneros políticos, se encuentran: una candidata a la presidencia para el período 2002-2006, Ingrid Betancourt, su compañera a la vicepresidencia, Clara Rojas, dos decenas de parlamentarios que ya perdieron su investidura, y dirigentes políticos que, de una forma o de otra, tienen culpabilidad en la situación tan grave por la cual atraviesa el país.

Los prisioneros de guerra y los prisioneros políticos en poder de las FARC son hombres y mujeres que reciben tratamiento digno pues sabemos que, como revolucionarios, debemos cuidar del ser humano de la mejor forma posible, aún en medio de las dificultades propias de la confrontación. Por principio, rechazamos la tortura, los malos tratos, las ofensas degradantes. Es prioritario nuestro esfuerzo por suministrarles los elementos básicos como ropa, comida, remedios, alojamiento. Velamos por su vida y su seguridad. Actuamos de esta manera porque son seres humanos, entendemos su situación, la de sus familiares y porque nuestro deseo es llevarlos, sanos y salvos, al intercambio humanitario, como ya lo hemos hecho en otras oportunidades.

Además, la opinión nacional e internacional no ignora la capacidad que tenemos de enfrentar situaciones de paz o de guerra en cualquier circunstancia. Quien mire a las FARC puede encontrar un pueblo en armas que, poco a poco, va construyendo un nuevo Estado, realidad que se puede palpar en muchas regiones de nuestro país. Somos, de hecho, una fuerza beligerante.

Algunos prisioneros llevan varios años en la profundidad de la selva, sin que la clase dominante haya hecho nada en absoluto para lograr su liberación.

Sobre todo a los militares que fueron capturados en combate, sus jefes y el gobierno, para decirlo con todas las palabras, los abandonaron. Hasta un ciego ve que no tienen voluntad de aceptar, por lo menos como gesto de solidaridad con sus prisioneros, el canje o intercambio humanitario y han priorizado la vía militar sin importarles la vida de quienes durante años tuvieron a su servicio defendiéndoles sus intereses.

El gobierno ha capturado fuera de combate a la mayoría de los aproximadamente cuatrocientos guerrilleros de las FARC, por ejemplo, cuando cumplían labores de carácter estrictamente civil, o estaban yendo a tratamiento médico, recuperándose de alguna cirugía, o también visitando a sus familiares. De igual modo, violando de manera flagrante la soberanía de países vecinos y todas las normas internacionales, secuestró con el apoyo de la CIA a Simón Trinidad, en Quito, Ecuador, y después a Ricardo Granda, en Caracas, Venezuela, mientras cumplían importantes misiones político-diplomáticas. Pisoteando la soberanía de nuestra patria, extraditó a Simón Trinidad y a Sonia, quienes con valentía continúan manteniendo en alto los principios que sustentan la lucha por la paz con justicia social.

Motivado por el hecho de que las dos partes en conflicto tienen prisioneros políticos y de guerra, el Ejército del Pueblo, –las FARC– ha realizado proposiciones que faciliten su liberación.

Primero, propuso que el Congreso apruebe una Ley de Canje, pues como el imperio de los Estados Unidos y la oligarquía colombiana han impuesto la guerra contra el pueblo desde hace más de medio siglo, una ley de tal naturaleza podría hacer más llevadero el conflicto, porque permitiría que cuando un soldado, suboficial u oficial sea hecho prisionero por la guerrilla, esta lo entregue inmediatamente a un ente que haya sido creado como mecanismo para el mutuo intercambio, y cuando un guerrillero sea capturado, el Estado haga otro tanto y lo ponga a disposición de esa misma entidad.

Esta propuesta fue hecha por el secretariado de las FARC al presidente Ernesto Samper en enero de 1998, a raíz de la toma de la Base de Comunicaciones de Patascoy el 22 de diciembre de 1997. Han trascurrido diez años, han pasado tres presidentes, Ernesto Samper (1994-1998), Andrés Pastrana (1998-2002) y Álvaro Uribe Vélez, en su primer mandato (2002-2006), y en ninguno hubo voluntad de adelantar gestiones serias y concretas en favor de la liberación de prisioneros; mostraron así la permanente indolencia de la clase gobernante por sus soldados, policías, oficiales y suboficiales.

Ante la disculpa de que esa ley no era posible, las FARC plantearon que se hiciera facultando una sola entrega de parte y parte, pero tampoco se avanzó. Como en todos los conflictos ha existido la devolución mutua de prisioneros, entonces nuestra organización revolucionaria elaboró una propuesta completa como punto de partida para el canje o intercambio humanitario, teniendo en cuenta los protocolos de Ginebra, pero una vez más, no ha habido respuesta positiva.

Por otra parte, ya está probado que puede haber intercambio de prisioneros. Veamos. Durante los diálogos en San Vicente del Caguán, se produjeron dos eventos importantes: el intercambio de 14 guerrilleros por 45 militares; y la entrega sin condiciones de 350 soldados y policías, como un gesto para reafirmar la voluntad de paz de las FARC y crear un ambiente positivo con vistas al canje o intercambio humanitario. Los dos eventos fueron cubiertos por la prensa nacional e internacional, y todos pensamos que con estas dos importantes acciones el intercambio humanitario sería un hecho.

No obstante, el presidente Andrés Pastrana y la cúpula militar tenían otras intenciones, pues mientras en el municipio de la Macarena, en poder de las FARC, se hizo un acto político y una fiesta por el regreso a casa de los militares y policías, en la base de Tolemaida en el departamento del Tolima, los militares organizaban un acto con presidente a bordo, para recibir a los soldados y policías, exacerbar los ánimos de los militares con el propósito de seguir la guerra, y exigirle a las FARC la liberación de los oficiales que habían quedado en cautiverio. El presidente Pastrana no reconoció nuestro gesto como un hecho positivo. Su discurso fue desobligante. Así, se perdió un momento muy oportuno para un canje que hubiera permitido a todos los prisioneros recobrar su libertad, y ayudado muchísimo al proceso de paz.

Queda un sabor amargo, porque si no ha sido posible realizar un intercambio de prisioneros, ¿cómo llegar a un acuerdo de paz? En el primer caso, el canje tiene el objetivo de que cada una de las partes entregue en el mismo acto a TODOS los prisioneros de guerra y políticos que tenga. Se sabe que el Estado nada pierde y mucho menos el orden establecido. Es solo un episodio de la guerra que permite a los que han caído prisioneros recobrar su libertad y volver a ver sus seres queridos.

Los acuerdos de paz, sin embargo, implican costo político y económico, pues exigen profundas reformas estructurales en lo económico, en lo político y en lo militar, dado que el régimen político y el gobierno tienen fallas profundas y por eso se llega a un acuerdo de paz que debe ser refrendado por una Constituyente. Indudablemente, hay un costo para el Estado y su orden. Así las cosas, la conclusión es que la clase dominante no ha tenido ni tiene voluntad política para permitir, por medio de acuerdos, tanto el canje o intercambio humanitario como el surgimiento de la paz con justicia social.

Cabe destacar la actividad de los familiares de los prisioneros de guerra, encabezados por Marleny Orjuela. Pidieron entrevistas con el gobierno, los militares, los políticos y nadie los atendió. Solo Jorge Briceño (propongo: *El Mono Jojoy*) y Manuel Marulanda Vélez recibieron a Marleny Orjuela, Judy Vanegas, Amparo Rico y María Teresa, les proporcionaron medios de comunicación y les organizaron una visita para que constataran cómo estaban sus seres queridos. Continúan luchando por el intercambio humanitario y exigiendo al gobierno que lo acepte.

Las FARC no han cejado en su intento y, a pesar de la posición desobligante del gobierno, mantienen en alto la bandera del intercambio humanitario. Las conversaciones han sido adelantadas directamente por el comandante en jefe Manuel Marulanda Vélez, incluso se han sumado a esta causa noble y justa varias personalidades de la vida política del país.

Al concluir el proceso de diálogo en San Vicente del Caguán, otros prisioneros han entrado a formar parte de la lista de los canjeables. Ingrid Betancourt, candidata a la presidencia y su fórmula a la vicepresidencia, Clara Rojas, también doce diputados del departamento del Valle, junto con soldados, policías, oficiales y suboficiales.

El gobierno de Álvaro Uribe Vélez inició su campaña electoral en el año 2001, con un discurso de guerra, en el cual se comprometía con la clase dominante y el imperialismo a acabar con la guerrilla en corto tiempo. Este compromiso le ganó el apoyo de los gremios económicos, los dirigentes de los dos partidos, los empresarios, los terratenientes. Desbarajustaron los partidos tradicionales y se lanzaron a la guerra, nada de diálogo, nada de intercambio humanitario. Electo presidente en 2002, todo el empeño fue puesto en la guerra, en el exterminio no solo de la guerrilla sino de los sectores de oposición al sistema.

Durante su gobierno el intercambio se ha hecho más difícil. La extradición a los Estados Unidos de Ricardo Ovidio Palmera *(Simón Trinidad)* y de Nayibe Rojas *(Sonia)* ha complicado un poco más las cosas. Para las FARC es una posición de principios que para que haya intercambio humanitario, deben salir los dos prisioneros que se encuentran en los Estados Unidos.

Bush y Uribe creyeron que con la amenaza de la extradición iban a intimidar a las FARC. Fabricaron montajes burdos para extraditar a los guerrilleros como escarmiento para los luchadores políticos, pero se produjo el efecto contrario, pues el montaje ha sido desbaratado. Invirtieron diez millones de dólares, llevaron 20 testigos, el juez intimidó al jurado, no permitieron declarar a testigos de la defensa, pero todo fue en vano: las pruebas presentadas no convencieron al jurado y este no encontró méritos para declararlo culpable; el juez no tuvo otra opción que declarar nulo el juicio. Ante la justicia y el pueblo estadounidense, Simón, en un discurso de seis horas, demostró que él y su organización no son una banda de terroristas, sino un movimiento político militar que lleva cuarenta y tres años luchando por la justicia, la paz y la dignidad.

El proceso contra Simón se ha convertido en la mayor derrota que las FARC le hayan propinado al imperialismo yanqui y a la oligarquía colombiana. Una vez más se demostró que la lucha contra el «terrorismo» que lideran Bush y Uribe no es más que un instrumento para perseguir a los luchadores sociales y políticos.

Uribe Vélez siempre ha buscado sacarle el cuerpo al intercambio humanitario. Primero pretextó el área geográfica: cuando las FARC propusieron despejar dos municipios en el Caquetá, Cartagena del Chairá y San Vicente del Caguán, el gobierno respondió que era una jugada para evadir el Plan Patriota. Después, cuando las FARC, manteniendo la misma línea, plantearon despejar los municipios de Florida y Pradera en el Valle, Uribe evadió la propuesta alegando que no podía, porque era perder la soberanía del territorio que se despejara.

Las FARC han nombrado una Comisión integrada por Felipe Rincón, Carlos Antonio Lozada y Fabián Ramírez, pero el gobierno no ha nombrado a nadie para adelantar los encuentros que conduzcan al intercambio.

En su segundo mandato, Uribe Vélez, en acto demagógico, filtró a los medios de comunicación que estaba dispuesto a despejar una parte adecuada para el intercambio, a la vez autorizó a la Iglesia y al Dr. Álvaro Leiva Durán para adelantar los contactos. Sin embargo, la explosión de un carro-bomba en la Escuela Superior de Guerra en Bogotá fue tomada como pretexto para suspender el inicio del proceso. Con la mayor desfachatez y sin mediar investigación alguna, Uribe culpó a las FARC. Una vez más, los familiares y amigos de los prisioneros vieron frustrada la esperanza de que sus seres queridos regresaran.

La causa del intercambio humanitario ha seguido sumando adeptos, como los ex presidentes Alfonso López Michelsen y Ernesto Samper Pisano, personalidades de la vida política como Álvaro Leiva Durán (ex ministro de Estado) y Carlos Lozano (ex miembro de la Comisión de Notables); también el movimiento sindical, las organizaciones no gubernamentales (ONGs) que luchan por los derechos humanos: todos piden el intercambio. Los que traicionan ese clamor nacional son Uribe Vélez, los militares y todos los sectores de derecha, apoyados por el círculo de Washington.

A lo largo del conflicto siempre ha habido prisioneros en los dos bandos, pero veamos la diferencia. Cuando la guerrilla era menos fuerte, se capturaba a un militar o policía y se le entregaba, al sacerdote del pueblo, al alcalde o a la Cruz Roja. En cambio, en el Ejército les hacían Consejo de Guerra a los soldados por cobardía, por traición a la patria, por haberse dejado capturar por la guerrilla.

Cuando un guerrillero cae en manos del Ejercito y/o la policía y no le es posible comunicárselo a la organización, a los familiares o a alguna institución de derechos humanos, las torturas que sufre son inmensas y su muerte es inminente, después aparece un parte militar indicando que fue dado de baja en un combate.

El actual gobierno de Uribe, le está exigiendo diariamente resultados a los militares, y estos para cumplir no han tenido inconveniente en matar campesinos, ponerles un fusil en la mano, vestirlos de militar y comunicar a los superiores que han dado de baja a guerrilleros. Por estos delitos se adelantan varios procesos contra militares.

El 30 de agosto de 1996 la guerrilla de las FARC tomó la base militar de Las Delicias en el departamento del Caquetá, y capturó a sesenta militares, entre ellos varios oficiales y suboficiales. Inmediatamente, planteó entregarlos a las autoridades nacionales, a la comunidad internacional y a la Cruz Roja Internacional, ante los medios de prensa del mundo.

El entonces presidente, Ernesto Samper, para recibir a los soldados y policías demoró nueve meses y medio, 285 días, a pesar de que no se le pedía nada, pero, al hacer la entrega con estos niveles, quedaba claro para el mundo que en Colombia existía un conflicto social, político y armado que llevaba varias décadas; hasta ese momento los medios de comunicación y el gobierno hablaban de bandidos, de criminales sin ninguna motivación política, aunque ya se había firmado un acuerdo en 1984 entre el presidente Belisario Betancourt (1982-1986) y las FARC que se llamó los ACUERDOS DE LA URIBE.

El Estado colombiano mantiene un doble concepto del conflicto: un día es un conflicto político y al otro día son bandas de delincuentes, o se trata de un problema de narcotráfico y terrorismo.

Colombia vive uno de los conflictos más largos de su historia y quizás uno de los más prolongados en el mundo. Todo se inicia en 1945, cuando termina la Segunda Guerra Mundial y el imperialismo estadounidense traza la guerra fría como política: todo lo que tuviera un tinte de democracia, de progreso, de crítica al sistema debía ser eliminado y así se hizo. No exageramos si decimos que en estas seis décadas más de un millón de colombianos perdió la vida.

El desplazamiento ha sido una constante y una forma de amasar fortunas. De 1945 a 1955, un millón de campesinos tuvieron que abandonar sus tierras e irse a vivir a los cinturones de miseria de las grandes ciudades como Bogotá, Medellín, Cali, Barranquilla, etcétera; este desarraigo tuvo consecuencias sociales, psíquicas y políticas que hoy todavía no se han estudiado; y qué decir de la actualidad, según la Consultoría para los Derechos Humanos y el Desplazamiento (CODHES), se superó la cifra de los tres millones y medio de personas desplazadas por los paramilitares. Con esta actividad criminal, los grandes terratenientes, políticos y militares inescrupulosos han comprado las tierras a los campesinos a precios irrisorios; los narcotraficantes, que son parte del sistema, se han apoderado de las mejores tierras del país.

La cantidad de víctimas es asombrosa. A lo largo de sesenta años, centenares de miles de personas han perdido la vida, los bienes, su vereda, su provincia y muchos su país, pues les ha tocado salir al exilio por largos años; algunos llevan más de quince en una nación que no es la suya, con una cultura a la que no pertenecen, con una comida y unas costumbres diferentes; si a esto se le suma la xenofobia bien arraigada en algunos países, sufren, además, el desprecio con que se suele mirar, en estos lugares, a los refugiados políticos y a los emigrantes económicos. Al que no la ha vivido, esta situación le parecerá baladí, pero si uno se acerca a quien la está sufriendo en carne propia, puede entender la tragedia de cada familia, de cada persona que ha sido sometida a tan inhumana situación.

Son estas las causas que han generado el conflicto y lo hacen más fuerte cada día. Es por eso que la guerrilla ha sido invencible, no importa la cantidad de dólares que se invierten diariamente ($17 500 000) para derrotarla; tampoco han logrado capturar o dar de baja a un miembro del secretariado o a un dirigente nacional de las FARC ni liberar a los prisioneros de guerra y políticos que se encuentran en poder de la guerrilla.

Todo ha sido un fracaso y seguirá siéndolo, si no hay una política, una mentalidad de paz en los señores dirigentes del país. Llevamos sesenta años de martirio para el pueblo, ¿por qué no buscar una alternativa que no sea la guerra? ¿Por qué seguir sometidos, aferrados a la política de los Estados Unidos, que tanto daño nos ha causado? ¿Por qué no escuchamos el clamor de los que no han tenido voz, que lo único que quieren es vivir en paz con una justicia social que los reconozca como seres humanos?

El intercambio humanitario y la solución política al conflicto son dos puntos propuestos por las FARC y seguiremos empeñados en lograrlos; no importa que a este gobierno no le interese. Como lo hemos hecho en el pasado, al próximo presidente de Colombia le propondremos lo mismo: llegar a un acuerdo humanitario para que los prisioneros políticos y de guerra regresen a sus hogares. Y seguiremos convocando a todos los sectores amantes de la paz y la justicia para que, entre todos, busquemos una solución política al conflicto social, económico y armado que ha vivido Colombia en los últimos sesenta años, y sin exclusiones nos comprometamos con un gobierno de reconstrucción y reconciliación nacional.

RAÚL REYES, comandante y miembro del secretariado de las Fuerzas Armadas Revolucionarias de Colombia, es el jefe de su Comisión Internacional.

Gato por liebre: la hegemonía en las relaciones históricas entre los Estados Unidos y América Latina

JORGE HERNÁNDEZ MARTÍNEZ

El siglo XX terminaba y al iniciarse la actual centuria se advertían cambios cualitativos en la escena latinoamericana, con ajustes en el enfoque que el imperialismo estadounidense –a partir del establecimiento de la administración Bush, luego del fraudulento y prolongado proceso electoral del año 2000– aplicaba hacia los gobiernos progresistas, movimientos populares y conflictos en la región. Ante la dinámica política que se desarrolla desde entonces en América Latina, en el transcurso de medio decenio, las concepciones y prácticas que se definen en las proyecciones internacionales y estratégicas plasmadas en documentos gubernamentales y discursos presidenciales norteamericanos, parecen reiterar antiguas preocupaciones, viejas ópticas y recetas obsoletas. A pesar del tiempo y de los anacronismos, no han sido olvidadas. De ahí que tal vez convenga examinar algunos momentos y contextos en la historia de las relaciones interamericanas, que facilitan la mejor comprensión del presente.

I

Sin desconocer el alcance revolucionario universal de la independencia norteamericana, en 1776, lo cierto es que simboliza la inauguración de una mitología en la que con rapidez se atrincheran construcciones ideológicas como las del Destino Manifiesto –que anticipa tempranamente el mesianismo geopolítico y la expansión territorial tanto en la América del Norte como en la del Sur– y la Doctrina Monroe –como adelanto del panamericanismo y justificación de una era de intervenciones hemisféricas. Así, la relación histórica que los Estados Unidos establecen con América Latina nace bajo la advocación de formulaciones mitológicas. Por este medio, se van tejiendo trampas, mañas, artilugios; se colocan disfraces. Con ellos, los Estados Unidos, apelando a argumentos como el mantenimiento del «consenso interno» en su propio país, y a la defensa de la «seguridad nacional» en América Latina, consiguen manipular culturalmente a ambas sociedades. El artilugio se troquela, en verdad, en torno al eje de una *hegemonía* que nunca aparece sobre la mesa, y se reproduce mediante visiones estereotipadas que se fijan en la memoria histórica y, de modo casi habitual, no se suelen someter a debate, cuestionamiento o interpelación.

Desde esa perspectiva, aun y cuando queda claro que no es sino en la etapa imperialista que cuaja o cristaliza la hegemonía como cualidad en los afanes estratégicos de los Estados Unidos, las condiciones históricas que confluyen en el proceso de colonización, en la revolución de independencia, la formación de la nación y el desarrollo del capitalismo premonopolista en ese país, propician la aparición embrionaria de determinadas pautas que prefiguran la maduración de ulteriores tendencias y fenómenos. Entre estas particularidades, la aspiración mesiánica, el sentido misionero, la vocación expansionista, la obsesión por el poder y la dominación, expresan quizás los mejores componentes de una condición que denota la racionalidad (económica, política, cultural) de una trayectoria que queda definida mucho antes de que en la sociedad norteamericana aparecieran los monopolios y el capital financiero, y de que el país alcanzara la posición hegemónica internacional, como resultado de la Segunda Guerra Mundial.

Más allá de la realidad histórica que surgía de la interacción de tales componentes en el orden material, a partir de lo cual se extendían las fronteras y se consolidaba un patrón de acumulación, se acrecentaba también, en el orden ideológico y psicológico, una estructura cultural. El ideario de los padres fundadores se prolonga rápidamente con la democracia jacksoniana, el monroísmo y el panamericanismo. Los valores que conforman el llamado «credo americano» se afianzan en una matriz que resulta central para comprender la psicología nacional y la cultura política en los Estados Unidos. La presentación mítica que rodea al Destino Manifiesto y a la Doctrina Monroe es parte de ella. El mesianismo es, por excelencia, el elemento que le imprime organicidad a esa mitología. El fariseísmo, la hipocresía, el engaño, la manipulación, le aportan su funcionalidad. La hacen creíble.

La relación de los Estados Unidos con América Latina tiene lugar dentro de un contexto histórico que no es estático, pero cuyo telón de fondo cultural conlleva, a menudo, más continuidades que cambios. En esa lógica perdura la permanencia mitológica aludida, la cual desdibuja los contornos de la relación real mediante artificios mañosos y acciones tramposas, que incluyen el discurso, la retórica, la leyenda, el mito. Tal vez el esquema aplicado se describa mejor con una expresión popular, extendida en los pueblos latinoamericanos, por encima de las diferencias regionales y especificidades nacionales. En su larga relación, los Estados Unidos le han dado a América Latina, con muchísima frecuencia, «gato por liebre». De eso se trata. La frase es harto conocida. Resume de forma gráfica una acción engañosa, un acto de malabarismo o prestidigitación intelectual, con el cual se pretende vender una cosa irrelevante, como si fuese otra, más valiosa. Se refiere a la acción resbalosa que hace tragable un bocado en apariencia apetitoso o nutritivo, y que no es –la mayoría de las veces– ni lo uno ni lo otro, sino más bien algo desabrido, amargo y escasamente alimenticio. La expresión designa, a la vez, el mecanismo ideológico implicado en ese acto en el que una parte persuade, convence, sin trasladar a la otra la sensación de que hay mentiras, trampas, presiones o imposiciones; y, por el contrario, hace aceptable y hasta deseable un negocio de compra-venta, un intercambio de bienes, un toma y daca: lo que los colonizadores europeos hicieron en la mayoría de nuestros países, al deslumbrar a la población indígena con pedazos de cristal y metales brillantes, a cambio de oro y plata; lo que los colonialistas, neocolonialistas e imperialistas norteamericanos han venido haciendo desde 1823, al proclamar la Doctrina Monroe, presentándola como valladar que de buena fe y con sentido generoso, protector, los Estados Unidos promovían con altruismo, ante la expansión española, francesa, portuguesa, inglesa, para establecer credibilidad y confianza en que se defendía una «América para los americanos».

Cuando a partir del inicio de la guerra fría, entre finales de la década de 1940 y comienzos de la siguiente, surgen el Tratado Interamericano de Asistencia Recíproca (TIAR), la Organización de Estados Americanos (OEA), la Agencia Central de Inteligencia de los Estados Unidos (CIA) y el Consejo de Seguridad Nacional, la retórica de la Doctrina Truman y el principio estratégico de la contención al comunismo, y se establece la paranoica e histérica atmósfera del macarthismo, se afianza en la cultura política de los Estados Unidos una tendencia histórica encaminada a justificar, consolidar y extender la hegemonía de ese país a escala mundial. Lo que ocurre desde entonces es que para viabilizar ese despliegue, tiene lugar un doble proceso, cuyas dimensiones se complementan y refuerzan mutuamente. Por una parte, se profundiza un ambiente de legitimación doméstica, dentro de la sociedad norteamericana, manifiesto en el clima de cruzada anticomunista, de «cacería de brujas», que reviva el ideario conservador latente por etapas, pero arraigado en la vida de la nación, y forja un «consenso interno» basado en la promoción del interés nacional. Por otra, se formula una plataforma de política exterior, que se plasma en diversos escenarios internacionales, y que en el traspatio latinoamericano se traduce en el discurso y el decurso de la defensa de la «seguridad nacional», en los territorios al sur del río Bravo. De esta manera, se convence al ciudadano medio, a la opinión pública estadounidense de la necesidad de purificar todo el tejido social, ideológico, étnico y cultural dentro de la nación. Y se persuade a los países de América Latina de que deben preocuparse y apoyar la iniciativa norteamericana de defender su seguridad más allá de sus propias fronteras. En ningún caso, se habla de la promoción de la hegemonía como meta, soporte o propósito de la política interior y exterior de los Estados Unidos. Pero, en rigor, de lo que se trata, justamente, es de eso. De ahí que tanto la creación del «consenso interno» como la defensa de la «seguridad nacional» en América Latina no fueran (y sigan siendo) más que funciones de la hegemonía, como las dos caras de una misma moneda.[1]

Lo mismo a la sociedad norteamericana que a los pueblos latinoamericanos, lo que se les ha dado, a lo largo de los últimos sesenta años, es «gato por liebre». La hegemonía ni se menciona. Está siempre bajo el tapete. Lo que se anuncia, promueve y se necesita es «el consenso» dentro de los Estados Unidos, y en América Latina, la protección de la «seguridad». Ambos requerimientos necesitan del empleo de la violencia. La credibilidad de estas acciones la sostiene la cultura del temor, de la incertidumbre, ante percepciones sobre una amenaza común. A cambio, se ofrece la disposición de aceptar métodos de control represivo (incluido el del pensamiento, como impuso el macarthismo); se codifican como peligrosos a los extranjeros, los inmigrantes, los negros, los comunistas, los anarquistas; y se admite ceder grados de soberanía, de integridad territorial, de capacidad de autodeterminación. La amenaza externa, extrahemisférica –como construcción ideológica que se les presenta a los individuos, sociedades, naciones y Estados–, hace posible que la presencia militar y la maquinaria mediática estadounidense se extienda por Nuestra América. Los revolucionarios, los nacionalistas, los independentistas, se clasifican como enemigos. MaCarhty consideraba herejes a quienes tenían pensamiento propio, como parte de su paranoica y fanática cacería anticomunista, en los años de 1950, ya fuesen destacados y conocidos creadores o sencillos y laboriosos ciudadanos anónimos. Reagan bautizó como luchadores por la libertad (*freedom*

---

[1] La hegemonía, por su parte –según la perspectiva con que la han reiterado especialistas como Atilio Borón, entre otros, enfatizando la connotación gramsciana–, es expresión de la capacidad de dominación a través de la ideología, ejercida mediante los aparatos ideológicos del Estado; se refleja en niveles de consenso que legitiman los intereses de las clases dominantes. Desde este punto de vista, se puede compartir el criterio de que «luego de la crisis de los años setenta, estamos en presencia de una recomposición de la hegemonía norteamericana en el terreno militar, económico, político y social». Atilio A. Borón: «Hegemonía e imperialismo en el sistema internacional», en Atilio A. Borón (comp.), *Nueva hegemonía mundial. Alternativas de cambio y movimientos sociales*, CLACSO-Libros, Buenos Aires, 2004, p. 148. El alcance del concepto, sin embargo, se sigue debatiendo. Así, por ejemplo, Marco A. Gandásegui recuerda que «según Gramsci, la hegemonía es un concepto útil para el estudio de las relaciones entre las clases sociales […] El concepto de hegemonía se ha llevado al terreno internacional (a las relaciones entre Estados-naciones), donde se plantea que hay países que proyectan una visión del mundo que es aceptada e internalizada por la totalidad de los países del mundo o, por lo menos, por una parte de ellos. Este país ejercería hegemonía mundial, total o parcial […] Parecería que se estuviera planteando el concepto de hegemonía para satisfacer las necesidades de dos niveles de abstracción diferentes. Por un lado, las relaciones de clase. Por el otro, las relaciones internacionales. En realidad, el concepto de hegemonía solo es válido, en este contexto, para analizar las relaciones de clase». Marco A. Gandásegui: «Crisis de hegemonía de Estados Unidos en el siglo XXI», *Tareas*, no. 120, CELA, Panamá, mayo-agosto de 2005, p. 67. Esta conclusión, desde luego, es discutible y de hecho no refleja el consenso académico contemporáneo.

fighters) a la contrarrevolución nicaragüense, en el marco de la «revolución» conservadora, de la cruzada anticomunista y de la crisis centroamericana, a mediados de la década de 1980. Bush califica como antiterrorista su política de terrorismo de Estado, como parte de la visión apocalíptica neoconservadora que ha consagrado, en el primer decenio del siglo XXI.

En gran medida, en esas manipulaciones se expresa el elevado coeficiente ideológico que poseen las ciencias sociales Ello adquiere un valor agregado cuando su objeto es la política y la cultura. Lenin lo sintetizó con pocas palabras: en los marcos de una sociedad de clases, no es posible una ciencia social imparcial. Gramsci lo plasmó en sus criterios acerca del papel de la intelectualidad orgánica.

La manera de encarar con conciencia y compromiso de clase los patrones, estereotipos, artilugios que se presentan cual verdades que el consenso estadounidense impone por medio de una constante afirmación occidental de superioridad cultural sobre «los otros», incluidos los latinoamericanos, no puede asumirse, como advierte Edward Said en su omnicomprensiva obra, *Cultura e Imperialismo*, en los términos estrechos, limitados, reduccionistas, como una suerte de réplica nativista o protesta etnicista de los colonizados. Así solo se conseguiría una simple inversión del mundo del colonialista (o neocolonialista). Como lo resume Said, es que bajo esa perspectiva, imperialismo occidental y nacionalismo tercermundista no hacen más que retroalimentarse mutuamente. El reto que tiene ante sí el pensamiento crítico es mucho más complejo.

Si se pasa revista a la profusa literatura especializada, se aprecia que en el tratamiento dado a un tema recurrente, como el de la hegemonía, el foco analítico se ha puesto, más bien, en conflictos nacionales y regionales, con énfasis en las dimensiones que conllevan la ruptura (procesos revolucionarios, movimientos sociopolíticos alternativos, crisis económicas) o la consolidación (proyectos reformistas, iniciativas económicas, recetas integracionistas)[2] del sistema hegemónico. Desde esta perspectiva, quizás sean los enfoques sobre las relaciones entre los Estados Unidos y América Latina los que, por su importancia, requieran, con mayor apremio, de profundización en la reflexión historiográfica, con el fin de trascender la ponderación casuística de coyunturas críticas para la hegemonía tradicional norteamericana y su caracterización episódica.[3]

---

[2] Lo que se afirma está refrendado por la revisión temática de los numerosos trabajos publicados, por ejemplo, en revistas especializadas latinoamericanas y estadounidenses, como la *Revista Mexicana de Sociología, Nueva Sociedad, Foreign Affairs, Foreign Policy*, entre otras, en los que prevalece, dentro de los estudios americanos, el prisma de enfoques politológicos, sociológicos, económicos, que se concentran en análisis de revoluciones, golpes de Estado, crisis económicas y sociopolíticas, movimientos populares, nuevos actores sociales, coyunturas electorales, etcétera.

[3] Y es que el tema de la hegemonía es de la mayor importancia y complejidad. Véase el sugerente y extenso libro de Luis Fernando Ayerbe: *Los Estados Unidos y la América Latina. La construcción de la hegemonía*, Coedición del Fondo Editorial Casa de las Américas, Cuba y el Ministerio de Cultura de Colombia, 2001 (Premio Casa de las Américas, de ese año,

II

Más allá de numerosos trabajos que se detienen en estudios de casos que evidencian las contradicciones entre el hegemonismo estadounidense y los intereses latinoamericanos, se impone colocar todo ese entramado actual bajo una perspectiva que lo enlace con sus orígenes y con aquellas expresiones que lo prefiguran, como tendencia histórica.[4] Como se ha planteado con razón, «a diferencia de otras regiones, América Latina ha formado parte de los esquemas de la política exterior de Estados Unidos casi desde el surgimiento mismo de esa nación. [...] el objetivo inicial de Estados Unidos de convertirse en una potencia internacional sobre la base de influencias regionales [...] determinará la selección de regiones como [...] América Latina, como uno de los lugares privilegiados para tal expansión».[5] De ahí que sea la hegemonía –entendida como la capacidad imperial de controlar y subordinar el comportamiento de otros Estados, con el concurso de la reproducción ideológica del consenso impuesto por las clases dominantes– el factor definitorio en la historia de las relaciones Estados Unidos-América Latina, aun cuando durante el siglo XIX y casi hasta mediados del XX ese factor se manifieste más como obsesión y búsqueda que como realidad, a partir de la pretensión por contener las influencias de las potencias coloniales europeas en el ámbito latinoamericano.[6] En rigor, el despliegue de la hegemonía norteamericana sobre los países de Nuestra América es consustancial a la segunda mitad del siglo XX, como consecuencia de la Segunda Guerra Mundial, a lo largo de la llamada guerra fría, y se reacomoda después del desplome del socialismo europeo. En ese proceso, como intenta mostrarse en este ensayo, la definición de la hegemonía

---

en ensayo histórico-social). De especial interés resultan los capítulos del 3 al 6, en los que el autor acentúa la perspectiva historiográfica sobre la sociológica, al recorrer los hitos del período de guerra fría. Nuestros propios puntos de vista los expresamos en un trabajo anterior. Ver Jorge Hernández Martínez: «Estados Unidos-América Latina: el contrapunteo histórico entre la hegemonía y la seguridad nacional», *Cuadernos de Nuestra América*, no. 32, CEA, La Habana, agosto-diciembre de 2003.

[4] Sería el caso, por ejemplo, de situaciones como la intervención estadounidense en Guatemala, en 1954; las acciones contra la revolución cubana, desde 1959; y las invasiones norteamericanas a República Dominicana en 1965, a Granada en 1983, y a Panamá en 1989.

[5] Luis Maira: «Una mirada histórica a los márgenes de hegemonía internacional de Estados Unidos», en Luis Maira (editor), *¿Una nueva era de hegemonía norteamericana?*, Grupo Editor Latinoamericano, RIAL, Buenos Aires, 1985, p. 16.

[6] Nos adscribimos a la definición gramsciana de la hegemonía. Recuérdese que para Antonio Gramsci, el concepto de hegemonía es aquel que, a diferencia del de dominación, resalta el papel del consenso, reproducido mediante los aparatos ideológicos del Estado, y le permite acercarse a la historia más como historia mundial que como mera historia nacional. Véase Atilio Borón y Oscar Cuéllar: «Apuntes críticos sobre la concepción idealista de la hegemonía», *Documentos de Trabajo*, no. 4, Programa de Maestría en Sociología/Universidad Iberoamericana, México D. F., mayo de 1980; Atilio Borón (comp.): *Nueva hegemonía mundial. Alternativas de cambio y movimientos sociales*, CLACSO-Libros, Buenos Aires, 2004.

de los Estados Unidos en el ámbito latinoamericano se legitima ante todo por medio de la mimética ideología de la «seguridad nacional».[7]

Como sucede en todos los ámbitos de la política norteamericana, en su proyección exterior hacia América Latina se advierte que los propósitos específicos que se pretenden alcanzar en cada período gubernamental se mueven dentro de un campo de contradicciones secundarias, que no alteran ni la esencia clasista ni los requerimientos estratégicos de la hegemonía de los Estados Unidos. No obstante, cada gobierno recibe la impronta del liderazgo presidencial de que se trate y refleja las concepciones, metas, tácticas, estilos, que de manera singular definen la composición de la rama ejecutiva y legislativa en una determinada etapa. De aquí la importancia de tomar en cuenta, como hilo conductor, los antecedentes que permiten ubicar la lógica de continuidad y cambio en las relaciones interamericanas y fijar el derrotero de los intereses hegemónicos de los Estados Unidos que –generalmente presentados o disfrazados como intereses de «seguridad nacional»–, guían la política de ese país hacia América Latina.

A la luz de estas apreciaciones, queda claro que, por su trascendencia, sucesos traumáticos como los atentados del 11 de septiembre justifican plenamente la gran atención de que han sido objeto, en numerosos e interesantes trabajos que abordan con rigor sus causas, condicionamientos, detalles operacionales y logísticos, implicaciones internas y mundiales, incluyendo, claro está, su repercusión para las relaciones Estados Unidos-América Latina. Sin embargo, la pretensión de la actual administración de W. Bush por encuadrar estas últimas dentro de la agenda de política exterior global norteamericana, moldeada ahora a través del eje de la seguridad y del combate al terrorismo, si bien jerarquiza cuestiones como el tráfico ilegal de drogas, armas y personas, el de las fronteras y las migraciones, y relega un tanto los temas económicos y diplomáticos, no es algo totalmente novedoso.

En realidad, podría decirse que desde el nacimiento de la Doctrina Monroe, en 1823, los Estados Unidos, al colocar en primer lugar sus aspiraciones hegemónicas, procuran justificarlas tempranamente, apelando a supuestos intereses comunes de seguridad con América Latina, amenazados por la posible presencia europea. La doctrina de la seguridad nacional norteamericana, aunque no se estructura como tal hasta el siglo XX, bajo los imperativos de la etapa imperialista, en la que se emplazará al comunismo como la «amenaza externa», tiene sus raíces en la temprana ideología monroísta, que será retomada hacia finales del siglo XIX al calor del panamericanismo. Luego de la Segunda Guerra

---

[7] Se prefiere entrecomillar este término, con el fin de denotar la desmedida flexibilidad con que lo asumen los ideólogos, políticos y militares estadounidenses, el alcance indiscriminado que le atribuyen, el maquiavelismo presente en su definición, que permite, prácticamente, aplicarlo a cualquier situación que afecte la hegemonía de los Estados Unidos, o que pretenda justificarse con tal apelación.

Mundial, el clima de guerra fría que se extiende hacia América Latina lleva consigo todo un tejido de relaciones clasistas, financieras, políticas, ideológicas, que refuerzan allí condiciones favorables a la cultura del consenso norteamericano.[8] Desde aquella época se irá construyendo la concepción de la hegemonía de los Estados Unidos en América Latina mediante la presunta defensa de la «seguridad nacional», así se configurarán las visiones sobre «el enemigo exterior»: primero serán las metrópolis coloniales... después los países comunistas.... más tarde, los Estados y movimientos terroristas.

Parafraseando y complementando a Hegel, decía Marx que «la historia universal aparece, como si dijéramos, dos veces [...] una vez como tragedia y la otra como farsa». A continuación subrayaba el significado de los condicionamientos históricos objetivos, previniendo sobre la capacidad fantasmagórica de las ideologías para reaparecer y reproducir prejuicios, ilusiones, glorificaciones, «espectros del tiempo», que pueden llevar a retrocesos en la historia.[9] Bajo un lente similar, se podría comprender el posicionamiento estadounidense ante la dinámica latinoamericana posterior a la Segunda Guerra Mundial, una vez surgido el sistema socialista en Europa y expandida la experiencia de la URSS. La sensación de temor que da lugar a la doctrina de la *contención* al comunismo, diseñada por George Kennan y hecha suya por las administraciones de Truman y Eisenhower, se expresa en América Latina mediante la ideología del panamericanismo, que procura legitimar el viejo monroísmo, reformulado en términos de la «amenaza comunista», presentada como «peligro» para la «seguridad nacional», y en realidad, apuntaladora de la hegemonía de los Estados Unidos en la región. Hasta cierto punto, para el imperialismo de este país era trágica la posibilidad de que se estableciera una zona de influencia soviética en el hemisferio occidental. En los años de 1950, el socialismo se afianzaba y extendía. En 1949 triunfaba la Revolución China. Diez años después, la cubana, definiéndose también, en muy corto tiempo, con un carácter socialista. A medio camino entre un hecho y otro, el movimiento radical en Guatemala,

---

[8] Pablo González Casanova sintetiza de manera muy gráfica ese proceso dialéctico: «De 1948 a 1959 América Latina no solo vivió los efectos de la guerra fría, sino la consolidación del imperialismo norteamericano y su asociación creciente con las burguesías y oligarquías latinoamericanas. Durante ese tiempo aumentó la hegemonía imperial y de clase en empresas, gobiernos, ejércitos, policías, universidades, periódicos, sindicatos y en la propia sociedad civil. [...] El imperialismo recreó la heterogeneidad tradicional de la clase obrera latinoamericana. Unas veces lo hizo en forma natural, por un desarrollo desigual necesario; otras en forma deliberada, intencionada. Las masas pelearon a la defensiva, y solo en algunos puntos y países de América Latina sus líderes más lúcidos empezaron a recuperar la conciencia del problema nacional como ligado al problema de clase y de la destrucción del imperialismo como algo más que un mero movimiento nacional». Pablo González Casanova: *Imperialismo y liberación. Una introducción a la historia contemporánea de América Latina*, Editorial Siglo XXI, México, 1979.

[9] Carlos Marx: «El dieciocho brumario de Luis Bonaparte», en Carlos Marx y Federico Engels, *Obras escogidas*, 3 tomos, Editorial Progreso, Moscú, 1973, tomo I, pp. 408-409.

en 1954, motivó la reacción intervencionista estadounidense, encuadrada en esa óptica panamericanista. La argumentación del terrorismo como nueva «amenaza» a la seguridad en América Latina, luego de la crisis del 11 de septiembre, sin embargo, no representa en realidad una tragedia para los Estados Unidos. Es una farsa construida a partir de la manipulación de las inquietudes actuales por la preservación hegemónica –ante situaciones convulsas, como las que conmocionan a Colombia, Venezuela, Bolivia–, que procura complementar con la invocación a la defensa antiterrorista y el proyecto estratégico del ALCA, encaminado a la institucionalización de la hegemonía en el siglo XXI.

Por tanto, cuando se mira, desde el ángulo de la interpretación histórica y sociológica, la posición con la que los Estados Unidos se enfrentan a América Latina y en general, al escenario internacional al terminar el siglo XX, se advierte, como diría Marx, que «la tradición de las generaciones muertas oprime como una pesadilla el cerebro de los vivos».[10] En otras palabras, renacen paradigmas, definiciones, prejuicios, que pasan a un primer plano, y asumen funciones de legitimación interna o de sustentación doctrinaria de la política exterior. Aunque han transcurrido algo más de quince años de la desaparición del socialismo como sistema mundial –el pretendido y magnificado peligro para la seguridad interamericana–, y de que, según el lenguaje que se han afanado por imponer los círculos políticos e intelectuales de Occidente, la guerra fría terminó, en las codificaciones ideológicas de la política exterior norteamericana reaparece, como constante inevitable, la justificación que enfatiza la importancia de defender ante «enemigos externos» la supuesta seguridad nacional en las relaciones interamericanas, como si la misma fuera un real patrimonio común entre los Estados Unidos y América Latina. En este sentido, se sigue presentando y definiendo a esta última *no como sujeto de su propia seguridad*, sino *como objeto de la seguridad norteamericana*.[11]

III

Desde el inicio de la etapa de la segunda postguerra, a finales de la década de 1940, y hasta las postrimerías de la de 1980, el enfoque de la llamada guerra fría, estructurada en torno al prisma de la contención al comunismo y la bipolaridad geopolítica entre el Este y el Oeste, inspiró la política exterior norteamericana durante cuatro decenios. La lógica de la seguridad nacional implícita fue aplicada, con énfasis renovado, a la América Latina, y nutrió, desde Truman

---

[10] Carlos Marx: ob. cit., p. 408.
[11] Estas ideas se desarrollan en trabajos anteriores del autor. Ver Jorge Hernández Martínez: «EE. UU. y América Latina después de la guerra fría: contextos y procesos en el mundo de hoy» (I y II), *América Nuestra*, AUNA, no. 1, enero-febrero de 1998, y no. 2, marzo-abril de 1998, y «Los Estados Unidos y las relaciones interamericanas ante el nuevo milenio», *Cuadernos de Nuestra América*, no. 26, CEA, La Habana, julio de 2000 y junio de 2001.

y Eisenhower hasta Reagan y Bush padre, una visión panamericanista, monroísta, prácticamente constante, basada en la percepción de «peligro para la penetración comunista». Ella legitimaba, dentro de los Estados Unidos, la prioridad al interés nacional y reforzaba, en líneas generales, el ideario conservador. Hacia afuera, justificaba el intervencionismo descarnado, la receta militarista, el uso de la fuerza, el mesianismo. Una mirada histórica simple a la función desarrollada por la ideología de la seguridad nacional remite a la combinación kennedyana del reformismo estilo Alianza para el Progreso con la contrainsurgencia, al endurecimiento nixoniano asociado a las recomendaciones del Informe Rockefeller, a las fórmulas del Informe de Santa Fe I, que plasmaban la cruzada reaganista contra el comunismo, y a las definiciones de Bush padre y de Clinton, quienes en su proyección latinoamericana adoptaron conceptos de conocidos académicos que, desde las estructuras gubernamentales de «seguridad nacional», se basaron en nociones como las de «simetría fundamental» y «convergencia conceptual hemisférica».

En 1959, la Revolución Cubana significó ante todo, como proceso de hondas implicaciones globales, la ruptura del sistema de dominación impuesto por los Estados Unidos en América Latina. Y así fue asumida por la lectura estratégica imperial, como hecho trágico, en tanto expresaba la articulación de una alternativa novedosa, con un carácter revolucionario que deviene socialista en corto tiempo, dotada de amplia base popular, afianzada en gran radicalismo y antimperialismo, que estimulaba los movimientos de izquierda, las revoluciones de liberación nacional, y beneficiaba las posiciones mundiales del sistema socialista. Cuarenta años después, al terminar el siglo XX, otra es la situación, pero la lectura norteamericana no ha variado, como podría haberse esperado, en consonancia con los cambios en el sistema de relaciones internacionales.

Con la invasión a Panamá en 1989, y su superioridad tecnológica en la guerra del Golfo, en 1990-1991, por citar solo los aco0ntecimientos más sobresalientes, los Estados Unidos mostraban, en el plano militar, que habían superado su crisis de hegemonía. Con el impulso a la Iniciativa de las Américas, el Tratado de Libre Comercio de América del Norte (TLCAN) y el remozamiento de la OEA a partir de la Cumbre de las Américas, en Miami, en 1994, marchaban por un camino de fortalecimiento del sistema interamericano, no exento de contradicciones, y a pesar de los brotes de inestabilidad procedentes de situaciones nacionales, como las que, hacia finales del siglo XX y comienzos del XXI, tenían lugar, por ejemplo, en Colombia y Venezuela.

Desde la óptica estratégica del imperio, se opera, como se sabe, una transfiguración de códigos. La pretendida amenaza a la «seguridad nacional» de los Estados Unidos –la Unión Soviética y el sistema socialista– ha desaparecido. El bipolarismo geopolítico es obsoleto. Las percepciones sobre el enemigo, por tanto, se han transformado. El comunismo internacional, como peligro externo o «extra continental» en los países subdesarrollados, es sustituido, en el viejo esquema, por «enemigos internos»: el narcotráfico, las migraciones, el terrorismo, la subversión doméstica, la ingobernabilidad.[12]

Empero, esta racionalidad no se plasma, de manera consecuente, *ni en el discurso ni en el decurso* de la política latinoamericana de los Estados Unidos ante el siglo XXI. Si así fuera, hubiesen quedado atrás los conceptos que aún siguen permeando el lenguaje oficial y oficioso de esa política. La administración Clinton concluyó, por ejemplo, sus dos períodos con una OEA revitalizada, pero que sigue evidenciando sus límites como foro latinoamericano, sobre todo ante cuestiones como la de la seguridad, con lo cual resulta una institución incapaz de enfrentar (y mucho menos de solucionar) problemas como los que hereda W. Bush, que cristalizan en una Colombia en conmoción, una Venezuela en tensión o una Argentina en crisis. Ante conflictos como estos –recurrimos de nuevo a las palabras de Marx–, los ideólogos estadounidenses «conjuran temerosos en su auxilio los espíritus del pasado», y se acude otra vez al arsenal teórico-ideológico de un panamericanismo bastante tradicional.[13]

La lectura que algunos académicos hacían del complejo, cambiante y contradictorio universo interamericano de la última década del siglo XX pareciera, cuando menos, apresurada y lineal: «La guerra fría ha terminado y el bloque socialista se derrumbó –escribía el politólogo mexicano Jorge Castañeda–. Los

---

[12] Para algunos autores, como Joseph Tulchin, el mapa latinoamericano de la última década del siglo XX era contradictorio, y su evaluación estratégica requería de visiones tanto geopolíticas como geoeconómicas. Ante ese escenario, afirmaba que «la política de los Estados Unidos hacia América Latina intentará evitar involucrarse excepto cuando la política doméstica haga que sea imposible evitarlo. Será una política que se centre en temas económicos y comerciales porque América Latina puede insertarse dentro del marco global de las relaciones económicas de los EE. UU. Aparte de esos temas, el gobierno norteamericano actuará con extrema precaución al manejar otros asuntos en la agenda interamericana, tales como la protección de la democracia, la eliminación de la pobreza, el control del tráfico de drogas, la protección medioambiental, el trato a los refugiados y la inmigración ilegal, la proliferación de armas de destrucción masiva y la corrupción [...] El fin de la guerra fría llevó consigo el extraordinario resurgimiento en los EE. UU de algunos enfoques tradicionales al tratar sobre América Latina, enfoques que parecían sacarse del pasado distante y descansar sobre supuestos profundamente sentidos y compartidos por amplios sectores [...]. Esas actitudes indicarían una hegemonía hemisférica cuyas principales preocupaciones están en otra parte, un país que prefiere no involucrarse si es posible, y un país al que le gustaría reservar la región como una especie de coto, un área de seguridad que podría redefinirse como un bloque económico si fuera necesario». Joseph Tulchin: «Reflexiones sobre las relaciones hemisféricas en el siglo XXI», *Síntesis*, no. 25, Madrid, enero-junio de 1996, pp. 127-129.

[13] Los reacomodos del panamericanismo, que reflejan esa recurrencia cíclica, se analizan en los trabajos de Carlos Oliva Campos: «Estados Unidos, América Latina y el Caribe. Del panamericanismo al neopanamericanismo», *Cenários, Revista do Grupo de Estudos Interdisciplinares sobre Cultura e Desenvolvimento*, no. 2, UNESP, Araquara, 2000; y de Sergio Guerra Vilaboy: «Neopanamericanismo y panamericanismo versus latinoamericanismo», *Cuba Socialista*, no. 22, La Habana, 2001.

Estados Unidos y el capitalismo triunfaron. Y quizás en ninguna parte ese triunfo se antoja tan claro y contundente como en América Latina».[14]

La tranquilidad asumida con simpleza en ese análisis, sin embargo, tiene poco que ver con las preocupaciones que crean, bajo el lente estratégico de la política norteamericana, situaciones y problemas como los contenidos en cuestiones que se insertan con determinada prioridad en su proyección latinoamericana durante la última década del siglo XX. Con razón se ha afirmado que la relación Estados Unidos-América Latina «ha estado y está imbuida de percepciones distorsionadas, mitos e imágenes estereotípicas fuertemente enraizadas en la cultura y tradición norteamericanas. Tales doctrinas, dogmas y pronunciamientos expresan en forma unilateral, incuestionable y a menudo maniquea, una visión totalizadora del interés nacional y el Destino Manifiesto de una civilización construida sobre un nacionalismo mesiánico y agresivo».[15]

Según las concepciones de «seguridad nacional» de los Estados Unidos, lo que se suele enfatizar son los aspectos referidos a la seguridad externa de las naciones latinoamericanas. Por supuesto, ello no es algo casual. Ahí estriba uno de los principales papeles ideológicos que desempeñan dichas concepciones, pues, como se ha indicado, estas no son más que una función, en sentido matemático, de la hegemonía estadounidense en América Latina, que refuerza ante todo el sentido de legitimidad con el cual la cultura política del Norte asume a los países del Sur. Aunque la seguridad externa de los Estados sea un aspecto importante en su auténtica «seguridad nacional», no es el único. Esta también depende de la capacidad interna para resolver problemas económicos, políticos y sociales, de modo justo y beneficioso para los grupos y clases sociales que los integran. En América Latina, este anhelo de seguridad se ha asociado, lógicamente, a la democracia, el cambio social y el desarrollo económico. En otras palabras: a tareas internas, solo solubles por una revolución. De ahí la tentación permanente de los Estados Unidos en definir un concepto integrado de seguridad, sin distinguir entre las cuestiones internas que deben ser resueltas de modo autónomo por cada nación, y aquellas que atañen al campo de las relaciones internacionales. Esta vinculación insistente por parte de los gobiernos norteamericanos entre seguridad interna y seguridad externa, es lo que no ha permitido que en toda la historia política reciente de América Latina los conflictos internos hayan podido ser resueltos de forma independiente. Los Estados Unidos han identificado su apoyo a la defensa del *statu quo* en los países latinoamericanos con la defensa de su propia cultura, de sus intereses nacionales y de su seguridad. O, más exactamente, con la promoción de su hegemonía.

De este modo, y considerando que en los años de 1940-1950 estaba arraigado en los Estados Unidos el «sentimiento conspiratorio» y la sensación de que el país era

---

[14] Jorge Castañeda: *La utopía desarmada*, Editorial Joaquín Mortiz, México, 1993, p. 3.
[15] Jorge Nef y Ximena E. Núñez: *Las relaciones interamericanas frente al siglo XXI*, Ediciones FLACSO-Sede Ecuador, Serie Estudios-Ciencias Políticas, Quito, 1994, p. 71.

una «fortaleza sitiada» por el comunismo, alentados por la corriente ideológica de derecha radical –especialmente, por el macarthismo–, las concepciones de «seguridad nacional» configuradas en aquel país encuentran en los latinoamericanos condiciones objetivas y subjetivas favorables, dada la orientación que asumía el anticomunismo, para legitimar el curso de acción de la política latinoamericana. A partir de 1990, primero, y de 2001, después, esas líneas son redefinidas. Como parte de esa legitimación renovada, quedaría explícito desde entonces que un requerimiento básico para la garantía de la consecución de las metas nacionales de los Estados Unidos radicaba en el logro de una seguridad en todo el hemisferio occidental, entendida ella a partir del mantenimiento, por acción común, de la seguridad de todos los miembros de la asociación de las naciones americanas, según la fórmula que amparaba el panamericanismo monroísta. Y aunque este concepto angular se genera dentro del pensamiento político estadounidense, América Latina no permanece pasiva en este fenómeno de dinamismo ideológico. Por fortuna, la reactivación del movimiento popular, progresista, revolucionario, ha cosechado nuevos frutos que se materializan en el gran dinamismo que hoy se advierte en el pujante movimiento social, en buena parte de nuestros países, cuyas sociedades civiles, partidos políticos y gobiernos (según cada caso) le imponen otros desafíos y límites a la hegemonía de los Estados Unidos.[16]

---

[16] Como lo resumió Roberto Regalado, al concluir el siglo xx, «el imperialismo completaba la acumulación de premisas para imponer una reforma del sistema interamericano basada en tres pilares: el establecimiento de la defensa colectiva de la democracia representativa como piedra angular de la doctrina de seguridad hemisférica; la imposición del ALCA como mecanismo de institucionalización de la integración dependiente de América Latina; y el aumento de la subordinación de las fuerzas armadas latinoamericanas, unido al incremento de su presencia militar en la región». Roberto Regalado Álvarez: «El nuevo orden mundial y la reforma del sistema interamericano», *Cuadernos de Nuestra América*, no. 32, CEA, La Habana, agosto-diciembre de 2003, p. 49. Para un exponente del pensamiento académico liberal norteamericano, como Abraham Lowenthal, la situación actual y futura es encarada, en nuestra opinión (a pesar del reconocimiento de muchos matices), con esquematismo o simpleza: «en comparación con lo que ocurría hace treinta años, o durante la mayor parte del siglo pasado, la relación entre EE. UU. y Latinoamérica está bastante menos basada en la geopolítica y la seguridad nacional, y también mucho menos en la ideología [...] Las preocupaciones contemporáneas de EE. UU. en relación con América Latina se refieren básicamente a cuestiones prácticas de comercio, finanzas, energía y otros recursos, así como al manejo de problemas compartidos que no pueden ser resueltos individualmente por cada país: el combate contra el terrorismo, la lucha contra el tráfico de drogas y de armas, la protección de la salud pública y el ambiente, la estabilidad energética y el control migratorio [...] EE. UU. se mantendrá como un interlocutor importante de los países de América Latina y el Caribe en tanto sigue siendo la mayor economía, el principal poder militar y el participante individual más influyente en las múltiples instituciones internacionales, además de una fuente de *poder suave* [...] No parece que vaya a imponerse ni una fuerte alianza ni una profunda hostilidad entre EE. UU. y América Latina. En los próximos años, las relaciones seguirán siendo complejas, multifacéticas y contradictorias». Abraham F. Lowenthal: «De la hegemonía regional a las relaciones bilaterales complejas: Estados Unidos y América Latina a principios del siglo xxi», *Nueva Sociedad*, no. 206, Caracas, noviembre-diciembre de 2006, pp. 74 y 77.

Lamentablemente, como ha señalado Atilio Borón, no hay demasiadas razones para esperar un cambio de los enfoques descritos, más bien consensuales, que responden a imperativos permanentes, a intereses estables, de naturaleza hegemónica: «Todo hace presumir –señala en un trabajo reciente– que la política seguida hacia América Latina en estos años, acentuada luego de los atentados de 2001, difícilmente será modificada. Nada permite prever que la premonitoria sentencia de Bolívar: *Los Estados Unidos parecen destinados por la providencia a plagar a la América española de miserias en nombre de la libertad*, pueda llegar a ser desmentida por un gobierno como el de Bush Junior, que al decir de eminentes intelectuales estadounidenses ha sido secuestrado por las grandes empresas».[17]

Las directrices fundamentales tienden a mantenerse, así, como pautas en cuyo centro se ubica un consenso, más o menos perfilado, donde se entrelazan la labor de legitimación y la doctrinal.[18] En las circunstancias actuales, cuando se refuerza todo el abanico de tendencias ideológicas conservadoras –con su epicentro en el neoconservadurismo, pero entremezclado con concepciones de la derecha tradicional, la llamada «nueva» derecha y la derecha religiosa–, los Estados Unidos han aprovechado la capacidad de comunicación de un cierto discurso populista y evangelista que han sumado a su maquinaria cultural, en función de la alimentación del consenso interno, con sus implicaciones externas. Autores como Saul Landau y Samir Amin lo han subrayado, satirizando inclusive los pronunciamientos públicos del presidente norteamericano: el primero apuntó el privilegio de este para dialogar con Dios; mientras el segundo, destacó que la nación había extendido la misión mesiánica que el Supremo le otorgó (el Destino Manifiesto), para abarcar el mundo entero, empezando por América Latina.[19]

El panorama presentado refleja la funcionalidad de las concepciones que le dan cuerpo al «consenso interno» requerido dentro de la sociedad norteamericana y a la denominada «seguridad nacional», en su proyección latinoamericana. El mimetismo de las mismas permite justificar la más amplia y diversa gama de acciones de todo tipo, estructuradas con un sentido estratégico, proyectadas

---

[17] Atilio Borón: «La mentira como principio de política exterior de Estados Unidos hacia América Latina», *Foreign Affairs*, vol. 6, no. 1, 2006, p. 68.

[18] No obstante, los enfoques prevalecientes, si bien conforman un consenso, ello no significa, como previene Theotonio Dos Santos, que «podamos concluir que las concepciones ideológicas de Bush reflejen las fuerzas mayoritarias de la sociedad norteamericana», ya que en temas como el hegemonismo, unilateralismo, aumento indiscriminado de gastos militares, la cuestión ecológica, entre tantos otros, «hay una discordancia muy evidente». Theotonio Dos Santos: «Estados Unidos-América Latina: Contradicciones y aproximaciones», *Espacios y Opiniones*, São Paulo, 2006, p. 17.

[19] Landau lo plantea en un artículo publicado en Miami, en la edición electrónica de *Radio Progreso Semanal*, en tanto que Amin lo hace en un trabajo que divulgó primero el diario mexicano *La Jornada*, y que reprodujo el sitio web www.cubaminrex.cu, en su serie titulada «Enfoques». Un trabajo académico más extenso es el de Richard A. Shweder: «George W. Bush and the Missionary Position», *Daedalus*, Journal of the American Academy of Arts and Sciences, Cambridge, Summer, 2004.

siempre bajo un diseño que procura apuntalar, desde la perspectiva doctrinal, la legitimación doméstica de la hegemonía de los Estados Unidos en sus propios territorios, así como trasladar un soporte doctrinal y práctico al ámbito de América Latina. Se ha dicho que «el pasado debe ser visto a través del presente. Y ese razonamiento implica también que el presente debe ser visto a través de su propio pasado. Esa dialéctica del conocimiento es quizás la clave de la importancia del análisis y de los estudios históricos».[20] Quizás con esta brújula pueda mejorar la orientación de los esfuerzos del pensamiento crítico por identificar, bajo la piel de la liebre, al gato, en medio de la envoltura de mitos, trampas y mañas, con que lo presentan los artilugios culturales del imperialismo.

JORGE HERNÁNDEZ MARTÍNEZ, profesor e investigador titular, es director del Centro de Estudios sobre los Estados Unidos (CESEU) de la Universidad de La Habana.

---

[20] Pedro Pablo Rodríguez: «La dialéctica del conocimiento», *El Caimán Barbudo,* no. 4, La Habana, 1991, p. 16.

Hambre por etanol o unión latinoamericana. Las giras de marzo: Bush y Chávez por América Latina

JORGE A. KREYNESS

El presidente de los Estados Unidos, George W. Bush, realizó entre el 8 y el 14 de marzo de 2007 una gira por distintos países de América Latina. Los objetivos fueron tanto de orden electoral interno, a favor de su selecto sector republicano y los intereses concentrados que representa, como de impulso y actualización de la política exterior de su administración, cuestionada a su vez por amplios espacios de la sociedad y del Partido Demócrata, ahora mayoritario.

Buscando incrementar su menguada popularidad dentro de los Estados Unidos, presentó el viaje, en lo fundamental, como favorecedor de los actuales consumidores de petróleo caro y escaso, mediante la expansión del uso de la tecnología brasileña del etanol producido a partir de la caña de azúcar.

Desde el ángulo externo –al margen de reafirmar su ya conocido apoyo a Álvaro Uribe en Colombia, a Felipe Calderón en México y a los gobernantes guatemaltecos, y de continuar seduciendo al gobierno uruguayo para que suscriba un Tratado de Libre Comercio, cuestiones que no son nuevas– fue justamente el Memorando de Entendimiento entre Brasil y los Estados Unidos para avanzar en la cooperación en agrocombustibles,[1] la novedad y el logro cierto más importante del recorrido, y tal vez el único de valía.

Es sabido que Bush está proponiendo un plan estratégico para reducir el 20% del consumo de nafta hacia el año 2017,[2] reemplazándolo por otros

---

[1] Véase www.mre.gov.br, nota de prensa no. 97 del 9 de marzo de 2007. La firma de este Memorando fue considerada por Bush como «declaración de independencia energética».

[2] Mauricio Mateuzzi: «Imperialismo ecológico: América Latina y los biocombustibles», www.sinpermiso.info, 1ro. de abril de 2007. Tomado de *Il Manifesto*, 31 de marzo de 2007.

carburantes. Washington pretende de ese modo diversificar su matriz energética, reducir la dependencia de las importaciones de Medio Oriente y Venezuela, debilitar a este último país y sus alianzas con gobiernos tan diversos como los de Bolivia, Ecuador, Nicaragua o Argentina; crear dificultades en el MERCOSUR y frenar los avances autónomos del proceso de integración regional.

Esas fueron las orientaciones principales de la mencionada gira de marzo de 2007.

Los agrocombustibles

En los enfoques de política exterior que comienzan a implementarse dada la nueva situación de hegemonía demócrata en el parlamento, que incluye cuestionamientos al proyecto belicista limitado a la obtención de petróleo a cambio de sangre iraquí, parece haber un lugar importante para la cuestión energética y puntualmente para América Latina.

Se trata del plan para producir combustibles a partir de vegetales históricamente destinados a la alimentación. Es por ello que los enormes campos cultivables de nuestra región y probablemente de África son apetecidos cada vez más por las compañías que pretenden acumular superganancias con la producción, distribución y utilización de los llamados agrocombustibles.

Aquí puede encontrarse la explicación y el significado del acuerdo Bush-Lula al respecto, que se construyó durante la visita del primero a Brasilia y la sorprendente recepción, apenas unos pocos días después, del ex tornero mecánico brasileño en la residencia presidencial de Camp David, espacio que, según los expertos, es el escenario de los grandes acuerdos de los Estados Unidos en materia de estrategia internacional.[3]

En el intermedio entre ambos encuentros de los líderes de la Casa Blanca y del Planalto, visitó Brasil Romano Prodi, cabeza de la coalición de gobierno de Italia, quien tiene la particularidad de conservar un cierto liderazgo en el viejo continente tras haber sido principal autoridad de la Unión Europea. Tema de las conversaciones y acuerdos fueron también los agrocombustibles.

Es que Brasil es el primer productor mundial de etanol con 600 000 barriles diarios[4] y junto con los Estados Unidos controlan el 72% de la producción mundial. En este país sudamericano se llega al etanol procesando la caña de azúcar, método que resulta cinco veces más eficiente que hacerlo con el maíz.[5] De todos modos, en otros países, los Estados Unidos apuntan a intensificar la producción maicera y de otros cereales y oleaginosas, para sumarla a la generación de propelentes alternativos que sustenten el «american way of life».

---

[3] Paulo Kliass: «La diplomacia del etanol», www.sinpermiso.info, 18 de marzo de 2007.
[4] Humberto Márquez: «EE. UU./Brasil. ¿Una OPEP del etanol?», IPS Caracas, www.ipsnoticias.net, 3 de marzo de 2007.
[5] Raúl Zibechi: «La gira del etanol», Servicio Informativo Alai-amlatina, 9 de marzo de 2007.

Diferentes estudios e investigaciones advierten sobre la gravedad de esos proyectos y su impronta negativa sobre la soberanía, el medio ambiente y la nutrición de nuestros pueblos, pero los promotores de esos planes no se detienen a pensar en los graves efectos negativos que los mismos acarrearán. Al utilizarse grandes extensiones de praderas para fines energéticos, se encarecerá el precio de la tierra y al disminuir la oferta de azúcar y cereales, se elevará el precio de la comida, con lo cual se agravará aún más la inseguridad alimentaria que hoy soportan millones de personas y, por supuesto, también se concentrará todavía más la riqueza y el poder.

En pos de una reducción de los riesgos de aprovisionamiento de combustible para la maquinaria de derroche de los países capitalistas desarrollados y de la búsqueda frenética de la máxima ganancia por los monopolios imperialistas, ellos no reparan en el desastre que producirá la proliferación de los hambrientos, cuando son ya millones en el continente los que se encuentran por debajo de los límites estadísticos de pobreza e indigencia. «¿Es justo hacerlo si hay ochocientos millones de hambrientos en el planeta?», se preguntó recientemente en un discurso el presidente venezolano Hugo Chávez.

Si tomamos en consideración las reflexiones emitidas en la reciente reunión de la ONU sobre el cambio climático, donde se hace referencia al peligro que este representa para la producción agrícola en el futuro y las consideraciones acerca de que los principales afectados por los desastres naturales que está provocando son los pobladores más pobres, podremos comprender, a ciencia cierta, a qué clase de mundo nos están conduciendo quienes detentan la hegemonía global, y a dónde llegaremos, si ellos logran continuar con su dominación y consiguen desviar la producción agrícola de la alimentación a los carburantes.

A tal punto se despliega el proyecto de la denominada «gasolina verde» que algunos hablan ya de una «OPEP del etanol», como contrapartida de la organización que agrupa a los países productores de petróleo.

El diario brasileño *O Estado* de São Paulo señala que los presidentes de Brasil y de los Estados Unidos impulsarán una «OPEP del etanol», como «un mercado hemisférico que garantice el suministro estable de biocombustibles, con producción diversificada por toda la región».[6]

Un analista venezolano se refiere al proyecto desde la perspectiva de su país: «Una OPEP del etanol es imposible, porque ese combustible nunca podrá ser sustituto del petróleo [...] Pero en cambio puede reemplazar un pequeño porcentaje del consumo estadounidense de carburantes, equivalente al suministro petrolero que recibe de Venezuela».[7]

Fracasado el Área de Libre Comercio de las Américas (ALCA) en la Cumbre Interamericana de Mar del Plata, es la misma filosofía del libre comercio la

---

[6] Humberto Márquez: ob. cit.
[7] Ibíd.

que impregna estas nuevas proyecciones de los Estados Unidos sobre nuestro continente... y sobre África.[8] Según analistas, con esto recuperan la iniciativa perdida en aquel balneario argentino.[9]

Opiniones fundadas

«Este colosal derroche de cereales para producir combustible, sin incluir las semillas oleaginosas, solo servirá para ahorrarles a los países ricos menos del 15% del consumo anual de sus voraces automóviles», escribió Fidel Castro. Sin embargo, el asesor especial para Asuntos Internacionales del presidente brasileño, Marco Aurelio García, vio en esa frase «cierta incomprensión» por parte de Castro. «El problema del mundo es la falta de renta, no de alimentos y en el caso de Brasil la producción de biocombustibles no reducirá las áreas sembradas para la alimentación ni significará derrumbar un árbol de la selva amazónica»,[10] aseguró.

Sin embargo, existen muchas personas de alta calificación que contradicen los argumentos de García. La oficina de prensa del Instituto Nacional de Tecnología Industrial (INTI) de la Argentina difundió el 9 de marzo, día en que Bush se encontraba en la cercana ciudad de Colonia del Sacramento, República Oriental del Uruguay, una gacetilla con un reportaje que el presidente de ese organismo oficial, Ing. Enrique M. Martínez, otorgara al programa televisivo *Periodistas* que se emite por el canal Magazine Satelital.

Allí, dicho funcionario afirma que

> La energía sustentable, así llamada a partir de cultivos energéticos, interfiere en la producción de alimentos: ha generado ya un aumento de precios del maíz durante el año pasado de más del 30%, ha deteriorado la canasta básica de los mexicanos, está en camino de deteriorar la canasta básica de los venezolanos, va a aumentar el precio de la tierra con lo cual va a afectar todos los otros costos de todos los otros alimentos, y todo eso fruto de la política norteamericana de tratar de encontrar una señal que los haga depender menos del petróleo, pasando a reemplazar el petróleo por etanol, pero manteniendo los sistemas de distribución concentrados de combustibles que ellos tienen.

> Si se trata de ganar plata con la tierra –continúa el funcionario– sembremos marihuana (coca, opio...), esa sería la opción más rentable

---

[8] Ver acuerdo de Brasil con Italia durante la visita de Romano Prodi a Brasil, inmediatamente después de la partida de Bush y antes del viaje de Lula a Camp David.

[9] Raúl Zibechi: «Bush recibe a Lula en Camp David», Servicio Informativo Alai-amlatina, 29 de marzo de 2007.

[10] Fernando Muñoz: «Biocombustibles. Se enfrentan Castro y Chávez con Lula y Bush. La guerra fría del etanol», Suplemento *Cash*, diario *Página 12*, Buenos Aires, 8 de abril de 2007.

(para el mercado), pero evidentemente esto es moralmente rechazado (y militarmente combatido). ¿Por qué, en cambio, no rechazamos moralmente sembrar maíz para producir etanol si eso significa que quebramos la ecuación alimentaria de los pueblos pobres del mundo? –se pregunta finalmente Martínez.[11]

La importancia de Brasil reside en que mientras el etanol estadounidense, producido con maíz, tiene baja productividad y dispara el precio del alimento y de las tierras, la producción basada en la caña de azúcar es cinco veces más eficiente y coloca al país sudamericano a la vanguardia en la producción del energético[12] tan deseado en las grandes centros del capitalismo desarrollado.

Este dato es significativo a la hora de establecer las políticas del gobierno brasileño en materia exterior, porque da impulso a quienes quieren imponer una mayor proyección internacional de su país –para ubicarlo pretendidamente entre las grandes potencias–, que incluye un lugar permanente en el Consejo de Seguridad de la ONU y una hegemonía sobre sus vecinos, todo sobre la base de una alianza estratégica con los Estados Unidos. Pero estas solo son elucubraciones de oficina. El papel de Brasil no sería otro que el de suministrar energía barata a los países ricos, lo que representa, en verdad, más que una proyección a nivel del poder mundial, una nueva fase de la colonización. Las actuales políticas para el sector son sustentadas en los mismos elementos que habían marcado la colonización brasileña: apropiación de territorio, de bienes naturales y de trabajo, lo que implica mayor concentración de tierra, agua, renta y poder.

Fidel Castro incluye en su artículo «La internacionalización del genocidio» el siguiente dato: «El pasado domingo primero de abril, la CNN informaba la opinión de especialistas brasileños, quienes afirman que muchas de las tierras dedicadas al cultivo de la caña han sido adquiridas por norteamericanos y europeos ricos».[13]

Edivan Pinto, Marluce Melo y María Luisa Mendonça afirman que en su país más de noventa millones de hectáreas de tierras podrían ser utilizadas para producir agrocombustibles.[14]

Analistas de la Empresa Brasileña de Investigación Agropecuaria (EMBRAPA) informan que su país posee la mayor extensión de tierra del mundo que todavía puede ser incorporada al proceso productivo. Ellos estiman que la producción de biomasa «podría ser el más importante componente del

---

[11] Consultar en *Internet* (www.inti.gov.ar./pdf/energia_medioambiente/alimentos.pdf).
[12] Raúl Zibechi: «La gira del etanol», Servicio Informativo Alai-amlatina, 9 de marzo de 2007.
[13] Véase *Granma,* La Habana, 3 de abril de 2007.
[14] Véase «El mito de los biocombustibles» (www.alainet.org). Edivan y Marluce son miembros de la Comisión Pastoral de la Tierra Regional Nordeste del Brasil y María Luisa integra la Red Social de Justicia y Derechos Humanos.

agronegocio brasileño».[15] Queda claro que esa disponibilidad de territorio bien podría ser utilizada para la producción de alimentos, pero también que la agricultura brasileña será extranjerizada.

El Banco Nacional de Desarrollo Económico y Social (BNDES) informa que para el consumo interno Brasil necesita algo más de 8 000 millones de litros de alcohol por año, mientras que actualmente produce 17 000 millones. La misma fuente indica que para controlar el 50% del mercado mundial de etanol, Brasil debería producir ¡110 000 millones de litros por año![16]

Este país puede también cumplir la misión de legitimar la política externa del gobierno estadounidense. El subsecretario de Estado Nicholas Burns afirmó que «La investigación y el desarrollo de biocombustibles puede ser el eje simbólico de una asociación nueva y más fuerte entre Brasil y los Estados Unidos», porque «La energía tiende a distorsionar el poder de algunos Estados que nosotros creemos tienen un peso negativo en el mundo, como Venezuela e Irán.[17]

Las transnacionales

Todos los cañones económicos y mediáticos del *agrobusiness* global, de las petroleras y automotrices multinacionales están apuntados en esa dirección. Las empresas que producen cultivos transgénicos –Syngenta, Monsanto, Dupont, Dow, Bayer, BASF– tienen inversiones en cultivos concebidos para la producción de agrocombustibles como el etanol y el biodiesel. Poseen, además, acuerdos de colaboración con transnacionales como Cargill, Archer, Daniel Midland, Bunge, que dominan el mercado mundial de cereales, explica Silvia Ribeiro, investigadora del grupo ETC de México.[18]

Según Eric Holt-Gimenez, coordinador de la organización Food First, «Tres grandes empresas (ADM, Cargill y Monsanto) están forjando su imperio: ingeniería genética, procesamiento y transporte, una alianza que va a encadenar la producción y la venta de etanol». Y añade que otras empresas del agronegocio como Bunge, Syngenta, Bayer y Dupont, aliadas a las transnacionales de petróleo como Shell, TOTAL y British Petroleum, y también las automotrices, como Volkswagen, Peugeot, Citroen, Renault y SAAB, forman una sociedad inédita que espera grandes ganancias con los agrocombustibles.[19]

Como dice Mauricio Mateuzzi en *Il Manifesto*, «la trilateral de las corporaciones petroleras, la industria automovilística y las transnacionales del mercado agrícola y las semillas transgénicas, se están lanzando de cabeza con inversiones

---

[15] Ibíd.
[16] Ídem.
[17] Ibídem. Citado de *Folha de São Paulo*, 7 de febrero de 2007.
[18] Ibídem.
[19] Ibíd.

gigantescas, lo mismo que los grandes especuladores de las finanzas mundiales, como George Soros».[20]

«Nadie en Camp David ha respondido la cuestión fundamental. ¿Dónde y quiénes van a suministrar los más de 500 millones de toneladas de maíz y otros cereales que los Estados Unidos, Europa y los países ricos necesitan para producir la cantidad de galones de etanol que las grandes empresas norteamericanas y de otros países exigen como contrapartida de sus cuantiosas inversiones?», se pregunta y pregunta al mundo Fidel Castro, y sigue: «¿Dónde y quiénes van a producir la soya, las semillas de girasol y colza, cuyos aceites esenciales esos mismos países ricos van a convertir en combustible?»[21]

Silvia Ribeiro en su informe afirma que «ahora son los automóviles, no las personas, los que demandan la producción anual de cereales. La cantidad de granos que se exige para llenar el depósito de un camión con etanol es suficiente para alimentar una persona durante un año».[22]

Lester Brown, presidente de la institución ecologista estadounidense Earth Policy Institute, ha advertido que son los automóviles y no las personas, los responsables de que se incremente en ese país el consumo de cereales, mientras que para los 2 000 millones de personas más pobres del mundo, el aumento del precio de los granos es una amenaza.[23]

Al margen de toda consideración sobre la viabilidad de estos proyectos, que algunos ponen en cuestión, queda a las claras que atentan severamente contra los intereses más elementales de la humanidad y ponen en riesgo la supervivencia global. En el mismo artículo de Mateuzzi al que hacemos referencia se cita al chileno Miguel Altieri, experto en agroecología de la Universidad de Berkeley, quien tacha el plan del etanol de «imperialismo biológico», y al inglés George Monbiot, que escribió en *The Guardian* sobre la capacidad contaminante de los agrocombustibles (por la vía de la deforestación) como «diez veces peor que la del petróleo».

Silvia Ribeiro cuestiona también la ecuación energética. Señala que la energía productiva que se consume en el cultivo y el procesado –en petróleo, agrotóxicos, riego, maquinaria, transporte, refinamiento– según las condiciones del cultivo, puede arrojar un saldo negativo, sin incluir la destrucción de ecosistemas como bosques y sabanas, o el hecho de que las refinerías de etanol y las plantas de procesamiento de celulosa son una fuente de contaminación del ambiente y de la salud de los habitantes cercanos.

Las industrias y gobiernos del Norte necesitan que la producción sea en los países del Sur, porque no disponen de tierra o no quieren usarla para esto,

---

[20] Mauricio Mateuzzi: ob. cit.
[21] Fidel Castro: «La internacionalización del genocidio», *Granma*, La Habana, 3 de abril de 2007.
[22] Edivan Pinto, Marluce Melo y María Luisa Mendonça: «El mito de los biocombustibles», Servicio Informativo Alai-amlatina, 13 de marzo de 2007 (www.alainet.org).
[23] Humberto Márquez: ob. cit.

y porque asumen que en esos países los problemas ambientales son obviados por gobiernos ávidos de «inversión» extranjera… en desmedro de sistemas locales integrales que constituyan su propia soberanía alimentaria. Las instituciones financieras internacionales (Banco Mundial, Banco Interamericano) ya anuncian que «apoyarán» esta conversión, con lo cual meten en la trampa a pequeños y medianos productores y aumentan las deudas externas de los países.[24]

Chávez en Argentina

El presidente venezolano Hugo Chávez, que realizara en los mismos días que lo hiciera Bush otra gira por América Latina, aunque desde una mirada antagónica, criticó con dureza el plan de agrocombustibles de los Estados Unidos. «Es una locura, es irracional», señaló.

Mientras el presidente de los Estados Unidos, George Bush firmaba el Memorando con su par brasileño Lula da Silva, Chávez salió a cruzar la idea en un extenso reportaje por el estatal Canal 7 de Argentina. «Solo para producir un millón de barriles de etanol en un año, es necesario sembrar veinte millones de hectáreas de maíz», dijo el mandatario. «Si se hace una proyección para sustituir el consumo de gasolina en los Estados Unidos, haría falta sembrar casi medio mundo», precisó. «Es un plan irracional, y antiético el que pretenda ahora sembrar las tierras buenas que quedan en los países del Sur en las que se producen alimentos para los seres humanos, para sembrar alimentos para los vehículos del Norte, es una cosa de remate», criticó.[25]

Lo hizo junto a declaraciones referidas al MERCOSUR, al que Venezuela acaba de ingresar. «El MERCOSUR o lo transformamos o va a morir como murió la Comunidad Andina de Naciones», argumentó. Y criticó la gira de Bush por América Latina… «hay un plan visible y otro invisible», apuntó. Pero agregó que las marchas contra Bush en varios países significan «un rechazo a la agenda imperial de Bush, en la que se busca frenar los procesos de integración que se llevan a cabo en América Latina».[26]

Chávez, en su gira, recorrió Argentina y Bolivia. Con el presidente argentino suscribió once acuerdos entre los que se destacan el que promueve la creación de una organización de países productores de gas, que se relaciona con el acuerdo entre La Paz y Buenos Aires para el denominado gasoducto del nordeste, asociado a su vez a la voluntad regional de construir un megaducto sudamericano; el proyecto de Banco del Sur, al que se prevé forjar con los excedentes financieros de Venezuela y Argentina; el convenio para la exportación de soja argentina no transgénica y la transferencia de tecnología para el

---

[24] Silvia Ribeiro: «Agrocombustibles versus soberanía alimentaria», Servicio Informativo Alai-amlatina, 19 de marzo, 2007.
[25] Consultar *Internet* (www.clarín.com/diario/2007/03/10/elpais/p-00701.htm).
[26] Ibídem.

desarrollo agrícola de Venezuela; la creación de una compañía mixta para la fabricación de motores a gas y el plan de conversión del parque de transporte público venezolano para que funcione con gas natural comprimido (GNC).

Argentina y Venezuela, además de ser miembros del MERCOSUR, tienen economías complementarias, dado que la primera posee alimentos suficientes para el consumo interno y la exportación, pero sufre carencias energéticas (causadas en gran parte por la privatización de la estatal petrolera YPF por el gobierno de Menem, que se mantiene hasta hoy), que Caracas puede paliar. En cambio, la tierra de Bolívar cuenta con excedentes energéticos y necesita reforzar la seguridad alimentaria de su pueblo, algo que Argentina bien puede ayudar a resolver.

Las relaciones comerciales entre los dos países se incrementaron en el período reciente en más de un 400% y allí está la causa profunda del malestar de los Estados Unidos, que fuera expresado por Nicholas Burns ante el Consejo de las Américas. Aunque para expresar la molestia del *establishment* este funcionario del Departamento de Estado no se refirió a ello (no pudo cuestionar una cooperación sin condicionamientos), sino al gran acto antimperialista que se realizara en un estadio de fútbol en Buenos Aires el 9 de marzo de 2007 con Hugo Chávez como único orador, cuando Bush estaba a pocas millas, en la orilla opuesta del Río de la Plata. Ese mitin colocó la política de unidad popular antimperialista en el centro del escenario de las pampas del sur y puede tener repercusiones en nuevos realineamientos políticos en Argentina.

No se nos escapa que los beneficios económicos de ese comercio bilateral los recibirán, por el lado argentino monopolios locales como Techint o Los Grobo[27] y que el pueblo poco o nada percibe de tales intercambios, pero tampoco se puede desconocer que dada la política antichavista de los Estados Unidos, estos acuerdos habilitan nuevas contradicciones con los intereses de las corporaciones yanquis que encuentran en Venezuela a un fuerte competidor en la relación con los monopolios exportadores argentinos. Una contradicción secundaria que no podemos sobreestimar, pero tampoco ignorar, tanto en nuestra vocación de liberación nacional como en la lucha de clases dentro de nuestro propio país.

Dependerá de las luchas, de los niveles de organización y de construcción de alternativa política por parte del pueblo argentino, que ese comercio pueda, más temprano que tarde, estar regido por un Estado popular con empresas de propiedad social y una banca y un comercio exterior nacionalizados. Esa es la responsabilidad de quienes aspiramos a construir en la patria de San Martín y del Che una mayoría a favor de una revolución socialista de liberación nacional.

No hay dudas de que ese proyecto se ve alentado por esta América Latina de hoy, que se esfuerza por romper las amarras del capitalismo neoliberal y se

---

[27] Silvia Naishtat: «La visita de Chávez. El Convenio que firmó Grobocopatel», www.clarin.com, 10 de marzo de 2007.

sostiene en la altivez revolucionaria de Cuba, en la línea de cooperación, unión latinoamericana y debate sobre el socialismo de la Revolución Bolivariana de Venezuela, así como en los ricos y originales procesos de Bolivia, Ecuador y Nicaragua, al igual que en las batallas reivindicativas y emancipatorias que despliegan los pueblos de la región. Pero también es cierto que la coyuntura actual reclama una mirada regional al analizar la situación concreta, con el propósito de actuar en el sentido correcto y no favorecer los planes del imperio para dividir a nuestros países.

Desnudar la esencia de los planes de los Estados Unidos y de la Unión Europea para nuestra región, impulsar un verdadero proceso de unión e integración latinoamericana, favorecer las relaciones económicas y políticas con los países de gobiernos más avanzados del continente y desarrollar la unidad política popular sobre la base del programa y la ideología del antimperialismo, junto a la defensa inalienable de los derechos de los trabajadores y del pueblo, son las tareas que nos convocan, en estos días convulsionados, a los revolucionarios argentinos, como parte indisoluble de los pueblos de América Latina.

JORGE A. KREYNESS, periodista y analista internacional, es secretario de Relaciones Internacionales y miembro de la Comisión Política del Comité Central del Partido Comunista de la Argentina.

COLECCIÓN FIDEL CASTRO

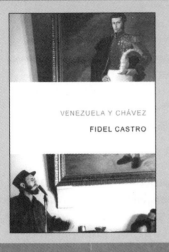

VENEZUELA Y CHÁVEZ

Este libro compila, en un solo volumen, las palabras pronunciadas por Fidel en diversas ocasiones, en discursos, cartas y actos públicos, entre 1959 y 2006, dedicados al pueblo venezolano, en los cuales resaltan los lazos históricos y de solidaridad que existen entre ambas naciones desde su misma formación. Es precisamente a la unidad, soñada por Bolívar y Martí, a la cual se refiere este libro, en las reflexiones, advertencias y premoniciones de Fidel.

336 páginas, ISBN 978-1-921235-04-7

FIDEL EN LA MEMORIA DEL JOVEN QUE ES

"Dicen que con los años los hombres se vuelven más conservadores, y es en parte cierto. Como la regla, el joven es desinteresado, altruista, arrojado; pero todo depende de las ideas. Nosotros hemos tenido el vigor de las ideas que hemos defendido…"—Fidel Castro

Este libro recoge, por primera vez en un solo volumen, los excepcionales testimonios que en contadas ocasiones el propio Fidel ha dado sobre su niñez y juventud. Incluye entrevistas sobre momentos claves de su infancia, su vida universitaria y sus primeros contactos con la realidad latinoamericana, así como fotografías poco conocidas.

183 páginas, ISBN 978-1-920888-19-0

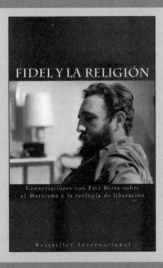

FIDEL Y LA RELIGIÓN
Conversaciones con Frei Betto sobre el marxismo y la teología de la liberación

En un íntimo diálogo de 23 horas con el teólogo de la liberación brasileño Frei Betto, Fidel Castro ofrece revelaciones sobre su formación personal y discute con sinceridad su visión sobre la religión.

"Hay 10,000 veces más coincidencias entre el cristianismo y el comunismo que entre el cristianismo y el capitalismo".
—Fidel Castro.

330 páginas, ISBN 978-1-920888-77-0

www.oceansur.com ▪ info@oceansur.com

contexto histórico

Diferencias y tensiones entre movimientos sociales y partidos políticos: ¿cómo superarlas y alcanzar una democracia participativa?*

GLADYS MARÍN

Ningún debate puede prescindir de las experiencias y circunstancias concretas. Menos cuando se trata de grandes experiencias. Tenemos que alegrarnos de hacer este debate aquí, en Brasil con la rica experiencia del Partido de los Trabajadores (PT), del Movimiento de los Trabajadores Rurales Sin Tierra (MST) y de otros partidos y movimientos que fueron la base fundamental del triunfo del presidente Lula.

Esta construcción y avance es una gran respuesta al tema planteado y nos reafirma que hay alternativas y en ellas partidos y movimientos que desempeñan un papel imprescindible. Cada lucha, cada resistencia va entregando nuevas respuestas y estas van por el camino de la inclusión y no de la exclusión. Intentaremos hacer nuestra contribución partiendo de nuestra historia y nuestros desafíos actuales.

La base de toda alternativa al neoliberalismo es la formación de un nuevo y poderoso movimiento social político, con profundo sentido social y democrático

---

* Intervención realizada por Gladys Marín en el III Foro Social Mundial efectuado en Porto Alegre, Brasil, del 23 al 28 de enero de 2003. *(N. del E.)*

en sus objetivos inmediatos y con una propuesta programática estratégica de superación del sistema capitalista. Una alternativa no es el logro de un día, sino la confluencia de muchos días con sus noches, y se construye organizando, haciendo conciencia y batallando en todos los espacios. Hacemos esta afirmación partiendo de los grandes cambios ocurridos en el mundo, de las complejidades y nuevas contradicciones creadas, de la nueva fase del capitalismo y también del aprendizaje de anteriores y nuevas historias que los pueblos han sabido construir.

En relación con esto, quiero recordar que el próximo 11 de septiembre se cumplirán treinta años del golpe militar que puso fin al gobierno popular que encabezó Salvador Allende en mi país. Ese golpe solo fue posible por la intervención de los Estados Unidos. El proceso revolucionario que se abrió con la victoria de septiembre de 1970 fue visto como una gran esperanza. Su derrocamiento fue una dura y amarga derrota. Sin embargo, los mil días de la Unidad Popular nos dejaron lecciones en aciertos y también en errores, en sueños y frustraciones, que tienen fuertes y nítidas resonancias en nuestras luchas de hoy.

Comprendemos, sin duda, que toda traslación mecánica de experiencias del pasado sería una inútil e infinita torpeza. Los cambios experimentados en estos años son inmensos. No obstante, sería igualmente liviano y torpe ignorar la historia vivida. El triunfo de la Unidad Popular el 4 de septiembre de 1970 y el proceso revolucionario encabezado por Salvador Allende no hubieran sido posibles sin el desarrollo previo de un poderoso movimiento popular. La constitución de la Unidad Popular y su victoria solo fueron posibles por el desarrollo de movimientos sociales y la unidad de fuerzas políticas que confluyeron en una gran demanda democrático-revolucionaria general.

Allende fue un gran líder político, pero también un constructor de movimientos sociales. Neruda, un gran poeta y a la vez un político relevante. Víctor Jara, un cantautor y militante responsable y tenaz. Sus militancias orgullosas, abiertas, no eran opuestas a su participación en el mundo social al que pertenecían. Creemos que aquí hay lecciones que perduran.

Por una parte, los partidos que propugnan el cambio de sociedad, serán incapaces de materializar sus ideales si no contribuyen al surgimiento, impulsan las luchas e interactúan, con los movimientos sociales que demandan la superación de las carencias que impone la sociedad que debe ser cambiada. Por otra, los movimientos sociales pueden desarrollar luchas potentes y lograr triunfos, pero estos serán efímeros si no asumen y logran resolver el problema central de toda transformación de fondo, que es el problema de la modificación del carácter de la sociedad en que emergen, y se hacen parte de un proyecto y un programa político que realice cambios radicales.

Vivimos otros tiempos. El neoliberalismo, desde su instalación como nueva forma dominante del capitalismo, ha potenciado sus peores rasgos. Se ha acentuado su carácter de régimen generador de desigualdades. Una cifra basta para confirmar la celeridad con que se manifiesta esta tendencia a la desigualdad: el 80% de la población mundial vive en la pobreza. En América Latina en 2001 había más de doscientos once millones de pobres, en 2002 llegan a doscientos veinte millones de pobres.

En Chile, la experiencia neoliberal ha sido llevada a fondo y esto ha significado tener una de las peores distribuciones de los ingresos y las jornadas más largas de trabajo. En 1990 el 5% más rico recibía 120 veces más que el 5% más pobre, en el año 2000 recibía 220 veces más.

El gobierno de Lagos representa a los sectores que asumieron como propio el proyecto de la dictadura, aplicaron algunos parches para que siguiera todo igual, adscribiéndose plenamente al neoliberalismo, y profundizaron el modelo. Este es un gobierno que no tiene nada de progresista o de izquierda, sino uno profundamente neoliberal, autoritario y represivo. Ha abandonado su programa de cambios democráticos, mantiene la misma Constitución pinochetista, un sistema electoral binominal que solo permite la representación de los dos bloques que están con el sistema, ha instalado la impunidad en todos los planos, y se ha convertido en un gran instrumento de permanencia del modelo.

Gobierno y Concertación, la alianza de gobierno, también ha adoptado las prácticas de corrupción de la dictadura, como ha quedado de manifiesto en estas últimas semanas con los sobresueldos de ministros, indemnizaciones y sueldos millonarios de ejecutivos de empresas estatales, el soborno, las coimas y el desafuero de cinco diputados, el encarcelamiento de un ex ministro y otros altos funcionarios por fraude al Fisco.

En Chile, la alta conciencia democrática alcanzada fue tremendamente dañada por sucesivas derrotas: el derrocamiento del gobierno popular, la caída del socialismo en Europa del Este, y la imposición de una salida pactada con la dictadura.

Los pilares de este proceso de enajenación fueron los horrorosos crímenes cometidos, el terror y control total, el arrasamiento y desintegración de las organizaciones sociales y de la izquierda, la imposición de instituciones antidemocráticas, la prédica del apoliticismo y del individualismo mediante el control total y transnacionalizado de los medios de comunicación, el debilitamiento progresivo de la educación pública, de sus valores y objetivos. Todo ello provocó un profundo retroceso de la conciencia democrática, temor y desinterés en la política y debilitamiento del sindicalismo de clase existente y de los partidos de izquierda.

El modelo neoliberal hace su primer experimento en Chile y es llevado a fondo. Logra atomizar y fragmentar los movimientos sociales, reduciendo la participación de la gente en los asuntos y problemas específicos, coopta a segmentos del sindicalismo, contraponiendo a unos sectores del pueblo contra otros.

Ya instalados en el mundo y con la consigna «no hay alternativa», los dominadores pensaron que era posible clavar la rueda de la historia y decretaron su fin. Habían impuesto una contundente derrota a sus principales oponentes y decidieron hacerla definitiva. Se equivocaron rotundamente.

En muy corto plazo, la rueda empieza a girar y surgen luchas diversas –todos los pueblos luchan– y experiencias notables en América Latina de fuerzas de izquierda y movimientos sindicales e indígenas que acceden al poder. La prueba más contundente es, precisamente, la emergencia del movimiento antiglobalización, del movimiento de movimientos, y de un nuevo sujeto histórico en construcción que, en una nueva diversidad y radicalidad, puede y debe transformarse en una respuesta también global, capaz de intervenir en el conflicto que opone a los pueblos frente a los neoliberales.

La crisis actual del capitalismo y la salida guerrerista, no harán otra cosa que agudizar los problemas de la gente. Deben ser aprovechadas para elevar la conciencia y las luchas de los pueblos y pasar a la ofensiva. Pero ¿qué falta para que la crisis en curso se transforme realmente en oportunidad para los pueblos y las fuerzas alternativas?

Lo que entraba la construcción de alternativas a la crisis del capitalismo es, ante todo, la despolitización, la división, la competencia, las desconfianzas, la falta de organización y unidad en torno a proyectos democráticos que enfrente la política imperialista, la guerra y el neoliberalismo. En suma, el retraso en el desarrollo de la conciencia política.

La ideología neoliberal que penetra y subordina todo, instala machaconamente el discurso del individualismo, la fragmentación y establece incompatibilidades en las relaciones entre partidos y movimientos sociales. La contradicción entre actores sociales, partidos y movimientos siempre ha existido, como en todo orden de cosas, pero de ahí a llevarlo al rechazo, exclusión y relación antagónica, responde ante todo a una interpretación interesada y funcional al discurso neoliberal, que hace todo para que no se impugne el sistema, vale decir la totalidad del orden neoliberal.

En relación con esto quiero precisar algunas ideas.

Es indispensable hacer un rescate elemental del valor de la política como forma de conciencia y actividad social, y que pone de forma más inmediata los verdaderos intereses que mueven a los diferentes sectores de la sociedad en relación con la propiedad, la producción y su distribución.

El papel principal de los partidos transformadores es su capacidad para contribuir a la organización, la lucha y la maduración de la conciencia popular; capacidad de ayudar a los trabajadores en ese proceso, y lograr que se constituyan en el núcleo de un amplio frente en el que confluyan los más amplios sectores; capacidad de elaborar una plataforma política de cambios y las consignas adecuadas para cada momento: en definitiva, capacidad para conquistar el poder del Estado, transformarlo y colocarlo al servicio de las transformaciones revolucionarias.

Podemos lograr esa capacidad si nos preparamos para entender y asumir la nueva realidad, en particular esclarecer cómo los trabajadores han sido afectados por el ambiente ideológico del neoliberalismo. Los movimientos sociales pueden desarrollar luchas potentes y lograr ciertos triunfos, pero, en general, por su carácter sectorial, local, solo llegan hasta cierto punto pues no se plantean resolver el problema central de toda transformación de fondo, que es el problema del poder del Estado, es decir, el problema de la política.

El valor de los partidos estriba en sus propuestas de proyectos de crítica y transformación global, mientras que los movimientos sociales en general emergen como demandas y críticas específicas. Pero ambos son agentes, actores que se mueven en un mismo campo: la política. Son espacios distintos, y bien podríamos concluir en que cada cual a lo suyo, mas no se trata de eso. A diferencia de épocas pasadas donde las alianzas políticas eran las determinantes, ahora se trata de la confluencia de distintos actores para enriquecerse mutuamente y manteniendo su autonomía, transformarse en un nuevo sujeto histórico.

Un movimiento social, como el ecologista, cuyo diagnóstico y crítica abarca más dimensiones, cuestiona el capitalismo en relación con la depredación de la naturaleza y no en sus efectos totales de depredación sobre los seres humanos. Aquellos que se comprometen con un quehacer que va más allá de sus objetivos iniciales, no pueden más que llegar a la conclusión que deben desarrollar un accionar de carácter político y se convierten en partidos.

Se puede entender que en una situación de derrotas temporales de la izquierda, y de crisis de los proyectos alternativos; de traición de muchos políticos de gobierno que pisotean las promesas hechas al pueblo, y sus principios en nombre de una «renovación» que es en realidad renegación, los movimientos y el común de la gente tomen distancia de «la clase política», concepto, por lo demás, acuñado por el neoliberalismo.

Tenemos presente también que las dogmatizaciones e interpretaciones reduccionistas y burocráticas del problema del poder, y del papel de los partidos, que condujeron a la derrota a procesos revolucionarios, son algunos de los factores que explica el hecho de que los movimientos sociales actuales tomen distancia de los partidos políticos. Además, influye el énfasis absoluto, por parte de algunos partidos, de su participación en los marcos institucionales, específicamente en los procesos electorales, sin vinculación con la lucha y participación directa de la gente.

La crítica a los partidos tiene una base real, y a veces se realiza desde cierto tipo de pensamiento que se considera progresista, pero esconde una peligrosa opción política: la de abandonar el campo de la crítica integral al sistema y los esfuerzos por la articulación de todos en la lucha global y sus objetivos de largo plazo.

En la actualidad, tampoco se podría pretender privilegiar a los partidos sobre los movimientos sociales, con la idea de «vanguardia», o que los militantes de partidos que participan en los movimientos sean «correas de transmisión» de sus partidos. Esos tiempos han pasado, y quienes mantengan esas ideas no hacen sino repetir fracasos y otros, interesadamente, insisten en esas caricaturas reaccionarias que nosotros bien conocimos bajo la dictadura. Ni vanguardias ni transmisores, sino juntos y al lado de todos los que aspiran a que otro mundo es posible. No puede haber imposición sino dirección.

El partido transformador se hace educando y educándose, desde la experiencia de la clase obrera y los variados movimientos sociales, desarrollando la política desde ahí. Trabajar desde y con la práctica y vivencias de los trabajadores, produciendo con ellos la teoría, y operando como sintetizador.

Siempre han existido los movimientos sociales, pero hoy las múltiples agresiones de la globalización neoliberal han hecho aparecer una diversidad y pluralidad mayor de nuevos movimientos que levantan reivindicaciones asociadas a problemas que adquieren una nueva dimensión en la actualidad, como la defensa del medio ambiente; las luchas de género y la diversidad sexual; por los derechos humanos; de los pueblos originarios; de los portadores del VIH y enfermos de SIDA; por los derechos del niño; la defensa de los valores democráticos, de la soberanía de las naciones, etcétera.

Es necesario y urgente que los seres humanos confrontados a esas agresiones se reúnan, se organicen, construyan un proyecto común y luchen por su realización. Ninguna de esas agresiones podrá ser conjurada por separado. El tema es la relación dialéctica de acuerdos y diferencias, de unidad y lucha que existe entre actores sociales y políticos que construyendo pueden ser sujetos capaces de enfrentar, resistir y transformar el capitalismo.

De ahí que necesitemos concentrar esfuerzos en romper la costra cultural neoliberal para reinstalar la prevalencia de una cultura y valores populares, solidarios y colectivos, y el desarrollo de la conciencia de clase que impregnan la organización y batalla popular. A ello favorece cierta intuición y deseo emancipatorio latente en la conciencia del pueblo, que saldrá a flote en medio de la recuperación de la memoria histórica de luchas y procesos que ayudan a regenerar la conciencia.

El valor del ejemplo, la decencia, consecuencia, rectitud de intención política, voluntad de combate al neoliberalismo y la aspiración socialista, que deben caracterizar a los partidos de izquierda, son fundamentales en la creación de la nueva conciencia y la subjetividad. Esto es más decisivo, cuando la cultura burguesa adquiere la fuerza que tiene hoy. La ideología neoliberal opera como «la razón práctica» de los sectores populares pues esta le es inoculada desde los medios de comunicación, el sistema escolar, y en los modelos de comportamiento.

Enfrentar el sistema neoliberal, la globalización capitalista y cada una de sus consecuencias, es la cuestión central de nuestra época y es cuestión de política. Pero no de cualquier política, sino de aquella que exige la organización de los trabajadores y del pueblo en partidos políticos propios, independientes del sistema, que asumen defender los intereses inmediatos de la mayoría con perspectiva de futuro, es decir, con la decisión de hacer cambios de fondo en la sociedad y resolver el problema del poder del Estado. En pocas palabras, partidos de izquierda consecuentes.

Retomando las vivencias de nuestra historia, tenemos presente que la Unidad Popular y los movimientos sociales de ese tiempo, conquistaron el gobierno y lograron materializar importantes reivindicaciones populares, pero no alcanzaron, no pudieron ni supieron, resolver el problema del poder, es decir, el problema clave de un movimiento que se propone cambios radicales y perdurables, y que solo se resuelve con la más amplia, concientizada y organizada presencia expresada en poder popular desde la base. El problema del poder sigue siendo una cuestión ineludible. De otra manera, se está condenando el movimiento a un eterno retorno, a arrastrar la roca hasta la cumbre para que vuelva a caer y comenzar de nuevo. Esto es inevitable mientras se permanezca en los marcos del sistema. Por ello, es necesario unir todas las fuerzas consecuentes, sociales y políticas.

Para que los movimientos sociales sean una fuerza más efectiva de cambio de la sociedad es imprescindible que se vinculen con todas aquellas fuerzas, sectores y grupos que se oponen al sistema neoliberal, en primer lugar con el movimiento político antisistema, con la izquierda. El enemigo es poderoso, y para enfrentarlo, el único y mejor camino es el acuerdo y la unidad.

La determinación de subordinar nuestros países a los poderes imperiales se expresa de mil maneras. La persistencia de las amenazas contra Cuba, el despliegue del militarismo, en primer lugar en Colombia, los intentos de derrocar gobiernos que intentan políticas alternativas como en Venezuela, etcétera, van enfilados a llevar a la práctica un proyecto de recolonización que se condensa en la imposición del Área de Libre Comercio de las Américas (ALCA).

En esa perspectiva, el gobierno de Ricardo Lagos ha dado un paso odioso: la firma del Tratado de Libre Comercio (TLC) con los Estados Unidos que se ha convertido desde el día de su firma en un espolón contra todos los pueblos hermanos para imponer el ALCA. Ese tratado, presentado como un gran logro, es en realidad el marco, hecho a la medida del imperialismo, para imponer las garantías de sus inversiones en tratados inamovibles y asegurados por la amenaza del uso de la fuerza para sostener los privilegios otorgados a perpetuidad. Es la pretensión de eternizar la globalización neoliberal.

Buena parte de los latinoamericanos nos aprestamos a conmemorar doscientos años de independencia del colonialismo español. ¿Llegaremos a esa fecha con el no reconocimiento de las deudas a la autonomía, tierra, respeto a la cultura e identidad de nuestros pueblos originarios? ¿Llegaremos a esa fecha con la formalización del nuevo dominio imperial de los Estados Unidos? Por lo menos propongámonos llegar luchando contra la intervención, la anexión y las guerras imperialistas, y recuperar el pensamiento y la acción latinoamericanista de nuestros próceres en la lucha por la independencia.

La perspectiva de la integración latinoamericana debe ser un gran componente de la propuesta alternativa a la globalización neoliberal. La posibilidad de conquistar victorias para las fuerzas populares depende, hoy más que antes, de su capacidad de insertar sus luchas nacionales en el movimiento mundial antiglobalización.

Nos sentimos parte del proyecto de cambios que promueve el movimiento antiglobalización neoliberal tal y como somos: un partido político que aporta la lectura clasista de la sociedad en que vivimos, la determinación de lucha por la superación del capitalismo y que a la vez asume la necesidad de las luchas parciales que apuntan en la dirección del cambio radical de la sociedad.

Somos parte de cientos de organizaciones sociales, contribuimos resueltamente a la formación de nuevas, apoyamos las luchas justas de todas, estemos o no presentes en ellas. En nuestro XXII Congreso, realizado en noviembre de 2002, decidimos volcar todos nuestros esfuerzos hacia los trabajadores y la plena recuperación de su organización clasista en las nuevas condiciones de explotación del trabajo.

Uno de los argumentos privilegiados de la subordinación al neoliberalismo de sectores que antes sostuvieron posiciones de izquierda, consiste en declarar caduca la existencia del proletariado moderno, la clase de los trabajadores. La verdad es exactamente lo contrario. Nunca como hoy existen más y diversas formas de trabajo asalariado.

En Chile se ha creado un numeroso ejército de trabajadores desregulados, equivalente al 66% de la fuerza laboral. Trabajadores por cuenta propia, con boletas a honorarios, en prestaciones de servicios para empresas que suministran personal a otras empresas, todos en calidad de eventuales o transitorios. Sindicalizar, organizar todos los sectores de trabajadores de empleo fijo, precario, cesantes, manuales e intelectuales y todas las nuevas modalidades de trabajo, nos lleva a la idea potenciadora de sindicalizar la sociedad, o universalizar la sindicalización.

En la construcción de alternativas para enfrentar el capitalismo, es donde deben resolverse las diferencias y tensiones, la relación entre lo político y lo social, y de allí nuestra convicción que el modo más potente es el de la creación, a nivel nacional como internacional, de un movimiento político social amplio y plural que acoja a todos los que honestamente quieran la superación de la crisis que atenaza a la humanidad.

Nuestro debate tiene la urgencia de los dramáticos tiempos que vivimos. La muerte de millones de seres humanos en el mundo por hambre, por enfermedades curables, por contaminación, por la guerra, es hoy, y para ellos no habrá un cómodo ni siquiera antagónico mañana.

Es hoy cuando debemos contribuir con celeridad, a la confluencia de los movimientos sociales y de los partidos de izquierda que se alzan por la paz, la igualdad y la defensa del medioambiente. Y que se expresen codo a codo, con el cuerpo y alma en las calles. Esa confluencia, esa unidad debe ser el objetivo del Movimiento de Movimientos expresado en cada lugar con sus propias características y formas.

El movimiento antiglobalización es hoy una realidad y para infinidad de gente una gran esperanza. Puede convertirse en un sujeto político internacional y nacional capaz de representar, organizar e intervenir política y socialmente en la contradicción principal de nuestra época, neoliberalismo o democracia, capaz de construir una alternativa con un programa democrático avanzado.

Es sobre todo mediante iniciativas de acción que se construirá la unidad. Y esas iniciativas son múltiples, pero hay una principal: la lucha más intensa y decidida por la paz y contra las políticas imperialistas de los Estados Unidos. Por sobre los antagonismos debemos actuar coordinadamente. Concertémonos, rebelémonos, para detener la guerra.

GLADYS MARÍN (1941-2005), política y profesora, secretaria general de las Juventudes Comunistas de Chile (JJCC), dirigente de la Unión de Profesores de Chile y diputada desde 1965 hasta el golpe militar de 1973, fue la máxima dirigente del Partido Comunista de Chile (PCCh) desde 1994 hasta 2005, primero como secretaria general y después como presidenta de esa organización. En 1998 es proclamada candidata a la Presidencia de la República. Dedicó su vida a la lucha por hacer realidad un proyecto de democracia real y justicia social para el pueblo chileno. Participó activamente en los movimientos políticos y sociales antineoliberales y en los procesos de construcción de la unidad de los pueblos de América Latina. Le fue otorgada la Orden Nacional José Martí, la Orden Augusto C. Sandino, la Medalla de Honor Ricardo Fonseca y la Medalla Luis Emilio Recabarren.

contexto histórico

Recordando a Gladys

(Entrevista a Tomás Moulian)

CLAUDIA KOROL y SAMUEL IBARRA

S. I.: *¿Qué te parece más relevante, en el recuerdo de Gladys Marín?*

T. M.: Yo creo que de Gladys Marín hay que recordar su continua lucha por la instalación del socialismo en Chile, y la lucha contra la dictadura neoliberal. Ella fue una militante comunista, en un país donde los comunistas fueron perseguidos, entonces hay que recordarla como lo que ella siempre se vanaglorió de ser: una militante.

C. K.: *Vos te acercaste a ella, al Partido Comunista (PC), a la izquierda, desde otra mirada, desde otra perspectiva de pensamiento, a partir de su candidatura a la presidencia. ¿Qué fue lo que te decidió a participar en la campaña?*

T. M.: Yo podría decirte: los límites que veía en mi propia práctica. A partir de mi análisis, que era el de un independiente de izquierda, que no está vinculado a ningún partido, yo podía llegar a hacer una crítica al sistema neoliberal. Pero me era mucho más difícil llegar a proponer un programa alternativo. Yo creo que lo que consigue Gladys es plantear alternativas que permitieran superar el neoliberalismo, sacarnos de las bases críticas de la pura negación, a una dimensión mucho más propositiva. Y eso es lo que me inspiró de Gladys, lo que vi y lo que me sedujo, también podríamos decir.

S. I.: *¿La desaparición de Gladys es también la desaparición de un modo más tradicional de hacer política?*

T. M.: No me gusta la división entre tradicional y no tradicional. Lo no tradicional sería lo moderno, no sé qué sería. Yo diría que Gladys Marín es una militante comunista, y a mi entender supera las formas en que los comunistas hacían política en el espectro político chileno. Entonces, en eso puedo decir que Gladys es particular y específica. Pero yo no la veía a ella como una crítica de la política tradicional. No creo que ella se lo planteara. Ella sí quería ser una comunista consecuente, en Chile, con el Partido Comunista, de larga tradición, fundado en 1922, y que había tenido formas muy particulares de participar en la política.

C. K.: Vos te acercaste a ella, al Partido, desde una reflexión teórica y política propia, después tuviste contacto con la persona, con la militante. ¿Te cambió algo el encuentro con Gladys, el estar codo a codo en estas batallas?

T. M.: Sí, yo diría que lo que me atrajo en ella fue su humanidad, su capacidad de ser militante política en un país con los conflictos que existían en Chile, y ser sin embargo capaz de no destruir al otro, de hacer política, por lo tanto, de un modo humano. En ese sentido declaro su humanidad. Gladys no fue una persona que anduviera distribuyendo medallas, ni invectivas contra los demás. En ese sentido, Gladys era una militante comunista muy consecuente, pero siempre distinta a las formas más convencionales de ser militante comunista.

S. I.: Esa manera no convencional de hacer política, ¿a quién ponía en riesgo, qué cuestionaba?

T. M.: Ponía en riesgo –y aquí tendría que aceptar la idea de la política «tradicional»– al militantismo comunista sin matices, donde militar significaba una especie de operación que se llevaba la vida entera, a la cual había que «entregarse». Gladys supo vivir como una persona global. Nunca concibió la militancia como algo que absorbía totalmente al ser humano, siempre dando vuelta en la misma onda. En ese sentido, Gladys militaba como mujer, como latinoamericana, como chilena.

C. K.: Vos decías recién que militaba como mujer, y dentro de la política chilena, como latinoamericana, el ser mujer implica una fuerte dificultad. Creo que en la figura de Gladys también hay una ruptura respecto de esa cultura patriarcal que marca a la política latinoamericana, incluso a la izquierda.

T. M.: Sí, ella también se inscribe en esa lucha. Sería inconcebible en el Chile de los años cuarenta y cincuenta, incluso de los sesenta, antes de la Unidad Popular, que una mujer fuera la secretaria general del Partido Comunista chileno, que era, como todos los partidos comunistas del mundo, por otra parte, un partido de machos, donde la dirección femenina aparecía como algo impensable. Gladys fue capaz de insertarse en esa cultura patriarcal y de hacerlo sin tener que renunciar a ser una política doctrinaria.

S. I.: Esa figura que describe de Gladys Marín, ¿de quién siente usted que es depositaria? ¿Aparece por generación espontánea o es síntesis de algunos otros antecedentes de la historia política y cultural de Chile?

T. M.: Yo creo que ella entronca con Recabarren, y con la dirección comunista anterior, con Fonseca, Corvalán, con los viejos comunistas, y sin embargo hace política en la fase de la Unidad Popular, que se podría decir que es una forma conceptual distinta de plantear la construcción del socialismo en Chile. También ella fue dirigente destacada del PC en la clandestinidad contra Pinochet, en el interior. Y por lo tanto, hace política de un modo muy distinto a como lo hicieron sus ancestros. Gladys sabía hacer política comunista en las condiciones de un país donde la política era clandestina, y a esto se agregaba el hecho de ser ella una mujer.

S. I.: ¿Usted diría rebelde o revolucionaria?

T. M.: Revolucionaria, diría yo. Y por lo tanto, rebelde. Porque revolución es rebeldía, son dos nombres que conducen a lugares parecidos.

C. K.: A mí me llamó la atención, cuando compartimos algunos momentos de la campaña, el cariño y esa capacidad de diálogo que tenía Gladys con las personas, que tampoco era común en la relación de la izquierda con la gente. ¿Cómo viste eso? ¿Qué te hizo pensar, en cuanto a las posibilidades de abrir el campo de relaciones y del pensamiento socialista, revolucionario, de izquierda, con los sectores populares?

T. M.: Sí. A mí me parecía que Gladys podía encarar mejor que cualquier otro la relación de la izquierda con sectores populares, que de algún modo se habían visto obligados a incorporarse a las condiciones de la dictadura, y que habían tenido que realizar una política de oposición que no era una rebelión abierta sino otra forma; otra forma mucho más compleja, más oculta, más sofisticada en cierta manera, distinta. Gladys podía establecer esa conexión, porque ella era personal, ella salía de esa impersonalidad, que había en los antiguos dirigentes comunistas. Don Lucho (Luis Corvalán) se empezó a llamar Don Lucho, por lo menos para mí, bastante tiempo después de que dejó de ser la principal figura del PC. Gladys le hizo perder ese carácter solemne al cargo de secretario general. Era, como dije, una política doctrinaria que logró, junto con la dirección del PC de ese tiempo, adecuar a las condiciones nuevas la comprensión del socialismo en Chile.

S. I.: ¿Esa era una actitud manejada por ella, o inconsciente?

T. M.: Sabemos que en los partidos comunistas las elaboraciones doctrinarias son realizadas por un colectivo. Entonces, podemos caer en una especie de personalización, porque estamos hablando de Gladys. Pero justamente uno tiene que caer en eso, por ser ella como es, porque ella generaba un clima en las relaciones muy adecuado, que lograba atraer a personas cuyas categorías mentales estaban a cierta distancia de lo que ella pensaba, como en mi caso, desde el punto de vista de lo que yo consideraba la composición de la izquierda en Chile.

S. I.: ¿Cómo fue precisamente esta cercanía que usted tuvo con un partido, un sector, una región política con la que mantenía una distancia crítica? ¿Le resultaba fácil?

T. M.: No, no me fue fácil. Fue mediado por Gladys, pero igual fue difícil. Gladys tenía la cualidad de hacer posible esa transición, sin ninguna especie de violencia disciplinaria, como la que uno podía encontrar, o se imaginaba, en el PC. La postura era la de un partido que construía su línea interna por consenso, pero cuando había que aplicar medidas de exclusión para salvar lo que era el ideario del partido, actuaba con fuerza. A Gladys nunca la vi amenazante, ni tampoco concesiva, que sería el otro problema. Ella tenía la capacidad de situarse en las posiciones de un campo complejo.

S. I.: ¿Qué piensa usted que hace una muchacha despeinada, de minifalda, en las puertas de estas catedrales?

T. M.: Mostrar las piernas, que era muy importante en aquella época. Hay un signo ahí, también. Yo creo que hay que darle a la minifalda un carácter de signo, de que el comunismo, la ideología comunista, no era contraria a las ideas de liberación, de subjetivación, que no cerraba el camino del deseo.

C. K.: También me parece interesante analizar la relación en la política, entre la práctica y la teoría, que en nuestras organizaciones de izquierda pasó por distintas situaciones; y en este sentido, pensar en la relación entre militantes e intelectuales, donde siempre hubo una tensión muy fuerte. ¿Cómo viviste vos esa posibilidad de diálogo entre el mundo intelectual y el político partidario?

T. M.: Yo diría que Gladys estaba lejos de poderse clasificar en el estereotipo de intelectual. No era intelectual. Era inteligente, que es distinto. Entonces, de algún modo ese dar vuelta en torno a los intelectuales, era ya una especie de culto de la inteligencia y de la palabra. Gladys era una mujer práctica, que construía, sin embargo, una interpretación de la vida chilena sin acudir nunca a menciones, a libros. Yo nunca la escuché hablar en nombre del partido –yo, que nunca entré en una reunión del Comité Central–. Ella hablaba como colectivo, como intelectual orgánica, podríamos decir, de eso que se llamaba el Partido Comunista de Chile (PCCh).

S. I.: ¿Eso tiene valor?

T. M.: Para mí, sí, eso tiene un valor. Pero ella lo lograba hacer sin caer en una desviación, que podría ser una especie de eco. Tenía una capacidad de expresarse que resignificaba lo que, en otros militantes o dirigentes, hubiese parecido una forma estereotipada.

C. K.: Las pocas veces que citaba, era a algún poeta.

T. M.: Sí, citaba a Neruda, y había una búsqueda hacia el discurso de los versos, pero era más que eso, porque eso podía ser también, finalmente, bastante convencional. En ella había un esfuerzo por hablar el lenguaje de la gente.

S. I.: ¿Cómo inserta usted en el correlato de la historia de la mujer en Chile, la presencia de Gladys Marín?

T. M.: Gladys, a mi entender, no es una punta de lanza de las feministas, sino que es alguien que desde la ideología comunista es capaz de internalizar también los valores del feminismo. Es una cuestión bastante difícil, porque permanentemente se decía, cuando había reivindicaciones feministas, que eso se iba a ver en el socialismo. Esa era una especie de respuesta que se encontraba... Gladys nunca cayó en esa respuesta torpe. Se dio cuenta que la expresión era importante y que si el PC no era capaz, en sus formas de presentarse y de acción, en sus *slogans*, en la totalidad de su política, de aparecer como proclive al feminismo, entonces era porque algo andaba fallando. Ella no era una persona de ideas –en el sentido de idealista–, sino que le daba importancia a esta necesidad de expresar la cultura obrera. El PCCh tenía que poder expresar la cultura obrera, y ser capaz, además, de poder dirigir esa cultura en la dirección de la teoría del feminismo con la que ella trabajaba.

C. K.: *También abrió un camino de diálogo con distintas expresiones de la disidencia sexual.*

T. M.: Sí, el aporte de Gladys va por ahí. Gladys no es feminista. Gladys está por la diversidad. Y la idea de diversidad es muy central en su forma de pensar. Ella aporta, por ejemplo, en la aceptación por parte de los comunistas, de la homosexualidad, de las políticas de la diversidad sexual, también. Ella asume ahí un reto importante, porque lo acepta e incorpora a su discurso; incluso habla de ello delante de los militantes, y escucha muchas veces sus abucheos. Eso no venía del PC, eso venía de otro lado, de otra tradición intelectual.

C. K.: *A mí también me queda como recuerdo esa dimensión latinoamericana del pensamiento de Gladys, ese estar preocupada siempre por lo que sucedía en otros lugares de América Latina, y en tratar de pensar en términos no solo nacionales sino latinoamericanos e internacionales.*

T. M.: El latinoamericanismo no es una política que el PCCh haya abordado muy profundamente. El PCCh era chileno y soviético, para decirlo resumidamente, de forma muy brutal. Por lo tanto, este latinoamericanismo era algo que ella incorporaba. Y en ese sentido, no solo era Cuba. Eran sus relaciones con los argentinos, sus relaciones con el PC uruguayo, su mirada a Latinoamérica como un continente que había que descifrar y leer desde las posiciones de la izquierda comunista, que no estaban dadas y que entonces había que precisarlas. Ella sentía la necesidad de construir una posición para América Latina, frente a un marxismo que lo había, de algún modo, olvidado o dejado de lado.

S. I.: *Cuando usted se incorpora a la campaña de Gladys Marín, ¿lo hace con entusiasmo, o se adscribe a un proyecto más romántico?*

T. M.: Yo diría que lo hago con entusiasmo romántico. En esa época yo tenía mucha exposición en los medios, porque había salido *Chile actual, anatomía de un mito*, que significó un cierto prestigio para mí. Entonces, yo sentí con mucha fuerza que eso que había ganado tenía que dedicarlo a alguna causa importante. Y me pareció que el hecho de que Gladys sacara adelante una candidatura de la izquierda comunista, por cómo se vivía en ese momento, y por las condiciones en que estábamos los chilenos, era muy importante. Ahí, entonces, yo me sumo a una campaña que ya existía, con entusiasmo, pero sabiendo sus límites y que no había ninguna posibilidad de ganar.

S. I.: *Al incorporarse, ¿usted siente que el tono, los discursos que circulan, las proposiciones, son acordes contemporáneamente al Chile de ese tiempo?*

T. M.: Yo siento que hay límites, pero que el modo como se da la campaña de Gladys es mejor que como se habían dado las campañas anteriores de la izquierda. Podemos decir que la forma en que ella se impuso como candidata fue no tradicional.

C. K.: *Yo pensaba en el riesgo de que Gladys se vuelva un mito y que ese mito nos quite, precisamente, lo más creativo del aporte de la personalidad de Gladys. Vos reflexionaste bastante sobre el tema de los mitos en Chile ¿Qué aporta y qué quita el mito?*

T. M.: Gladys fue un mito, claro. Pero un mito pese a ella, digamos. Y ¿qué queda de ese mito? Eso es muy importante. Queda, a mi entender, una cosa que es esencial. Si uno hoy leyese los discursos de Gladys, se encontraría que hay algo distinto que emerge, que no puede organizarse totalmente porque estaba en el marco de un partido comunista que seguía teniendo ciertas características, pero donde lo que Gladys planteaba parecía diferente. Yo creo que Gladys no cayó en lo que hubiera sido el peligro más grave, que era disolver su plataforma política en una especie de política intermedia, como la de la Concertación. Gladys siempre buscó fundar su crítica al neoliberalismo en un programa alternativo. Entonces, a mi entender, Gladys –y el PC de esa época, porque evidentemente no estaba ella sola en eso– y la izquierda que está en esa campaña, que fue mucho más que el PC, buscaron evitar una especie de disolución de las aristas más significativas que debe tener una proposición de izquierda en este mundo neoliberal. Y en ese sentido, si uno piensa en las cosas que hubiera querido que se pusieran en debate, en efecto, no se pusieron todas, pero sí las necesarias, las suficientes para poder decir que se estaba buscando un discurso alternativo.

S. I.: *¿Cuáles faltaron, a su juicio?*

T. M.: Faltó lo que siempre falta cuando uno piensa en un programa electoral, y considera que ese programa electoral tiene que ser capaz de convencer a trabajadores que están volcados a una política consumista, o que más que participar en sindicatos, están en las grandes *shoppings*. Porque, efectivamente, esa especie de contaminación con los valores, o con las prácticas del mundo neoliberal, había llegado a los sectores populares. Entonces, había que lanzar una plataforma que le hablase a los partidos de la izquierda, pero también a esos sectores a los cuales era necesario seducir. Ahí fallamos. Si uno analiza las votaciones, es evidente que fallamos, no fuimos capaces de hacerlo. Quizás, en ese momento, solo podía lograrse eso mediante una especie de radicalización de la sociedad. Gladys, al final de su vida, visualizó esta posición. Yo creo que a Gladys le faltó insistir más dentro del partido, en hacer una política integradora de esos sectores populares, que todavía siguen siendo seducidos por la Concertación, que siguen votando por Bachelet, unos sectores populares neoliberalizados... Gladys no logró construir un discurso que masivamente los atrajera hacia este lado.

S. I.: ¿Sientes que ella se movió discursivamente en un terreno binario?

T. M.: No. En un terreno complejo, pero ella era víctima de algo de lo que no podía sino ser víctima: de una izquierda que no ha reflexionado sobre qué discurso es necesario ofrecer a esos sectores obreros que han vivido en una sociedad neoliberal, que suma los años de la dictadura y los años de la Concertación. Ahí hay que preguntarse qué discurso es necesario acá, para lograr penetrar esa funcionalidad cristalizada, por decir así. Entonces, eso no lo hizo Gladys. Ni lo vimos, de un modo colectivo, como una necesidad política. Yo creo que sigue sin ser visto como tal, no creo que se haya avanzado en la construcción de una plataforma que no sea la de la Concertación y que sea capaz, sin embargo, de acercarse a los sectores populares. Los sectores populares siguen aprisionados, podemos decir, por la seducción de esa sociedad.

Pero Gladys no era binaria, sino, por el contrario, compleja. Entonces, aunque no fue capaz de llevar adelante la construcción de una propuesta alternativa que, en forma masiva, pudiera integrar a estos sectores populares, se movía en esa dirección. Y avanzaba programáticamente, que no es lo mismo que avanzar políticamente. Quizás los tiempos todavía no están para que esa operación pueda tener pleno éxito, pero queda la tarea que Gladys y la izquierda de esa época –no era solo Gladys– visualizaron, aunque no pudieron llevar adelante por completo.

C. K.: También se puede pensar que hay algunas dimensiones de la política que no se expresan de inmediato en lo electoral. Esto fue claro en la campaña, en la que había una elevada cifra de jóvenes que decían: «Gladys, te amamos», pero ellos no votan, porque no están inscritos en los padrones. O en el diálogo con sectores de las comunidades mapuches que decían: «Vamos a ser aliados estratégicos, pero nunca nos vamos a integrar en la propuesta de la izquierda, por nuestra demanda de autonomía». Es decir, había sectores con los que había diálogo e incluso había afecto, y esto es política que tal vez en términos electorales no se expresa.

T. M.: Sí, en eso tienes mucha razón, porque Gladys era querida por mucha gente que no pensaba en ella como ser electoral ni siquiera como opción política. Había un respeto y un afecto. Cuando yo fui con ella a votar, una masa la rodeó, la aplaudió, la defendió cuando un tipo salió. Esa gente tenía ese afecto, pero políticamente estaban en otra cosa. Entonces, claro, hay algo que no se expresaba electoralmente, y que era esa capacidad de Gladys de ser querida y ser militante comunista al mismo tiempo.

S. I.: Usted, como sociólogo ¿conversó alguna vez de otras preocupaciones de la sociología contemporánea? Parece que ella tenía interés de entrar a estudiar Sociología.

T. M.: Sí. Ella tenía un interés, pero no era una persona que hablara de libros. Hablaba de problemas. Era más interesante para ella hablar de los pescadores de San Antonio, que hablar de Carlos Marx, aunque esto pueda parecer una ironía, pero era así efectivamente.

S. I.: Pero ¿cómo la siente abordar temas del marxismo?

T. M.: Sí, ella podía abordarlos, podía hablar, preguntaba mucho, era inquisitiva en esos temas. No era para nada pretenciosa.

S. I.: ¿Le pidió a usted, por ejemplo, que le recomendara algún libro, o sugiriera algún autor?

T. M.: Sí. Pero no sé si alguna vez terminó leyendo el libro. Ella atendía mucho el diálogo, y diría que no era una marxista de autores, sino de reflexiones sobre la realidad. Yo acá estoy poniendo en blanco y negro cosas que debería ensombrecer más, pero si uno tiene que decirlo bajo ese aspecto, yo te diría que Gladys reflexionaba sobre la realidad.

S. I.: ¿Qué deja atrás de la pura experiencia?

T. M.: Bueno, deja atrás no solo un análisis de la realidad, sino también lo que representa tomar en cuenta ciertas categorías. Yo diría que Gladys se volcaba mucho más hacia la realidad que hacia las teorías. Por eso digo que era compleja y no binaria, aunque no separaba radicalmente las dos cosas, trataba de que interactuaran, pero se inclinaba más hacia los temas de la práctica política en Chile. Entonces, diría que había un libro que leía, que era de Gramsci, que tenía curiosidad por Gramsci, y conversaba sobre el tema, pero no era la pasión, porque ella también se preocupaba por las formaciones de la cultura obrera. Esos eran sus temas. Claro, yo tenía una imagen muy espléndida de un intelectual con una dirigente política comunista. Entonces, verla desde dentro, estando cercano a ella, me llamaba la atención esa cotidianidad, que se expresa claramente en esto de que con ella se podía hablar de cualquier tema, y que lo que podíamos considerar como temas políticamente correctos, era hablar de la vida. Yo creo que esa es la experiencia que ella buscaba: un diálogo quizás mucho más plural que el puro diálogo político.

S. I.: ¿Qué unía, entonces, a un académico, un escritor, con una política «tan de la calle», por así decirlo?

T. M.: Es que yo no estoy de acuerdo con que ella sea «tan de la calle». Ella era una comunista de la calle, y cuando digo esto, hay que pensar en algo más, ahí existe una mente donde hay estructuras y conceptos. Entonces, ella los tenía y trataba de aplicarlos: era compleja. Lo que a mí me lleva a ella, a la experiencia de participar en una campaña presidencial con un candidato de la izquierda, era sentir que yo estaba realizando lo que debía, que ese era mi papel, que ahí debía estar. Podemos decir que yo me puse al servicio de esa candidatura, obviamente planteando mis puntos de vista, pero yo veía que la potencia ahí era Gladys.

S. I.: Cuando usted asume la campaña, ¿siente que como intelectual es una puerta de salida, en el sentido de tomarle el pulso a la sociedad?

T. M.: Fue estar más cercano al acontecer de la gente. Propiamente, no pensé en esas categorías. Lo cierto es que yo pensé que me gustaba, que me parecía sumamente interesante, y que era una experiencia muy rica.

S. I.: *¿Por qué peleaban en el diario?*

T. M.: Yo con ella nunca peleé, pero estaban los del medio, y ahí existían diferencias relacionadas, extrañamente, con mi criterio de que había que plantear más los temas de la izquierda socialista, ir al fondo. En la dirección de la campaña, yo defendía el punto de vista de aprovechar esta experiencia para poder crear una plataforma de alternativa socialista. La dirección de la campaña, no Gladys, porque con ella no eran esos los temas que discutíamos –yo tenía una relación como jefe de la campaña que no era con ella, pues ahí entraba la mediación del partido–, me llevaba a enfrentarme con la dirección política del PC. Con ella no discutía esos temas. Yo diría que ella aprendía de mí algunas cosas, y yo aprendía de ella otras. Era una relación muy humana, donde yo casi no notaba al líder político. Y sin embargo, la veía cuando se formaba como líder político, porque tampoco es que Gladys fuese una ingenua, o que no desempeñara su papel. Realizaba su función, y eso era lo más importante. Ella –y la dirección comunista de esa época– fue capaz de construir un líder que a mí me pareció potable, por decirlo así.

S. I.: *¿Estamos frente a un personaje con una densidad histórica importante?*

T. M.: No sé lo que puede significar eso, pero yo creo que estamos frente a una dirigente muy importante de los últimos cincuenta años de la vida política chilena, por lo que representó tanto en la lucha contra la dictadura, como en el tiempo que le tocó vivir después de esta. Y yo diría, una dirigente política que trató de construir una plataforma de izquierda, lo cual le otorga relevancia en esa época.

C. K.: *Después de saberse la enfermedad, hubo un nuevo momento en la relación de la gente. ¿Cómo viviste eso? ¿Tiene que ver con la cultura chilena ese recambio de relación a partir de la enfermedad o de la muerte...?*

T. M.: Yo diría que la muerte, o el peligro de la muerte, acá resignifica mucho la imagen del personaje público. Gladys, en efecto, en ese tiempo estaba con la emoción en la boca, realmente. Toda la puesta en escena de la estación Mapocho (acto de homenaje a Gladys Marín, a su regreso de Cuba después de la operación y el primer proceso de terapia), fue de un nivel de emocionalidad terrible. Gladys se dejó vivir como alguien que moría. Y eso generó niveles de afecto y de sentimiento muy altos. Tenía esa capacidad de hacerse querer.

S. I.: *Para usted, ¿su pérdida fue muy dura, fue algo que lo removió?*

T. M.: Me removió, sí. Aunque yo no estaba en Chile en el momento en que a ella se le detectó el tumor en el cerebro, lo supe el mismo día que ocurrió. Yo estaba en España, en un viaje, así que cuando llegué acá no pude ver cómo fue el primer temblor, podemos decir, de cuando se conoce. Es algo evidentemente fuerte. Cuando me relacioné con Gladys, ella ya había elaborado la enfermedad. A mí me llamó la atención su energía para seguir adelante. Esta capacidad de contenerse para no hacer vivir su muerte a los otros de un modo destructivo. A mí me impresionó mucho. Y quiero decir que el modo como ella vivió el camino hacia el final es muy importante para mí.

S. I.: ¿Qué piensa de esa contención?

T. M.: Yo creo que hay algo propio de ella, por lo cual quienes estábamos cerca obviamente no le preguntábamos, no podíamos preguntarle como nos estamos preguntando acá. Eso también nos ayudaba a poner en claro, dentro de uno mismo, este camino hacia la muerte, porque hay que saber que la muerte está, que viene, y que cada día que pasa es un día que se camina hacia la muerte. Siempre se camina hacia la muerte, pero aquí es una muerte que está colocada frente a uno, y que no es posible quitarle la cara, ni soñar con que van a pasar veinte años.

S. I.: Cuando muere Gladys Marín, mediáticamente se impone casi un acuerdo común en reconocerla. ¿Qué hay ahí, en esa disolución de las diferencias?

T. M.: Hay una capacidad de Gladys, como siempre digo, pero también hay una estrategia de asimilación, pienso yo. Esa estrategia a mí no me gustó, dado que eran los medios de comunicación burgueses –lo que me repugnó–, los mismos que la habían estigmatizado, quienes ahora la ponían como una especie de santa. Entonces, había ahí una estrategia de que ese afecto que suscitaba Gladys fuese mediado, como si fuese contenido y reciclado de una manera aceptable para el sistema. En el Salón Dorado había muchísima gente, pero los que llegaron al cementerio, salvo excepciones, eran no solo los que se habían emocionado con esta nueva Gladys, sino los que habían visto siempre en Gladys una militante anti-neoliberal.

S. I.: ¿Cuándo cree usted que habría una figura de Gladys puesta al servicio de un partido político?

T. M.: Nunca, yo diría. Creo que Gladys siempre va a estar del lado de una alternativa socialista, siempre va a estar asociada en el recuerdo público a lo que fue y a lo que ella trató de ser. Ella trató de ser eso. Nunca ha sido una especie de banderín de la selección chilena que se pueda estar blandiendo para los fines de una política táctica.

TOMÁS MOULIAN, sociólogo, ha realizado estudios de postgrado en Bélgica y París. Fue director de la Escuela de Sociología de la Universidad Católica. Por su libro *Chile actual, anatomía de un mito*, obtuvo en 1998, el premio Municipal de Santiago, en Chile, y el premio Lasa, en los Estados Unidos. Entre sus obras se encuentran *Democracia y socialismo en Chile* (1983); *La forja de ilusiones: el sistema de partidos 1932-1973* (1993); *El consumo me consume* (1997); *Conversación interrumpida con Allende* (1998);

y *Socialismo del siglo xxi. La quinta vía* (2000). Fue el precandidato presidencial del Partido Comunista de Chile para las elecciones de diciembre de 2005, pero declinó su candidatura en favor del humanista Tomás Hirsch. Actualmente es director de la Universidad Arcis.

CLAUDIA KOROL, educadora y secretaria de redacción de *América Libre*, coordina el Equipo de educación popular Pañuelos en Rebeldía, y el programa de formación cogestionado por movimientos sociales y CLACSO. Es autora de los libros *Rebelión, reportaje a la juventud chilena. El Che y los argentinos, Diálogo con Gladys Marín, Feminismos y marxismos. Diálogo con Fanny Edelman, Caleidoscopio de Rebeldías.*

SAMUEL IBARRA, periodista y artista visual, ha escrito textos y artículos sobre literatura y arte contemporáneo que ha publicado en revistas chilenas y extranjeras.

contextoanalítico

La independencia de Puerto Rico: historia y futuro

FERNANDO MARTÍN GARCÍA

La historia colonial de Puerto Rico ha sido un prolongado y vano intento de evitar lo inevitable, la Independencia.

Rubén Berríos Martínez

La más que centenaria lucha por la independencia de Puerto Rico y por la defensa y desarrollo de la nacionalidad puertorriqueña constituye uno de los episodios de mayor tenacidad y coraje colectivos en la historia de América Latina.

La voluntad de la nación puertorriqueña por gobernarse a sí misma y por afirmar su incuestionable personalidad cultural latinoamericana ha tenido infinidad de manifestaciones a lo largo del tiempo, debido a las diversas formas que fue tomando la determinación de dominio de la potencia colonial de turno, primero España y luego los Estados Unidos. Sin embargo, ninguna manifestación de esa voluntad ha sido más persistente ni más trascendente que el reclamo constante de los independentistas puertorriqueños de ponerle fin al coloniaje y dar paso a un régimen de plena soberanía.

La lucha por la independencia ha sido, por lo tanto –particularmente durante la ocupación por parte de los Estados Unidos a partir de la guerra hispano-cubanoamericana en 1898–, la expresión más alta y más completa de esa inquebrantable vocación de afirmación nacional.

Para poder valorar adecuadamente esa epopeya libertaria y para poder entender el porqué aún no ha logrado su culminación, es preciso tener en cuenta las enormes adversidades con que se ha tenido que confrontar la nacionalidad puertorriqueña, y la grotesca desproporción de fuerzas que siempre ha existido entre la lucha por la descolonización y la independencia y los intereses que han promovido y sustentado el colonialismo en Puerto Rico.

La correcta evaluación de estos factores determinantes de la historia puertorriqueña nos permite comprender el porqué Puerto Rico es hoy todavía la última colonia de importancia que queda en el mundo. Igualmente nos permitirá identificar las nuevas e inéditas circunstancias de la actual coyuntura histórica que por fin hacen posible el logro de nuestra independencia nacional y nuestra plena integración espiritual, política y económica a la gran patria latinoamericana que recién va redescubriendo su propia identidad continental.

La agenda inconclusa de Bolívar

Luego de que las luchas emancipadoras de principios de siglo XIX dieron al traste con el imperio español en México, Centro y Sur América, España se aferró como nunca a sus restantes colonias en Cuba y Puerto Rico, cuyo aislamiento geográfico con respecto a tierra firme y su concentración de poderío militar habían impedido que se extendiera a ellas el movimiento libertador. Ello muy a pesar de que hace ciento ochenta años, el Libertador Simón Bolívar incluyó en su agenda original para el Congreso Anfictiónico de Panamá en 1826 la propuesta de una fuerza expedicionaria para liberar a Puerto Rico. La continuada presencia de España en ambas Antillas se convirtió, pues, en un imperativo nacional de ese imperio.

La creciente importancia económica de Cuba y los vínculos de negocios azucareros de las más influyentes figuras de la clase política española, generaron un endurecimiento de las políticas represivas antiindependentistas que predominaron a lo largo del resto del siglo XIX, incluso en aquellos breves lapsos en que despuntó el liberalismo en la península. Aunque por razón de su menor nivel de población y desarrollo económico Puerto Rico no era el foco principal de esa política, la obsesión por el control absoluto que España manifestó en Cuba fue replicada con igual esmero en Puerto Rico.

El influjo masivo de inmigrantes y capitales, no solo de la península sino de españoles y criollos monárquicos que huían de las guerras de independencia en el continente, contribuyó también de manera decisiva a fortalecer los regímenes coloniales en ambas Antillas y a hacer más difíciles las condiciones para el desarrollo de las ideas independentistas.

No obstante lo anterior, nada pudo detener lo inevitable: la gradual pero progresiva formación –tanto en Cuba como en Puerto Rico– de una conciencia nacional propia a partir de los múltiples factores geográficos, étnicos, sociales y económicos que fueron haciendo que «patria» en Puerto Rico ya no fuera España, sino Puerto Rico mismo.

La manifestación política de esa nueva conciencia nacional que se fue agudizando a lo largo de la segunda mitad del siglo XIX fue la creciente inconformidad de los puertorriqueños con el régimen colonial español. Este descontento, a su vez, se fue expresando en el reclamo de diversos grados de gobierno propio que iban desde un tímido reformismo administrativo hasta un independentismo radical e intransigente.

La existencia de este último quedó dramatizada en un pueblo de las montañas de Puerto Rico cuando el 23 de septiembre de 1868 se produjo el Grito de Lares. Allí se proclamó con heroica y trágica fugacidad la República de Puerto Rico, apenas unos días antes del Grito de Yara, acontecimiento que en Cuba dio paso a la Guerra de los Diez Años, la primera guerra de independencia en ese país. La gesta patriótica de Lares, dirigida desde el exilio por el padre de la patria puertorriqueña, Ramón Emeterio Betances, fue crisol y matriz de la nacionalidad puertorriqueña y sentó las bases para futuras reivindicaciones sociales y económicas.

Si algo ejemplifica las muy distintas circunstancias en que se desenvolvían la Cuba rica y desarrollada y el Puerto Rico pobre y aislado de la época, es que la llama que no pudo sofocar España en Cuba apenas duró unos días en Puerto Rico, cuando los insurrectos fueron aplastados y el movimiento libertador desarticulado y desmovilizado por una represión feroz y abarcadora.

Ante esas realidades, el movimiento independentista quedó agazapado y desorganizado por el resto del siglo XIX. La actividad política a favor del cambio se vio reducida, al menos en la dimensión pública, a un programa reformista que aspiraba al gobierno autonómico insular, a la igualdad de derechos con los españoles de la península, y a la participación plena de los puertorriqueños en la Cortes Españolas. Lo anterior no impidió, sin embargo, que independentistas puertorriqueños de la talla de Betances y de Eugenio María de Hostos continuaran desde sus exilios conspirando y luchando, no solo por la independencia de Puerto Rico sino por la de Cuba. Proclamaron y promovieron a los cuatros vientos la necesidad de forjar una Confederación Antillana, idea que luego recogió el apóstol José Martí en la lucha para que nuestros pueblos caribeños enfrentaran juntos el ya evidente proyecto estadounidense de convertir el Caribe en un lago norteamericano.

Desde entonces el independentismo puertorriqueño ha estado siempre enmarcado en el antimperialismo y en la solidaridad con los pueblos de América Latina y el Caribe frente a las políticas y las pretensiones hegemónicas de los Estados Unidos en nuestra América.

La ocupación norteamericana

La invasión de los Estados Unidos a Puerto Rico en julio de 1898 fue militarmente innecesaria puesto que la guerra hispano-cubanoamericana ya había sido ganada por el Coloso del Norte aunque todavía no se había producido la rendición formal. La decisión de invadir, por lo tanto, era consecuencia de una decisión política ya tomada de que, concluido el conflicto, los Estados Unidos habrían de conservar a Puerto Rico como una posesión colonial indefinidamente. Las exigencias geopolíticas y estratégicas del momento, particularmente las de asegurar el control del acceso al mar Caribe –que era la antesala del canal de Panamá cuya construcción era inminente– sellaron el futuro de Puerto Rico. Los vencedores exigieron y obtuvieron a Puerto Rico como botín de guerra de España en las negociaciones del Tratado de París de 1898. Huelga decir que los puertorriqueños ni participaron ni fueron consultados en forma alguna, ni por España, ni por los Estados Unidos. Dicho tratado estableció que la condición política y los derechos civiles de los puertorriqueños habrían de ser determinados por el Congreso de los Estados Unidos.

Igual que bajo España, la privilegiada localización geográfica de Puerto Rico lo destinaba a ser un bastión militar, esta vez para la joven potencia emergente. Franklin Roosevelt, más tarde presidente de los Estados Unidos, le llamó «la Gibraltar del Caribe», evocando así la caracterización tradicional española de Puerto Rico como «la llave de las Indias».

La ocupación del territorio por tropas estadounidenses y el período de gobierno militar que duró desde 1898 hasta el 1900, encontró a un país hastiado del régimen colonial español que si bien había aprobado poco antes de la invasión una Carta Autonómica para Puerto Rico, lo había hecho únicamente en un desesperado intento por apaciguar la lucha por la independencia que se daba en Cuba y evitar que se extendiera a Puerto Rico. La ausencia de buena fe o de genuino propósito de enmienda por parte de España era evidente para todos. La población en general, y la clase política, vio, pues, con buenos ojos el fin del régimen español. También valoró positivamente las perspectivas de una relación con los Estados Unidos que permitiera el desarrollo de la agricultura y la industria –principalmente la azucarera– al posibilitarse el acceso irrestricto y sin barreras arancelarias al mercado de los Estados Unidos, que desde hacía más de veinte años se había convertido en el principal socio comercial de Puerto Rico.[1]

El nuevo régimen colonial

En un país donde no ya los independentistas, sino incluso tímidos reformistas, habían sido sistemáticamente perseguidos y reprimidos por las autoridades, y donde el más prominente organizador sindical se encontraba en un calabozo al momento mismo del desembarco de las tropas estadounidenses, también existía la esperanza generalizada de que los Estados Unidos acatarían la voluntad de

---

[1] El colapso de la industria azucarera en el país en los años anteriores a la guerra se debió principalmente a la decisión tomada por los Estados Unidos de elevar sus aranceles al azúcar de las Antillas españolas en represalia por los aranceles proteccionistas que España había erigido con respecto a las importaciones procedentes de los Estados Unidos.

los puertorriqueños con respecto a su futuro político y pondrían fin, en un tiempo razonable, a cualquier tutela colonial.

Algunos, en la ilusión del momento, deslumbrados por la reputación democrática y progresista de los Estados Unidos, y sin advertir amenaza alguna a la integridad de su identidad cultural, simpatizaban con la idea de que Puerto Rico fuera incorporado como un estado más de la Unión norteamericana. Muchos de estos todavía cultivaban el mito de que los Estados Unidos, con un ordenamiento constitucional que otorgaba una gran autonomía administrativa y política a los estados miembros, era una «república de repúblicas» en la cual Puerto Rico podía lograr las aspiraciones autonómicas y de igualdad jurídica que España siempre le había negado. En esto se correspondían exactamente con la fuerte corriente dentro del independentismo cubano que desde mediados de siglo XIX veía en el logro de la independencia frente a España el paso previo a la anexión política a los Estados Unidos.

Otros en Puerto Rico vieron en la salida de España la posibilidad del camino hacia la independencia con un trato aduanero preferencial para las exportaciones del país que evitara el aislamiento económico que habría supuesto la desvinculación política con España. La complementariedad entre el potencial económico de Puerto Rico y la economía de los Estados Unidos era evidente, como lo era también en el caso de Cuba. Para los independentistas explotar provechosamente esa complementariedad no era en forma alguna contradictorio con la soberanía política.

Otros, resignados ante la nueva situación y abrumados por el expansionismo estadounidense, no estaban dispuestos a forzar una solución. Preferían favorecer un gobierno civil autónomo que sustituyera de inmediato al gobierno militar y en el cual se le reconociera plena responsabilidad a los puertorriqueños sobre su gobierno interno durante un período transicional hasta que las circunstancias maduraran y los puertorriqueños pudieran decidir su destino final.

Procesos muy similares, salvando las distancias, la época y los participantes, se habían dado en las luchas de independencia de principio del siglo XIX en la gran mayoría de las colonias españolas en América. Los movimientos de emancipación latinoamericana luego de la invasión napoleónica a España, oscilaron entre los que postulaban la anexión de los territorios de América como provincias de la Corona Española, hasta los que luchaban por la independencia.

Pero las optimistas expectativas de todos los sectores de la política puertorriqueña luego de la invasión norteamericana se fueron rápidamente estrellando frente a las realidades de la política colonial del nuevo amo.

La primera ley orgánica del Congreso de los Estados Unidos organizando un gobierno civil en Puerto Rico, la Ley Foraker de 1900, establecía tres principios fundamentales.

El primero, que Puerto Rico era una posesión de los Estados Unidos, aunque no se hacía formar parte de esa nación, y que el Congreso tenía plena facultad para legislar sobre cualquier asunto concerniente a Puerto Rico. El segundo, que el gobierno de la isla estaría dirigido por un gobernador designado por el presidente de los Estados Unidos (al igual que los magistrados del Tribunal Supremo insular y otros funcionarios claves del gabinete del ejecutivo) y que su órgano legislativo sería uno bicameral compuesto por una cámara baja de elección popular y una cámara alta compuesta por designados del gobernador. Ello aseguraba que no pudiera siquiera llegar ante la firma del gobernador un proyecto de ley que no contara con su beneplácito. El tercer principio estatuido en la ley orgánica establecía que luego de un breve período transicional, el comercio sería libre de aranceles entre los Estados Unidos y Puerto Rico. Se determinó, además, que el sostenimiento económico del gobierno de Puerto Rico sería sufragado por los ingresos que recaudara el propio gobierno insular.

Aunque se debatió la posible extensión de la ciudadanía estadounidense a los puertorriqueños, esta propuesta no encontró apoyo en un Congreso norteamericano que no se sentía forzado constitucionalmente a otorgarla, puesto que Puerto Rico no se hacía formar parte de los Estados Unidos como ocurrió con los territorios contiguos previamente adquiridos y el de Hawai anexado en 1898, donde los nativos habían sido reducidos a una pequeña minoría de la población de esas islas del Pacífico. Por el contrario, Puerto Rico y Filipinas habían sido cedidos por España a los Estados Unidos como consecuencia de la guerra de 1898, y por ende serían meras posesiones norteamericanas sujetas al poder plenario del Congreso.

El desencanto y la frustración de los puertorriqueños ante el carácter descarnadamente colonial de la Ley Foraker, y ante la evidente negativa de los Estados Unidos a propiciar proceso alguno que condujera a la descolonización, fueron generando un consenso a favor de la independencia dentro del Partido Unión de Puerto Rico que había sido ampliamente mayoritario desde principios del nuevo siglo. Este partido que desde sus inicios había postulado como aceptables tanto la independencia como la anexión y la autonomía, compareció a las elecciones de 1914 con la independencia como aspiración final única y triunfó aplastantemente. Su más brillante dirigente, José de Diego, quien presidía la cámara de elección popular, era no solo un ferviente independentista sino un propulsor de la idea de la Federación Antillana que contemplaba la futura unión política de Cuba, Santo Domingo y Puerto Rico, con lo cual se engarzaba con el ideario de los próceres de Puerto Rico y Cuba, Betances y Martí.

La imposición de la ciudadanía norteamericana

La reacción de los Estados Unidos a esta consolidación mayoritaria de la opinión pública puertorriqueña en apoyo a la independencia no se hizo esperar. Se comenzó la discusión en el Congreso norteamericano sobre una nueva ley orgánica que habría de ampliar, aunque marginalmente, la participación de los puertorriqueños en el gobierno de la isla, al convertir la cámara alta en una que también sería de elección popular, pero conservando intactos los poderes del gobernador designado por el presidente, al igual que los poderes plenarios del Congreso de los Estados Unidos. Lo más significativo de lo que sería la Ley Jones de 1917 fue que, por encima de la objeción de la Cámara de Delegados de Puerto Rico –controlada por el ala independentista del Partido Unión de Puerto Rico–, dicha ley impuso a los puertorriqueños la ciudadanía norteamericana, a la vez que dispuso que dicha extensión de la ciudadanía no alteraba la condición de posesión territorial sujeta al poder plenario del Congreso. Al aprobarse por el Congreso la Ley Jones de 1917, Puerto Rico continuaba tan colonia como antes y sujeta a los poderes omnímodos del gobierno de los Estados Unidos en el cual, por supuesto, los puertorriqueños no tenían participación de clase alguna.[2]

La imposición de la ciudadanía estadounidense a los puertorriqueños constituyó la prueba fehaciente de que la voluntad de los Estados Unidos con respecto a Puerto Rico en ese momento era establecer un régimen colonial a perpetuidad. Se pretendía con la ciudadanía crear un vínculo inquebrantable con Puerto Rico, a la vez que la insistencia en que ello no lo incorporaba como parte de los Estados Unidos, dejaba meridianamente establecido que la posible anexión futura de Puerto Rico como estado de la Unión –que históricamente siempre había sido precedida por la incorporación territorial– estaba descartada.[3]

La trascendental decisión política estadounidense encarnada en la Ley Jones de 1917 y la imposición de la ciudadanía que pretendía cerrar las puertas a la independencia sin abrir las de la anexión era una condena a la cadena perpetua colonial. Fue el resultado de la misma política estimulada por la Primera Guerra Mundial que llevó a los Estados Unidos a practicar un intervencionismo sin precedentes en la región caribeña ante la amenaza de que ese conflicto pudiera inducir a Francia y a Alemania a la búsqueda de nuevos enclaves militares en el Caribe. Durante esos años los Estados Unidos ocuparon a Haití (1915) y a la República Dominicana (1916), intervinieron en Cuba (1917) como lo habían hecho ya en Nicaragua (1912) y adquirieron por compra a las Islas Vírgenes

---

[2] En contraste con el trato a Puerto Rico, en ese mismo año de 1917, el Congreso adoptó también una nueva ley orgánica para las Filipinas. En el caso de esta otra posesión, lejos de extender la ciudadanía norteamericana, el Congreso expresó su intención de concederle su eventual independencia luego de un período preparatorio de varias décadas.

[3] En 1922 el Tribunal Supremo de los Estados Unidos habría de confirmar, en una histórica decisión por voz del juez presidente Howard Taft (también ex presidente de los Estados Unidos y ex gobernador de Filipinas) la condición de Puerto Rico como mera posesión de los Estados Unidos. Esta sigue siendo hoy la interpretación constitucional definitiva con respecto al tema. Taft dictaminó que la incorporación de Puerto Rico como parte de los Estados Unidos precisamente por ser un paso previo a la anexión como estado, no podía presumirse por inferencia –es decir por la mera extensión de la ciudadanía– cuando se trataba de un territorio poblado por gente de lengua y cultura diferentes.

danesas (1916). La idea de independizar a Puerto Rico en esas circunstancias resultaba inconcebible para una potencia empeñada en ejercer plena hegemonía en un área estratégicamente vital, aún al precio de ocupar militarmente a algunos países ya independientes. Dicha política iniciada por los Estados Unidos desde el siglo XIX, habría de convertir la historia de Centroamérica y el Caribe durante el siglo XX, en variaciones del tema de la dependencia, del cual Puerto Rico es su caso extremo.

Mientras los Estados Unidos reafirmaban mediante la Ley Jones su proyecto político colonial en Puerto Rico, su estrategia se veía complementada por el estado de postración y extrema dependencia económica en que se encontraba la isla. El principal efecto del régimen de comercio sin barreras arancelarias con los Estados Unidos inaugurado a principios de siglo había sido el acaparamiento de las más valiosas tierras agrícolas de Puerto Rico por parte de los grandes trusts azucareros norteamericanos. Estos convirtieron a Puerto Rico en una gran plantación perteneciente a capital ausentista de la cual dependía la economía insular y que solo podía sobrevivir, por sus altos costos de producción, en virtud del mercado protegido a precios preferentes que únicamente podía proveer, en aquel momento, la relación colonial.[4]

Esta aplastante y agobiante realidad económica y la amenaza permanente de que con la independencia se cerraría de un portazo el acceso preferente de Puerto Rico al mercado estadounidense, lo cual llevaría al colapso a la economía de la isla, aisló a los independentistas –golpeados ya por la muerte de De Diego al poco tiempo de aprobada la Ley Jones– y condujo a muchos puertorriqueños a una fatalista resignación colonial. Muchos creyeron que en Puerto Rico la libertad y la sobrevivencia eran incompatibles.

Albizu Campos y el despertar de la conciencia nacional

La gran depresión económica a partir de 1929 y los consiguientes disloques en la estructura económica de Puerto Rico, dejaron al desnudo la vulnerabilidad económica del régimen colonial, desacreditando el modelo del monocultivo azucarero ante los ojos del país. Es entonces que bajo el liderato esclarecido de don Pedro Albizu Campos, el último libertador de América, heredero del pensamiento de Betances y de De Diego resurgió con más fuerza que nunca el independentismo puertorriqueño con la entrada en escena del Partido Nacionalista Puertorriqueño. Don Pedro, quien en los últimos años de la década del veinte había hecho una peregrinación política por varias capitales latinoamericanas recabando la solidaridad de sus pueblos y sus gobiernos con la causa

---

[4] Para hacerse de una idea precisa del grado de dependencia que padecía la isla, basta tener en cuenta que Puerto Rico durante la década del veinte, con menos del 10% del área territorial de Cuba (que era la economía de monocultivo azucarero por excelencia), producía más del 25% del azúcar que producía la hermana Antilla.

de la independencia de Puerto Rico, revolucionó la política puertorriqueña a partir de 1930 poniendo una vez más como tema central del debate público la urgencia de la descolonización recogida en su frase: «Está sobre el tapete la suprema definición, yanquis o puertorriqueños».

El principal partido político de Puerto Rico en la década del treinta, el Partido Liberal (sucesor del viejo Partido Unión) retomó la propuesta de independencia en su programa. Incluso el tradicional partido anexionista se vio obligado a incluir la alternativa independentista en su oferta política en el caso de que los Estados Unidos no aceptaran la anexión como estado de la Unión.

A finales de esta década, los Estados Unidos, advertidos de la inminencia de otro conflicto bélico a escala mundial en que Puerto Rico sería más importante que nunca como bastión militar, respondieron al renacimiento del independentismo promovido por Albizu Campos con tres estrategias coordinadas.

En primer lugar, le declara la guerra al nacionalismo obligándolo a la defensa propia. Las matanzas, las provocaciones y la persecución por parte de la autoridad colonial encabezada por un gobernador norteamericano, general del ejército, casi llevaron al exterminio político al Partido Nacionalista durante la década del treinta. Esta estrategia culminó con el encarcelamiento, por parte del gobierno de los Estados Unidos, de don Pedro Albizu Campos y del liderato nacionalista, con el asesinato de veintiún nacionalistas desarmados y con ciento dos heridos, durante un desfile pacífico del Partido Nacionalista en la ciudad de Ponce en 1937. Este acontecimiento ha pasado a la historia puertorriqueña como la Masacre de Ponce. El encarcelamiento de don Pedro Albizu Campos en prisiones norteamericanas se prolongó por años hasta que los Estados Unidos lograron reconsolidar su hegemonía colonial una década más tarde.

La segunda estrategia estadounidense para enfrentar el renovado y masivo apoyo popular del reclamo independentista fue la de iniciar una nueva política de asistencia económica al gobierno y a la población indigente del país, mediante la extensión a Puerto Rico de los más importantes programas sociales y de desarrollo económico del llamado «Nuevo Trato» del presidente Franklin Roosevelt. Dicha subvención tenía el propósito de que los puertorriqueños reconsideraran su rechazo al régimen colonial y que se generara una nueva plantilla de políticos reformistas que se convirtieran en portavoces de las virtudes del nuevo colonialismo ilustrado que reconocía la necesidad de ciertas reformas, incluso políticas.

La tercera estrategia, concurrente con las primeras dos, consistió en recordarle al país que si bien la independencia podía ser una opción para Puerto Rico, esta conllevaría, además del cierre virtual del mercado de los Estados Unidos a los productos de Puerto Rico, el cese de toda forma de asistencia económica. Esta tercera estrategia fue dramatizada con la presentación en el Congreso norteamericano de un proyecto de ley redactado por la Casa Blanca, en el cual se pormenorizaban las consecuencias cataclísmicas que supuestamente tendría para Puerto Rico la independencia.

El Estado Libre Asociado: «la colonia con la cadena larga»

Las tres estrategias combinadas tuvieron el efecto deseado. Encarcelados don Pedro y sus colaboradores, y abierto el grifo de los programas de asistencia del gobierno federal, un grupo de jóvenes dirigentes políticos encabezados por Luis Muñoz Marín, que en aquel entonces era un connotado líder independentista, cosecharon la siembra política de don Pedro. Fundaron en 1938 el Partido Popular Democrático (PPD) y alcanzaron el poder político en 1940 prometiendo lograr la independencia bajo el lema «Pan, tierra y libertad», cuando concluyera la guerra mundial en la cual era inminente la entrada de los Estados Unidos.

Sin embargo, en 1945, apenas cinco años después, cooptado por el gobierno de los Estados Unidos en el umbral de la guerra fría, Muñoz Marín, a instancias y con el apoyo político y económico de Washington, dio un giro de ciento ochenta grados. Temeroso de perder ese apoyo y seducido por la promesa de que habría de crearse para él la posición de gobernador electivo, Muñoz repudió la independencia y transfirió su apoyo y su patronazgo a un proyecto reformista diseñado en Washington y que dejaba intacta la base de la colonia.[5] Una vez más prevalecieron los intereses geopolíticos y militares de los Estados Unidos.

El 25 de julio de 1952, se proclamó el mal llamado Estado Libre Asociado, el mismo día en que cincuenta y cuatro años antes, los Estados Unidos habían invadido la isla. La elección de esta fecha fue un grotesco intento de borrar de la memoria histórica de los puertorriqueños el día de la conquista norteamericana.

El Partido Independentista Puertorriqueño (PIP) fue fundado en 1946 por don Gilberto Concepción de Gracia, precisamente como reacción a la claudicación de Muñoz Marín. Desde entonces ha sido el principal movimiento independentista que, junto con otras formaciones históricas como el mismo Partido Nacionalista, el extinto Movimiento Pro Independencia después Partido Socialista Puertorriqueño y otros –algunos de los cuales optaron luego de la década del sesenta por la acción directa tanto en la isla como en los Estados Unidos–, han llevado la carga de la lucha por la independencia de Puerto Rico desde la posguerra en las más difíciles condiciones.[6]

El Estado Libre Asociado, puesto en marcha por Washington y que prevalece hasta el día de hoy, ha sido siempre puro maquillaje y cínico operativo de relaciones públicas. Aparte de la reforma que autorizó la elección popular del gobernador (que había sido aprobada ya en 1947), nada hay en la ley

---

[5] Este viraje dio margen a un poema de Pablo Neruda que en su libro *Canción de gesta* se refiere a Muñoz Marín como «humilde traductor de tus verdugos, chofer del whisky norteamericano».

[6] En 2005 Filiberto Ojeda, líder del grupo Los Macheteros, luego de años en la clandestinidad, fue emboscado y asesinado en su casa por fuerzas del FBI. Aún cumplen condena en los Estados Unidos Oscar López, Haydée Beltrán y Carlos Alberto Torres, quienes han estado en prisión por más de veinticinco años mientras que William Guillermo Morales, luego de ser encarcelado, logró evadir a sus captores y permanece asilado en Cuba.

norteamericana de 1950 –que enmienda la ley orgánica Jones de 1917 y autoriza la creación del ELA– que amplíe el ámbito de autoridad del gobierno colonial o que reduzca el poder del Congreso de los Estados Unidos para legislar sobre el territorio de Puerto Rico. El Congreso de los Estados Unidos solo autorizó a los puertorriqueños a redactar una Constitución para el gobierno interno de la colonia, sujeta a la aprobación del Congreso. Llana y sencillamente se trató de un ejercicio para pretender justificar el colonialismo mediante un espurio consentimiento.

Luego de la creación del ELA, la legislación federal norteamericana continúa aplicándose en Puerto Rico al libre arbitrio del Congreso, sin ingerencia de clase alguna por parte de los puertorriqueños. Todas las áreas fundamentales de la vida colectiva de Puerto Rico siguen en manos de las autoridades estadounidenses incluyendo aduanas, comunicaciones y telecomunicaciones, moneda y banca, comercio exterior, inmigración, ambiente, relaciones laborales y salarios, entre otras muchas.

El gobierno de los Estados Unidos, que es en propiedad un gobierno extranjero en Puerto Rico, no solo legisla para este a su antojo, sino que tiene en Puerto Rico su propia policía federal (FBI), su fiscalía y sus tribunales, todos compuestos por funcionarios de ese gobierno que no responden al gobierno puertorriqueño y que en las áreas de su abarcadora jurisdicción prevalecen sobre cualquier legislación colonial y sobre los funcionarios de este gobierno. Y lo que es más abusivo aún, el gobierno norteamericano tiene el poder para imponer un tributo de sangre a la juventud mediante la imposición de la ley de servicio militar obligatorio que le ha costado la vida a miles de puertorriqueños. A partir de la creación del Estado Libre Asociado en 1952, nada ha cambiado en la distribución de poder o de autoridad entre Puerto Rico y los Estados Unidos.

De lo que no cabe duda es que, ante los procesos de descolonización de las posguerra, el operativo de relaciones públicas norteamericanas que fue el Estado Libre Asociado cumplió sus propósitos de limpiar la imagen de los Estados Unidos como potencia colonialista no solo en buena parte del mundo, sino en los propios Estados Unidos, e incluso en Puerto Rico mismo. Esto fue posible debido a varios factores.

Represión del independentismo

En primer lugar, la creación del Estado Libre Asociado fue precedida y luego seguida por la campaña de represión y persecución del independentismo más intensa y feroz que ha conocido la historia de Puerto Rico. Esa campaña de los gobiernos del Partido Popular bajo el liderato de Muñoz Marín (y luego continuada bajo gobernadores subsiguientes) fue llevada a cabo con la colaboración activa de las autoridades estadounidenses. Se ha caracterizado por no limitarse a combatir a aquellos independentistas que confrontaban mediante la lucha armada al régimen colonial o al gobierno de los Estados Unidos, sino que penalizaba a todos los independentistas por el mero hecho de serlo.

Mientras los Estados Unidos se vanagloriaban de la existencia de una supuesta democracia en el Estado Libre Asociado, bastaba que alguien fuera independentista o que enarbolara la bandera de Puerto Rico en su hogar para que se le tratara como a un elemento antisocial y se le hiciera objeto de hostigamiento policial, discrimen en el empleo público y privado, y en su derecho a obtener servicios públicos en igualdad de circunstancias con los demás ciudadanos.[7]

Esta reanudación de la represión que tenía su precedente inmediato en la década del treinta cuando se intentó eliminar al Partido Nacionalista, tuvo su relanzamiento a partir de la fundación del Partido Independentista Puertorriqueño de cara a las elecciones de 1948. Su herramienta principal fue la infame Ley de la Mordaza que criminalizaba las expresiones de apoyo a la independencia como conducta sediciosa.[8]

Dicha ley se utilizó como instrumento para tratar de eliminar de una vez y por todas al Partido Nacionalista, de impedir la inscripción electoral del Partido Independentista Puertorriqueño y de hostigar y estigmatizar a sus miembros. A pesar de la feroz represión en su contra, dirigida por un Muñoz Marín temeroso de perder las elecciones, el PIP se convirtió en la segunda fuerza electoral y en los comicios de 1952 obtuvo una nutrida representación legislativa.

Al mismo tiempo que el PIP alcanzaba su momento de mayor auge electoral, el Partido Nacionalista –revigorizado por el retorno de Albizu Campos de prisión– organizó en 1950 una heroica insurrección en el pueblo de Jayuya y en varios otros pueblos, que patentizó el rechazo a la infamia de pretender esconder al colonialismo tras el manto del consentimiento popular.

Como parte de la gesta insurreccional, dos nacionalistas puertorriqueños atacaron la Casa Blair en Washington, donde se encontraba residiendo el presidente Truman. Uno de los atacantes, Griselio Torresola fue muerto en el acto y el otro, Oscar Collazo, fue herido y luego encarcelado en una prisión de los Estados Unidos donde purgó una condena de más de veinticinco años.

---

[7] No fue hasta 1989 que el Tribunal Supremo de Puerto Rico, luego de un largo proceso y frente a la férrea oposición del gobierno colonial, se vio forzado finalmente a declarar ilegal la práctica policiaca de mantener expedientes secretos sobre más de ciento treinta y cinco mil independentistas por razón de su ideología política, con lo cual quedaron confirmadas las denuncias de persecución y discrimen sistemático que venía señalando el independentismo por más de medio siglo, y que, sin duda, continúan aún. Esta decisión judicial, por supuesto, no obligó –ni podía obligar– al FBI a suspender sus propias prácticas persecutorias que persisten hasta el día de hoy.

[8] El máximo poeta puertorriqueño del siglo xx, don Francisco Matos Paoli, fue condenado a veinte años de prisión por el delito de pronunciar cuatro discursos donde abogaba por el derecho de Puerto Rico a la lucha armada como medio para su liberación. El poeta durante su encierro perdió la razón. La palabra se convirtió en delito.

Las represalias que siguieron a la insurrección del Partido Nacionalista se extendieron a todos los independentistas e incluyeron los arrestos de miles de dirigentes y militantes del Partido Independentista, el cual había expresado su solidaridad con el Partido Nacionalista y había condenado al gobierno de los Estados Unidos y al gobierno colonial como los responsables por el derramamiento de sangre. El gobierno colonial encarceló una vez más a don Pedro Albizu Campos quien habría de permanecer en prisión, sujeto a torturas y abusos, hasta prácticamente el momento de su muerte en 1965.

En 1954, algunos años más tarde de la insurrección de Jayuya, en un intento por desenmascarar ante el mundo la maniobra diplomática de los Estados Unidos en la ONU para excluir a Puerto Rico de la lista de territorios dependientes, un comando nacionalista integrado por Rafael Cancel Miranda, Irving Flores, Andrés Figueroa Cordero y dirigido por una patriota ejemplar, doña Lolita Lebrón, protagonizaron un hecho revolucionario e inédito en la historia de los Estados Unidos al abrir fuego en el hemiciclo de la Cámara de Representantes del Congreso norteamericano. Condenados de por vida y encarcelados en las más deplorables y restrictivas condiciones, rehusaron por años un perdón condicionado, hasta que la opinión pública forzó al gobierno de los Estados Unidos a otorgarle la libertad sin restricciones, luego de más de veinticinco años de prisión.

Estas históricas y valerosas gestas del Partido Nacionalista que le recordaron al mundo la persistencia del colonialismo en Puerto Rico, fueron usadas –como se ha señalado– de pretexto para recrudecer la persecución y la represión contra el Partido Independentista Puertorriqueño, a pesar de que este estaba comprometido con la lucha cívica y electoral y no era partidario de la lucha armada en aquellas circunstancias. Como consecuencia, el PIP perdió su representación parlamentaria en las elecciones de 1960. No fue hasta 1972 que pudo recuperarla bajo el liderato de su actual presidente Rubén Berríos Martínez –quien fue electo senador en cuatro ocasiones con el mayor número de votos entre todos los electos– y la ha mantenido de forma ininterrumpida, tanto en la Cámara como en el Senado, desde 1984 hasta el presente.

El nacionalismo cultural

El segundo factor que explica la consolidación del colonialismo estadolibrista radicó en el manejo demagógico del nacionalismo cultural combinado con el cultivo de una nueva imagen de personalidad política propia. Desde la legalización del uso público de la bandera de Puerto Rico (antes prohibida por ser estandarte independentista) como una de las dos banderas oficiales del Estado Libre Asociado junto a la de los Estados Unidos, hasta la defensa del idioma español y la promoción oficialista de las manifestaciones artísticas y artesanales, los gobiernos del ELA bajo el Partido Popular durante los últimos cincuenta años exudaban «puertorriqueñidad».

Esa política dirigida a cooptar y a extirpar de raíz el independentismo hubiera logrado su propósito de no haber sido por el liderato visionario y sacrificado del fundador y entonces presidente del PIP, don Gilberto Concepción de Gracia, y por el heroísmo, la dedicación y la constancia que han sido características de los independentistas que durante los años más difíciles supieron resistir tanto la intimidación como la seducción del régimen. No obstante, los enemigos de la independencia estuvieron cerca de lograr su propósito.

Por mucho tiempo, la capacidad de los gobiernos coloniales de jugar la carta del criollismo populista –apoyados públicamente por un trato deferente por parte de los gobiernos en Washington y algunos de sus aliados internacionales– les permitió esconder y disimular la condición real de subordinación e inferioridad política de Puerto Rico, y persuadir a muchos puertorriqueños de que el Estado Libre Asociado era una condición que no era tanto colonial como «especial». Insistían con presuntuoso desdén los políticos colonialistas: «¿de qué le ha servido a los países latinoamericanos su independencia?»

Crecimiento dependiente

El tercer factor que explica el apoyo que por mucho tiempo disfrutó el colonialismo estadolibrista tuvo que ver con el crecimiento de la economía de Puerto Rico desde la posguerra hasta la década del setenta. Durante ese período, cerca de una tercera parte de la población de Puerto Rico emigró a los Estados Unidos, al tiempo que la industria manufacturera estadounidense, en busca de un paraíso contributivo con mano de obra barata y acceso libre al mercado del norte, descubrió a Puerto Rico e inventaron las maquiladoras.

La transformación de la economía agraria en una industrial y de servicios, con el consiguiente mejoramiento en los servicios públicos básicos de salud, educación e infraestructura, llevó a muchos a creer la propaganda oficial de que la relación existente con los Estados Unidos era la clave del desarrollo y el camino más corto a la prosperidad. Aunque Puerto Rico sigue hoy siendo tan pobre, en relación con los Estados Unidos, como en 1952 (una tercera parte del ingreso per cápita de los Estados Unidos y la mitad del ingreso per cápita del estado más pobre de la Unión), para los que habían vivido –real o vicariamente– la pobreza absoluta de un pasado no tan remoto, la multiplicación de los signos de la modernidad resultó deslumbrante. Por muchas décadas y hasta tiempos recientes, la opinión pública adoró al becerro de oro.

Cuando la pujanza del sector manufacturero de las maquiladoras comenzó a estancarse a partir de la década del setenta, surgió un nuevo factor que es crucial para explicar la pervivencia del colonialismo estadolibrista. Se trata de la extensión masiva a Puerto Rico de diversos programas de asistencia social y económica del gobierno de los Estados Unidos a los sectores marginados de la sociedad puertorriqueña. Estos programas, que en los Estados Unidos estaban dirigidos al 10% de la población que vivía bajo el nivel de pobreza, al extenderse, aunque fuera parcialmente, a una sociedad donde cerca del 60% está bajo dicho nivel, convirtieron la dependencia general de nuestra economía en una dependencia personal y concreta de la mayoría de puertorriqueños que ahora recibía un cheque a su nombre del gobierno de los Estados Unidos. En la medida en que el empleo manufacturero se reducía y el gran capital estadounidense se invertía en proyectos de manufactura sofisticada que generaba enormes ganancias pero pocos empleos, también se iba reduciendo la tasa de participación laboral, atrapando a cada vez más personas en una trituradora subcultura de marginación y pobreza financiada por la dependencia en los programas de Asistencia Federal, cortesía del colonialismo estadolibrista.

El nuevo arreglo colonial resultó tan eficiente como perverso. Mientras las corporaciones repatriaron de Puerto Rico ganancias netas por cuatrocientos mil millones de dólares (USD$ 400 000 000 000) en los últimos treinta años, sin pagar contribuciones ni al fisco de Puerto Rico ni al tesoro federal, los contribuyentes norteamericanos aportaban en el mismo período apenas una décima parte de esa cantidad en subsidios para la indigencia. Puerto Rico se convirtió así en una enorme lavandería de dinero para las corporaciones norteamericanas, exentas de contribuciones tanto en Puerto Rico como en los Estados Unidos. Esta anómala situación estaba tarde o temprano destinada a llegar a su fin, como en efecto sucedió en 2005.[9]

A la luz de los factores anteriormente expuestos no es de extrañar, por lo tanto, que en Puerto Rico, al igual que sucedió durante las luchas de independencia en América Latina, el apoyo político explícito de la gran masa de la población a la causa de la independencia fluctuara a través del tiempo, según las circunstancias, y que los vaivenes de la opinión pública respondieran a las coyunturas y las exigencias de la cotidianidad económica y social.

Puerto Rico aislado de la América Latina

El independentismo puertorriqueño tuvo que hacer frente en las últimas décadas a todo lo anterior, sumado al aislamiento internacional producido por una agresiva política exterior de los Estados Unidos que reprendía y penalizaba severamente cualquier muestra de solidaridad con la causa de la independencia.

Resultaba más fácil, incluso para muchos latinoamericanos, acoger los argumentos oficialistas de que el asunto de Puerto Rico era únicamente de la incumbencia de los puertorriqueños, o repetir el disparate de que Puerto Rico no era una colonia porque los puertorriqueños votaban a favor del régimen y no apoyaban electoralmente al independentismo, olvidando que una colonia democrática es una contradicción en sí misma. Solo por excepción se escuchaba

---

[9] El déficit fiscal en los Estados Unidos y la necesidad de una mayor recaudación para el Tesoro de ese país llevó a la eliminación de los privilegios contributivos federales para las corporaciones norteamericanas establecidas en la isla.

a algún líder latinoamericano denunciar la realidad del coloniaje en Puerto Rico o exigir de los Estados Unidos una política de descolonización, o desenmascarar las intimidaciones y chantajes con que se manipulaba la opinión pública en Puerto Rico, o condenar la persecución del independentismo.

Rara vez se atrevía algún protagonista latinoamericano a afirmar que proclamaba su derecho a apoyar y favorecer la independencia para Puerto Rico por razones de principio, como podría cualquier socialista apoyar y favorecer el socialismo en Francia, independientemente de lo que en un momento dado pudiera ser la correlación de fuerzas en ese país. Después de todo, el *apartheid* surafricano no hubiera sido menos malo porque hubiere tenido apoyo popular; entre otras razones porque debería presumirse que tal apoyo entre los africanos negros solamente podía haberse logrado por medio de la manipulación, la intimidación y el engaño. El consentimiento al colonialismo es, por definición, tan solo aparente y es siempre el resultado de la coacción colectiva.

Este relativo silencio oficial de la América Latina sobre el colonialismo en Puerto Rico durante la guerra fría, tuvo importantes excepciones en distintos momentos y es obligado el reconocimiento especial que hay que hacer en este respecto a la consistente política de solidaridad que, consecuente con los postulados martianos, ha conducido el gobierno de Cuba desde el triunfo de la revolución. Por otro lado, no podemos olvidar que, de la misma manera que las presiones ejercidas por los Estados Unidos en Puerto Rico estaban dirigidas a suprimir el independentismo a toda costa, en el ámbito latinoamericano esas poderosas presiones iban dirigidas a desalentar cualquier expresión de sus gobiernos que pudiera interpretarse como una condena al colonialismo en Puerto Rico.

Vieques: «violar la ley del imperio es cumplir la ley de la patria»

A partir del final de la guerra fría, la relación entre los Estados Unidos y Puerto Rico ha sufrido cambios fundamentales con respecto a las fuerzas que en los Estados Unidos habían promovido y sostenido el proyecto del colonialismo a perpetuidad para Puerto Rico.

El interés estratégico militar que fue el principal propulsor de la política colonial ha perdido su vigencia en Puerto Rico. El golpe de gracia se lo dio el pueblo de Puerto Rico, en la isla municipio de Vieques, al unirse en desobediencia civil a la lucha para forzar la salida de la Marina de Guerra norteamericana, que tenía allí su campo de tiro y entrenamiento. La punta de lanza de esa gesta fue el Partido Independentista Puertorriqueño y su líder Rubén Berríos Martínez,[10] quien al instalarse en 1999 y permanecer por un año en el campo de entrenamiento impidiendo el bombardeo, desencadenó un proceso de

---

[10] Durante la gesta de Vieques, el presidente del PIP fue nombrado presidente honorario de la Internacional Socialista por el Congreso de esa organización celebrado en París.

amplio apoyo popular que llevó a la salida de la Marina de Vieques[11] en el año 2003 y subsiguientemente al cierre de la base naval más grande de los Estados Unidos fuera de su territorio continental, en Ceiba, en la parte oriental de Puerto Rico.

El encarcelamiento de Rubén Berríos Martínez y de cientos de dirigentes y militantes del PIP, así como de muchos otros puertorriqueños comprometidos con esa causa, que se negaron incluso, en el caso de los miembros del PIP, a levantar defensa de clase alguna en el tribunal de los Estados Unidos en Puerto Rico, conmovió la conciencia del país y de la opinión pública norteamericana e internacional y particularmente la de América Latina. La tesis del PIP respecto a la eficacia de la desobediencia civil en la lucha por la independencia, recogida hace treinta y cinco años en la frase de su presidente «Violar la Ley del Imperio es Cumplir la Ley de la Patria», tuvo en Vieques su máxima expresión.[12]

A la pérdida de interés militar por parte de los Estados Unidos, se une el fin del ya mencionado régimen de privilegios contributivos en los Estados Unidos a las ganancias generadas por sus compañías en Puerto Rico. Esto significa que el gran capital norteamericano no tiene ya incentivo para ser promotor incondicional de la continuación del régimen colonial, puesto que ello ya no le reporta ningún beneficio adicional al que obtendría si Puerto Rico fuera un país independiente.[13]

Súmesele a lo anterior que en las últimas décadas se produjo un significativo crecimiento electoral de los estadoístas, quienes propulsan convertir a la isla en un estado de la Unión norteamericana. Este crecimiento que ha sido producto del desgaste del modelo colonial estadolibrista y del natural atractivo para los marginados de una mayor y más abundante participación en los programas de asistencia económica a los indigentes que se recibirían bajo la estadidad, constituye una amenaza a los Estados Unidos. Esto es así porque una solicitud de anexión generada por la dependencia, la incertidumbre y la desesperación (y no por

---

[11] En el año 2000, luego de ser arrestado en Vieques, el presidente del PIP fue invitado a la Casa Blanca por el presidente Clinton, junto a la presidenta del partido colonialista (PPD) y al presidente del partido anexionista –Partido Nuevo Progresista (PNP)– para discutir el estatus de Puerto Rico. Allí, Rubén Berríos Martínez le comunicó al presidente de los Estados Unidos que ese preciso día un nutrido grupo de líderes y militantes del PIP estarían incursionando en el área restringida de Vieques y que la desobediencia civil continuaría hasta que la Marina saliera de esa isla municipio.

[12] Ya anteriormente, en 1971, el presidente del PIP, junto a doce compañeros, había incursionado en el campo de bombardeo de la Marina en la isla municipio de Culebra, vecina de Vieques. Fue arrestado luego de cuatro días y cumplió cárcel por tres meses. Rehusó defenderse impugnando la jurisdicción del Tribunal Federal –cuyo idioma oficial es el inglés– y en su alocución en español usó la frase citada. La Marina se vio obligada a cesar sus bombardeos en Culebra, pero con posterioridad los incrementó en el campo de bombardeo en Vieques.

[13] En 2006 la crisis del modelo económico dependiente del ELA se hizo evidente para todos, cuando el gobierno colonial decidió aumentar las contribuciones a la clase media y trabajadora ante la reducción en los recaudos fiscales resultante del estancamiento en la economía. Por primera vez se genera una recesión económica en Puerto Rico que no es resultado de una recesión en los Estados Unidos.

lealtad o identificación con respecto a la nación estadounidense) le plantearía un problema político de gran envergadura a un gobierno para quien la anexión de un país latinoamericano sería un proyecto incontemplable.

La incorporación de Puerto Rico como estado de la Unión norteamericana no solo constituiría un factor disgregante en el cuerpo político y social norteamericano preocupado por la creciente fuerza de las minorías hispanas, sino que la fuerza política electoral de Puerto Rico sería mayor a la de veintiocho estados en la Cámara de Representantes de los Estados Unidos. Un país que ha recrudecido las restricciones para el ingreso de latinos a los Estados Unidos, que ha endurecido las penas a la inmigración ilegal y está construyendo un muro en la frontera sur con México, mal podría optar por convertir a Puerto Rico en un estado de la Unión.

Los Estados Unidos ante la nueva realidad

No debe sorprender que, ante la fortaleza de la nacionalidad puertorriqueña y la persistencia de su más genuina manifestación, un independentismo militante, sacrificado y respetado aún después de cien años de colonialismo norteamericano, ante las nuevas condiciones en Puerto Rico y a partir de la caída del muro de Berlín y del colapso de la Unión Soviética, el gobierno de los Estados Unidos haya ido gradualmente revaluando su defensa del régimen colonial.

En el Comité de Descolonización de Naciones Unidas, la resolución denunciando el colonialismo en Puerto Rico que Cuba venía tenazmente presentando desde la década del setenta, frente a la férrea oposición de los Estados Unidos, se viene aprobando por consenso durante los últimos cinco años sin que el gobierno de los Estados Unidos levante un dedo para impedirlo. El próximo paso ha de ser que el tema de Puerto Rico sea examinado por la Asamblea General para lograr allí una expresión definitiva y conseguir revertir la charada propiciada por los Estados Unidos en la ONU en 1953. Entonces ese país logró coaccionar a buena parte de la comunidad internacional y consiguió el relevo de su obligación de informar a la ONU sobre Puerto Rico, bajo el pretexto de que la isla había adquirido un grado suficiente de gobierno propio que justificaba su exclusión de la lista de territorios dependientes.

El cambio en la política tradicional de los Estados Unidos de propiciar la perpetuación de la colonia en Puerto Rico quedó dramatizada cuando el Comité Interagencial de la Casa Blanca, designado inicialmente por el presidente Clinton y luego adoptado por el presidente Bush para examinar la condición política de Puerto Rico, concluyó, en diciembre de 2005, lo que venía argumentando el independentismo durante medio siglo, que Puerto Rico seguía siendo una posesión territorial sujeta al poder plenario del Congreso. Además, el Comité de la Casa Blanca recomendó al Congreso que legislara un proceso que permitiera a los puertorriqueños ponerle fin a tal situación. Hay pendientes hoy ante la Cámara y el Senado de los Estados Unidos, con sorprendente apoyo tanto de republicanos como de demócratas, sendos proyectos que, con variantes, incorporan las recomendaciones del Informe de la Casa Blanca.

América Latina unida por la independencia de Puerto Rico

El tiempo de la cosecha ha llegado. El pueblo puertorriqueño hará realidad su liberación nacional.

Para adelantar su advenimiento es necesario que la América Latina se convierta en el poderoso interlocutor que demanda la independencia de Puerto Rico. Esa es su misión. Debe cumplirla con la misma vehemencia con que una vez los Estados Unidos, y en particular las fuerzas armadas y el gran capital de ese país, promovieron el colonialismo. Es el momento para que la América Latina impulse el proceso de descolonización que conduzca al reconocimiento de la soberanía puertorriqueña. La independencia de Puerto Rico es para América Latina una cuestión de principios.

El digno y perseverante pueblo puertorriqueño recibirá con orgullo el advenimiento de su libertad, una vez que cese el chantaje y la intimidación al que ha sido sometido durante más de un siglo de colonialismo norteamericano.

Convertirse en promotor e interlocutor de la independencia de Puerto Rico, es para América Latina deuda con Bolívar, con Martí, con Betances y con Albizu Campos. Es deuda con los que han permanecido firmes en la lucha por la independencia, y es deuda también con quienes las circunstancias no les permitieron el privilegio de luchar por su propia libertad.

Es obligación, además, de América Latina consigo misma y con su futuro, puesto que al hermanarse, por encima de sus diferencias coyunturales, en defensa de la causa de la independencia de Puerto Rico, se fortalecen las bases para el proyecto de unidad e independencia latinoamericana que soñaron nuestros libertadores.

FERNANDO MARTÍN GARCÍA es presidente ejecutivo del Partido Independentista Puertorriqueño.

COLECCIÓN ROQUE DALTON

LA POESÍA, LITERATURA Y POLÍTICA DE ROQUE DALTON

Roque Dalton es uno de los artistas y revolucionarios más queridos y reconocidos de América Latina. En esta colección, Ocean Sur ofrece la amplia obra de Roque, incluyendo textos inéditos.

TABERNA Y OTROS LUGARES

Premio Casa de las Américas en 1969, *Taberna y otros lugares* reúne poesías compiladas en la antigua Checoslovaquia. Nace de las conversaciones que sostuvo con revolucionarios, obreros y gente del pueblo de Europa del Este, a lo largo de muchas noches en una famosa taberna en Praga, convertidas en poemas políticos. Este libro, de gran valor literario, revela la capacidad de observación periodística del autor y sobre todo, su profunda sensibilidad ante la injusticia y la desigualdad.

160 páginas, ISBN 978-1-921235-68-9

MIGUEL MÁRMOL
Los sucesos de 1932 en El Salvador

Texto clásico de la historia contemporánea de El Salvador, *Miguel Mármol* es producto de varias entrevistas orales (realizadas en Praga en 1966). Reconstruye en la voz del militante Miguel Mármol la heroica insurrección dirigida por el Partido Comunista de El Salvador en 1932. Esta obra testimonial, fundamental de la literatura latinoamericana por su valor histórico y literario, nos transmite la experiencia revolucionaria de aquellos años ahogada en la sangre de 30,000 compañeros asesinados por la oligarquía de su país.

430 páginas, ISBN 978-1-921235-57-3

www.oceansur.com ■ info@oceansur.com

contextocultural

Movimiento de Teatroxlaidentidad: un nuevo capítulo en la historia del teatro argentino y político

PATRICIA DEVESA

> *Estrecho tu mano por cien veces la mía.*
> *Te beso entera, te abarco con mi alma*
> *y mágicamente descubro mi lunar*
> *en el medio de tu pecho*
> *y sé que dejo mi firma para siempre.*
>
> Marta Betoldi, «Contracciones»

La última dictadura militar (1976-1983) significó para Argentina la implementación del neoliberalismo, propició el endeudamiento externo y la desindustrialización, la pérdida de la salud y la educación públicas, de los derechos laborales y jubilatorios, y de los poderes sindicales, la modificación de las relaciones de clase, las fracturas sociales y el quiebre cultural, entre otros, por medio del terrorismo de Estado que apuntó al exterminio y al disciplinamiento. Fue un verdadero genocidio que dejó un saldo de treinta mil desaparecidos y quinientos niños secuestrados. Con el fin de encontrarlos con vida, por la justicia y el castigo a los reales genocidas, surgen organizaciones que trabajarán por los derechos humanos: Madres de Plaza de Mayo, Abuelas de Plaza de Mayo e HIJOS.

A principios de los años ochenta, como reacción cultural contra el golpe militar, nace el Movimiento del Teatro Abierto, claro cuestionamiento al régimen, que logró unir calidad de obras, proyección popular, puesta en escena de nuevos temas y su relación con la situación que se vivía en Argentina –exilio, desaparecidos, tortura, terror, entre otros–, teatro de resistencia y de expresión popular que, si bien desapareció por los cambios que se produjeron en el país –la recuperación del estado democrático, por ejemplo–, superó sus propias fronteras proyectándose hacia otras esferas artísticas y geográficas. En 1985 se llevó adelante el último ciclo de Teatro Abierto. Quince años después, el campo teatral se hace cargo nuevamente de los horrores de la dictadura. Aparece el Movimiento de Teatroxlaidentidad (TXI), que encontró el modo de transformar un período nefasto de la historia argentina en creación estética e ideológica.

Teatroxlaidentidad es un movimiento encabezado por actores, directores, dramaturgos, escenógrafos, técnicos, vestuaristas, productores que se unieron con el objetivo de sumarse a la lucha que llevan adelante las Abuelas de Plaza de Mayo[1] en la recuperación de la identidad robada a los niños nacidos en cautiverio en cárceles clandestinas de detención durante esta última dictadura, y a los que fueron sustraídos de sus hogares en los operativos de secuestro de sus padres. Se proponen difundir y reflexionar sobre la identidad individual y colectiva, con el fin de poder construir la identidad nacional, pues consideran que «mientras haya una sola persona con su identidad falseada se pone en duda la identidad de todos».[2]

Dirigido especialmente a los jóvenes, creó un verdadero «puente entre tres generaciones» que se vieron movilizadas, quizás, por la proximidad física que se establece entre el actor y el público, propio de la actividad teatral y no presente en todas las manifestaciones artísticas. Señala José Pablo Feinmann al respecto: «No casualmente quienes se unieron a esta lucha de las abuelas son actores y hacen obras de teatro. El actor es un extraño ser que encuentra su identidad a través de miles de rostros. Vive la diferencia. Vive de poder expresar lo diferente. Vive, así, de la libertad».[3]

El aspecto más interesante que se destaca en los testimonios de la mayoría de sus integrantes, es que a partir del acercamiento a este proyecto recuperaron la función social del actor que se compromete con su pueblo y se convierte en su voz.

---

[1] El 22 de octubre de 1977 se fundó Abuelas de Plaza de Mayo, que para entonces se llamaba Doce abuelas argentinas con nietitos desaparecidos, quienes comenzaron la búsqueda de estos, detrás de una organización que planificó el robo y la apropiación. Los nietos desaparecidos suman quinientos y hasta hoy los jóvenes recuperados llegan a ochenta y siete.

[2] Este trabajo ha contado con la generosa información suministrada por Marta Betoldi y Susana Cart, y el tiempo concedido para responder a algunas inquietudes.

[3] José Pablo Feinmann: «Teatro e identidad», *Mensuario de las Abuelas de Plaza de Mayo*, Buenos Aires, año II, mayo de 2001.

En la carta del director y actor Daniel Fanego,[4] leída por la actriz Valentina Bassi en la apertura del segundo ciclo, se pueden sintetizar las opiniones de los teatristas Claudio Gallarou, Marta Betoldi, Cristina Fridman, Marcela Ferrarás, Arturo Bonín, Diana Lamas, entre otros: «Teatroxlaidentidad nos devuelve nuestra condición de juglares de nuestra gente, testigos de la memoria de nuestro pueblo, de nuestra memoria. Nos dignifica. Nos reúne...nos encuentra». Encarnar el papel de juglares es tomar la responsabilidad de ser el vehículo de difusión de los hechos actuales y de conservación de la memoria, es decir, mantener viva la historia nacional para un público que ha sido excluido en la historia oficial.

Según los lineamientos del mentor del teatro de guerrilla y director del San Francisco Mime Troupe, Ronnie Davis,[5] en sus estudios sobre teatro político establece dos orientaciones: teatro-institución y teatro-movimiento. Teatroxlaidentidad queda incluido dentro de esta última categoría, ya que se integra a las luchas políticas y sociales, como uno de sus medios de expresión; se desarrolla «fuera de las instituciones fijas», en grupos independientes y de autogestión, que, a pesar de tener dificultades económicas, son los que se mueven con mayor libertad; promueve el accionar y le otorga un nuevo sentido al «amateurismo».

La aparición de este teatro de resistencia y agitación fue posible por dos factores: la crisis a nivel político y, en el campo teatral, la existencia de una tradición de grupos independientes: desde el grupo de Boedo –interesado en llevar al público sus «preocupaciones rebeldes»–, pasando por la consolidación del Teatro Independiente de los años treinta, de proyección popular –surgido en un contexto de crisis, tanto político-social como teatral– y por el Teatro Abierto de la década del ochenta –movimiento que nace en respuesta a la cruel dictadura militar que vivía el país–, hasta la actualidad –solo a modo de ilustración, en el año 2005, en el ámbito de la ciudad autónoma de Buenos Aires se estrenaron más de seiscientas obras en el circuito independiente–; además de una fuerte tradición gremial legitimadora de la actividad teatral –Asociación Argentina de Actores (AAA) y Sociedad Argentina de Autores (ARGENTORES).

Génesis de Teatroxlaidentidad o el alumbramiento

Patricia Zangaro,[6] quien ocupa un lugar fundamental en el campo de la dramaturgia argentina a partir de la postdictadura y es parte de la denominada

---

[4] Daniel Fanego: «Carta de Daniel Fanego leída por Valentina Bassi en la apertura de Teatroxlaidentidad», *Teatroxlaidentidad*, Buenos Aires, Eudeba y Abuelas de Plaza de Mayo, 2001, pp. 23-26.

[5] Ronnie Davis, Emile Copferman, Georges Dupré y otros: *Teatros y política*, Buenos Aires, Ediciones de la Flor, 1969.

[6] Para ampliar la información sobre P. Zangaro y su obra *A propósito de la duda*, se puede consultar Patricia Devesa: «A propósito de Patricia Zangaro», en Jorge Dubatti (coord.), *El nuevo teatro de Buenos Aires en la postdictadura (1983-2001). Micropoéticas I*, Buenos Aires, Ediciones del Instituto Movilizador de Fondos Cooperativos, 2002.

Nueva Dramaturgia, junto a creadores como Daniel Veronese, Rafael Spregelburd, Alejandro Tantanián, y cuya obra ha sido incluida dentro de la escritura dramática producida por mujeres, no por compartir tendencias estéticas comunes sino por escribir sobre la mujer y desde su punto de vista,[7] inquieta por colaborar con la lucha de las Abuelas de Plaza de Mayo, se conecta con Daniel Fanego quien ya había dirigido dos de sus obras –*Náuseas* y *Variaciones en blue* en 1999–. Una vez que establece el puente con Abuelas por medio de Valentina Bassi, comienza la escritura de *A propósito de la duda*, basada en testimonios de HIJOS, Abuelas y Madres de Plaza de Mayo, en materiales periodísticos y audiovisuales. Poco tiempo después, el 5 de junio de 2000, se estrena, bajo la dirección de Fanego y con las actuaciones de Belén Blanco, Alejo García Pintos, Elsa Berenguer, José María López y Valentina Bassi, entre otros, en la sala Batato Barea del Centro Cultural Ricardo Rojas de la Universidad Nacional de Buenos Aires, en un espectáculo semimontado pensado para solo cinco funciones, pero la gran recepción que tuvo por parte del público, en general joven, sorprendió a los organizadores que se vieron obligados a realizar funciones dobles. Luego se trasladó al Centro Cultural Recoleta, donde siguió hasta finales de noviembre. Fue visto por ocho mil espectadores. En ese año siete jóvenes[8] recuperaron su identidad.

En diciembre la convocatoria lanzada para el ciclo del año 2001 contaba con más de trescientos teatristas que tenían la idea de montar treinta obras en lugares no convencionales para llegar a un mayor número de público, ya se disponía de una comisión de dirección[9] surgida de la primera reunión en el Teatro del Nudo de Buenos Aires. En ese mismo mes, en el marco de la vigésima Marcha de la Resistencia, se representó, en Plaza de Mayo, *A propósito de la duda*, que se transformó en la pieza emblemática de Teatroxlaidentidad.

Entrecasa del Espectáculo (Salguero 666) se transformó en el lugar de reunión de los organizadores y actual sede de TXI. Allí se realizó una fiesta para recaudar fondos, porque a pesar de que ninguno de sus integrantes cobra por su labor, debían afrontar gastos de montaje, traslado y difusión.

Segundo ciclo: a veinticinco años del golpe

Las esperanzas puestas por gran parte del pueblo argentino en el gobierno de la Alianza –radicales y una fracción del peronismo disidente que llevó a la presidencia a Fernando de la Rúa– comenzaban a desvanecerse: continuaba con el mismo plan de desocupación y exclusión llevado a cabo por el anterior

---

[7] Julia Elena Sagaseta: «Estudio preliminar», *Dramaturgas/1*, Buenos Aires, Editorial Nueva Generación, 2001.
[8] Silvia Friera: «Construimos un puente generacional maravilloso», *Página/12*, Buenos Aires, 6 de diciembre de 2000.
[9] Integraban esta comisión Luis Rivera López, Eduardo Blanco, Marta Betoldi, Susana Cart, Claudio Gallardou, Norberto Díaz, Valentina Bassi, Daniel Fanego, entre otros.

presidente, Carlos Menem. Diez años de «fiesta menemista» implicaron para los argentinos «la integración mundial»: la pérdida de la identidad nacional en lo económico, en lo social y en lo cultural frente al discurso homogéneo del neoliberalismo que borra las particularidades regionales. En este contexto se lanza el segundo ciclo de Teatroxlaidentidad, el 26 de marzo de 2001 –a dos días de la marcha multitudinaria para repudiar el golpe militar en su vigésimo quinto aniversario–. Se llevó a cabo en el Teatro Liceo, cedido por el empresario teatral Carlos Rottemberg, con vestuario y escenografía pertenecientes al Teatro General San Martín, que forma parte del complejo teatral oficial. Se abrió con la lectura de una carta escrita por Daniel Fanego, quien se transformó en un referente indiscutible de TXI, en la cual se destaca la finalidad del teatro como praxis social: «Queríamos que el teatro hablara, que hiciera suya la búsqueda, la reflexión, la denuncia, la lucha»; y su enorme desafío: «...para que este Movimiento por la Identidad, se multiplique y se fortalezca, hasta que no quede un solo pibe que no sepa quiénes fueron sus padres. Pongámonos las máscaras del teatro, compañeros, para sacarle la careta a la mentira. Junto a las Abuelas. Por la verdad y la memoria. Y por la justicia».

El evento contó con personalidades del ámbito cultural, artístico y político que participaron a partir del tema convocante desde el testimonio, la literatura, la música y el humor como Estela Carlotto,[10] Miguel Bonasso, Patricio Contreras, María Rosa Gallo, Adriana Varela, Cipe Lincovsky y Enrique Pinti. Finalmente, se repuso *A propósito de la duda* acompañada por la murga Los Verdes de Monserrat que transformó el acto político en la alegría de una fiesta: participantes y público dejaron el teatro para tomar la calle, donde los murgueros interpretaron *Murga de la identidad*, escrita por Luis Rivera López.

Este ciclo, declarado de Interés Cultural por la Legislatura de la Ciudad Autónoma de Buenos Aires, se extendió durante tres meses, desde el 9 de abril al 9 de julio, todos los lunes –día libre de la gente de teatro– a las 21:00, con entrada libre y gratuita. Se podían ver cuarenta y una obras en catorce salas porteñas simultáneamente. Cada función se abría con la lectura de un texto redactado por Luis Rivera López, el lector –«algún integrante de las compañías»– decía su nombre y reconocía que no todos corrían con la suerte de saberlo y apelaba al público para la difusión y la participación. Tanto el periódico de las Abuelas como el programa, donde se incluía un texto de Mariana Eva Pérez[11] –«Ser un joven desaparecido es no saber que lo sos»– y otro de José Pablo Feinmann –«Teatro e identidad»–, que se repartían a la entrada de cada espectáculo, son elementos paratextuales que potencializan la semántica de las obras.

---

[10] Presidenta de Abuelas de Plaza de Mayo.
[11] Mariana E. Pérez milita en Abuelas de Plaza de Mayo. Es hija de padres desaparecidos. Su madre fue secuestrada estando embarazada de ocho meses. Se reencontró hace siete años con su hermano, nacido en la Escuela de Mecánica de la Armada (ESMA). Forma parte de la comisión de lectura del segundo ciclo en representación de las Abuelas. Debutó como dramaturga en TXI con *Instrucciones para un coleccionista de mariposas*, en 2002.

Para este ciclo se llamó a concurso. Las piezas debían ser breves –puestas en escena de treinta minutos aproximadamente– y circunscribirse a la temática de la identidad, a partir de la apropiación de niños –el ciclo anterior había instalado el tema de la duda acerca de la identidad: «¿Y vos sabés quién sos?» / «Lo que daña no es la duda, sino la mentira»–. Los proyectos tuvieron que moverse dentro de un montaje sencillo por dos razones: de organización, ya que en cada sala se ofrecía un promedio de tres obras, y económicas, se contaba con muy poco dinero para gastos de producción. El financiamiento de este ciclo surgió de la venta de tarjetas y remeras con el logo diseñado por Hermenegildo Sabat.

Teatroxlaidentidad se organizó en diferentes comisiones y grupos de colaboradores de dirección, lectura, prensa y difusión, escenarios, iluminación, producción, salas, y escenografía y vestuarios. La comisión de lectura, compuesta por representantes de las Abuelas y del campo teatral, tuvo la ardua tarea de seleccionar entre ciento quince proyectos.

Nuevamente la recepción del público –en general joven– fue abrumadora: treinta mil espectadores circularon por las salas que trabajaron a pleno y alrededor de setenta jóvenes se sometieron a las pruebas de ADN.

Finalizado el ciclo, TXI comenzó su etapa itinerante por el conurbano bonaerense en escuelas, universidades, agrupaciones de derechos humanos, plazas, pequeñas salas independientes, hasta culminar en octubre en el Museo de la Memoria –Mansión Seré, centro clandestino de detención y tortura– de Morón, ciudad de la periferia de Buenos Aires. La repercusión que el movimiento tuvo se hizo extensiva no solo a nivel nacional –algunas de sus obras fueron representadas por elencos locales en Mar del Plata, Rosario y Córdoba– sino, también, en el exterior –*A propósito de la duda* se presentó en Francia con actores de ese país–. En tanto, otros ciclos, como el de La memoria, celebrado en el Teatro del Pueblo de Buenos Aires, reconocen a TXI como referente inmediato.

En el marco del III Festival Internacional de Buenos Aires se presentó el libro *Teatroxlaidentidad* que resulta un valiosísimo registro de las obras del ciclo 2001 y un aporte a la construcción de la memoria teatral.

Tercer ciclo: de proyección nacional

El 15 de julio de 2002 se realizó el acto inaugural del tercer ciclo de TXI en el Teatro Lorange. Participaron artistas cuyos espectáculos exponen temas que forman parte del interés y la preocupación de los porteños, tanto de la realidad inmediata como histórica: *El fulgor argentino*, por el grupo de teatro comunitario Catalinas Sur; *El Pelele*, por La Banda de la Risa; y *Candombe Nacional*, por Enrique Pinti.

Nuevamente Valentina Bassi leyó para la apertura un texto de Daniel Fanego[12] que se inicia con una radiografía de la situación actual:

> No sabemos qué hacer. Miramos el futuro aterrados, desconfiamos unos de otros, perdimos todo objetivo como nación, como pueblo. Nos han robado todo. [...] Y así aterrados, despojados, absolutamente descontrolados y alienados miramos el futuro y no vemos nada, solo desesperanza y nada. Es que no hay futuro sin memoria. Si repasamos cuidadosamente la película hacia atrás tal vez podamos hilar perfectamente un plan urdido minuciosamente: lo que no se pudo hacer por *manu militari*, se consolidó en democracia, de la mano de dirigentes que han gobernado los últimos veinte años el país, dirigentes cómplices del silencio, del ocultamiento de pruebas [...]. Son los mismos dirigentes a los que todos los días vemos mintiendo por los medios de difusión dentro y fuera de cámara, ocultando lo inocultable, inflando encuestas y haciendo cálculos mientras catorce millones de pobres se suman a la lista de este nuevo genocidio económico.

Frente a esta realidad plantea seguir resistiendo desde el teatro como espacio esperanzador y de referencia.

Todos los lunes, entre el 22 de julio y el 21 de octubre a las 20:30 se presentaron veintiuna obras, seleccionadas entre doscientas cincuenta propuestas, en ocho teatros porteños independientes, oficiales y comercial: La Carbonera, La Máscara, La Fábrica, el IFT, Lorange, Del Pueblo, el Centro Cultural San Martín y el Centro Cultural Recoleta.

Si bien la estructura de los espectáculos fue similar a la de 2001 –un promedio de tres obras por sala–, se han incluido, en esta oportunidad, a manera de enlace, ocho monólogos testimoniales elaborados en el taller de dramaturgia de Patricia Zangaro, que guardan la temática inicial: la apropiación de menores; ya que el tema convocante para 2002 fue la identidad en un sentido más amplio, problemática que recorre la historia argentina. Con la incorporación de estos monólogos se ha logrado una cercanía mayor con el espectador, una verdadera conexión aurática y convivial –como diría Dubatti–, cuando el actor sale del espacio de la sala vestido con ropa común y de la edad de los nietos, moviéndose entre los bordes de la realidad y la ficción. Esto implica un fuerte grado de conmoción para el público: un nieto puede estar junto a él.

La entrada siguió siendo libre y gratuita. Se contó con el ingreso de dinero proveniente de la venta del libro del ciclo anterior, tarjetas y prendedores con diseño del humorista gráfico Rep y el aporte solidario en las alcancías disponibles a la salida. Desafortunadamente, los textos de 2002 se encuentran en prensa.

---

[12] El texto completo se encuentra en el suplemento especial de *Página/12* con la programación del ciclo 2002 y era entregado en mano a la entrada de cada sala.

Serían editados por *Página/12* junto a Abuelas de Plaza de Mayo, pero tuvieron que esperar por razones presupuestarias hasta 2005.

Si bien el acontecimiento de TXI está instalado en el público, la crítica periodística no se ha ocupado del tema. Fue la masiva concurrencia de espectadores, lo que obligó a la prensa a cubrirlo. Otra dificultad que debieron sortear fue la disponibilidad de salas.

Teatroxlaidentidad no solo ha incidido en la esfera de lo extrateatral, sino también se ha convertido en generador de nuevos espacios en el campo teatral. Ese año, con el mismo objetivo y acompañados por las Abuelas, en Mar del Plata y en Córdoba desarrollaron su propia versión de TXI. En la primera, la disposición de directores y actores superó la cantidad de obras de dramaturgos locales, por lo que se representaron también otras del ciclo capitalino. En Córdoba, la repercusión se extendió a otras actividades culturales, y se creó Escritura, Plástica, Cine, Fotografía y Danza por la Identidad.

Teatroxlaidentidad fue galardonado por la Asociación de Cronistas del Espectáculo (ACE) en 2001, recibió una mención por su labor en la entrega de los premios María Guerrero de este año y se encuentra ternado en la categoría Producción teatral 2001 para los premios Trinidad Guevara.

Cuarto ciclo: en la búsqueda del público

A diferencia de los ciclos anteriores, para el año 2003 no hubo concurso de obras, ya que el objetivo era salir de los centros de producción teatral y desarrollar las actividades en la periferia de Buenos Aires, para ir hacia un público al que no se había llegado hasta ese momento. Es una población excluida económica y culturalmente, pero que de alguna manera la crisis de diciembre de 2001 favoreció, pues encontró la forma de producir sus propios bienes culturales y de desplazar la mirada de los centros de poder. Es por esto que no solo se presentaron con espectáculos de los ciclos anteriores en los teatros de cada zona: oeste –Teatro Gregorio de Laferrere de Morón–, norte –Auditórium de San Isidro– y sur –Teatro Roma de Avellaneda–; sino también fueron rotando cada lunes por distintas plazas. Este ciclo itinerante resultó ser generador de nuevas ediciones surgidas en las ciudades visitadas. Paralelamente, las provincias fueron afianzando sus propias ediciones. El ciclo se cerró en un teatro de la ciudad de Buenos Aires el 18 de agosto con una gran maratón teatral.

Quinto, sexto y séptimo ciclos: estallido nacional y proyección internacional

Los años 2004 y 2006 significaron para TXI la expansión geográfica, tanto nacional como internacional. En el primer caso, se sumaron más de una decena de nuevas ciudades del interior –Morón, Azul, La Plata, Rosario, Chaco, Misiones, Santiago del Estero, entre otras–, ya no reproduciendo las obras de Buenos Aires, sino creando su propia dramaturgia, organizándose independientemente y trabajando junto a las Abuelas de sus zonas. Por otra parte, a pedido de la presidenta de Abuelas de Plaza de Mayo, se crea en Madrid TXI para dar respuesta a los numerosos llamados de los jóvenes en el exterior a instituciones argentinas. La consigna fue: «Hay cien mil jóvenes argentinos nacidos entre 1976 y 1980 viviendo en España. Alguno de ellos también podrá dudar. Porque todo el mundo tiene derecho a saber quién es». Se inició en 2004 con más de doscientos teatristas argentinos y españoles que montaron obras de TXI de Argentina, pero para 2005 se abrió un concurso en España para la presentación de textos dramáticos sobre el tema de la identidad de las personas dañadas o vulneradas por guerras, dictaduras o situaciones de violencia ejercidas desde el poder. Superó la incertidumbre inicial de que solo fuera una iniciativa argentina en el extranjero. La respuesta del pueblo español lo confirma: tres mil quinientos espectadores, ocho salas disponibles en las que lograron unirse militancia social y actividad profesional.

Consideraciones finales

En el plano de lo extrateatral, la aparición de TXI representó para las Abuelas de Plaza de Mayo una nueva forma de acercamiento de denuncias y dudas. Los llamados dejaron de ser anónimos y, además, los propios jóvenes comenzaron a presentarse espontánea y diariamente a buscar información o dispuestos a someterse a las pruebas de ADN. Según datos de las Abuelas, cada vez que se realiza el ciclo de TXI las presentaciones espontáneas se multiplican por siete[13] y los resultados son contundentes: más de setecientos chicos entre veinticinco y treinta años hasta la fecha fueron en busca de su verdadera identidad. Esto muestra la efectividad lograda por los ciclos sobre las personas a quienes iban dirigidos. Cabe destacar que se ha instalado la problemática de la apropiación y el falseamiento de la identidad en la conciencia de gran parte de los argentinos. Además de la creación del Banco Nacional de Datos Genéticos –único en el mundo–, y del Archivo Biográfico Familiar –material disparador para la elaboración de piezas teatrales–, a partir de la repercusión nacional e internacional de TXI, se organizó una Red argentino-europea por el derecho a la identidad, para que todas las ciudades cuenten con equipos que les permitan evacuar dudas y orientar a quienes preguntan por sus orígenes.

En el plano teatral, las consideraciones son de envergadura:
- TXI construye por medio de sus obras la memoria de un período de la historia argentina y abre un nuevo capítulo en la historia del teatro político y nacional.

---

[13] Patricia Devesa: «Teatroxlaidentidad», en Claudio Pansera y Jorge Dubatti (coord.), *Cuando el arte da respuestas. Cuarenta y tres proyectos culturales para el desarrollo social*, Artes Escénicas Editor, Buenos Aires, mayo de 2006. También en Patricia Devesa: «Teatroxlaidentidad: cinco años construyendo memoria», *El Apuntador*, año 5, no. 14, Córdoba, octubre-diciembre de 2005.

- Se establece como medio para modificar la conciencia política. Intensifica su crítica al contexto social y político de la dictadura y de la actualidad.
- Su importante recepción señala dos aspectos a tener en cuenta: la existencia de un público –ciento cuarenta mil espectadores, aproximadamente– interesado en el teatro –el hecho de que la entrada fuese gratuita le permitió concurrir– y la preferencia puesta en obras de alcance social. Asimismo, la participación de la audiencia se transformó en un elemento central para su desarrollo.
- Trasciende sus propias fronteras y da lugar a la creación de nuevas obras –noventa y seis solo en TXI de Buenos Aires–, ciclos teatrales y agrupaciones artísticas.
- El puente generacional no solo se extendió con el público, sino también entre los integrantes del movimiento. Reunió a actores, directores, dramaturgos y teatristas de trayectoria y jóvenes como María Rosa Gallo, Ingrid Pelicori, María José Gabin, Mariana Angheleri, Leonor Manso, Agustín Alezzo, Gastón Cerana, Griselda Gambaro, Amancay Espíndola, Araceli Arreche, Sol Levinton, por solo nombrar a algunos de los más de quinientos artistas. Reforzó los lazos solidarios en el marco de la actividad teatral.
- TXI resignificó la labor del actor, fue generador de nuevos dramaturgos –es el caso de Marta Betoldi con su obra *Contracciones*– y dio lugar a la consolidación de grupos teatrales de autogestión –como el grupo La Loca integrado por las teatristas Vita Escardó y Victoria Egea.
- Reaparece en los escenarios argentinos, después de quince años, un teatro que promueve el accionar inmediato en la lucha por los valores humanos; recupera el sentido de las luchas culturales y supera su acción primaria y militante –la restitución de la identidad– hacia una segunda función pedagógica –ir hacia los educadores como agentes multiplicadores de la identidad colectiva, para ofrecerles su material creativo como herramienta transformadora.
- Un recorrido por las obras permite establecer una diversidad de propuestas estéticas, característica del teatro de la postdictadura, pero con algunos rasgos comunes al tratarse de un teatro de resistencia frente al avance del neoliberalismo y de resiliencia, en tanto transforma un período nefasto de la historia argentina en creación estética e ideológica. Entre esos puntos comunes se encuentran: el lenguaje como medio de un mensaje claro, en tanto se plantea incidir en la sociedad; el trabajo sobre un saber previo –la dictadura y sus consecuencias–; el desarrollo de ciertos tópicos como el dolor, el desencuentro, el exterminio, el secuestro, la desaparición, la tortura, el exilio y el falseamiento de la identidad y el quiebre espacio-temporal, al entablar un diálogo entre el presente y el pasado.

Con este trabajo se ha intentado contribuir al registro de las llamadas «historias del presente»,[14] y, como intelectuales –investigadores, críticos

---

[14] Véase Jorge Dubatti: *El teatro jeroglífico. Herramientas de poética teatral*, Buenos Aires, Atuel, 2002.

e historiadores–, transformar nuestro pensamiento en acción, asumir la vida teórica como compromiso práctico, para dejar al descubierto las políticas de la memoria y del pasado construidas desde los centros de poder, y erigir una memoria y una historia que se edifique sobre el debate y adquiera su verdadero sentido.

PATRICIA DEVESA, Licenciada en Letras por la Universidad Nacional de Lomas de Zamora, es miembro fundador de la Asociación Argentina de Literatura Comparada. Se dedica a la docencia, a la investigación y al periodismo. Integra el equipo de investigadores del Centro de Investigación en Historia y Teoría Teatral (CIHTT) de la Universidad de Buenos Aires y es becaria del Área de Artes Escénicas del Departamento Artístico del Centro Cultural de la Cooperación. Actualmente, es columnista en el área teatral del periódico *Apuntes del Futuro* y en el área de arte, literatura y cultura del periódico *Vientos del Pueblo*, de Buenos Aires, crítica de *Artes Escénicas* y *El Apuntador*, y jefa de redacción del boletín electrónico *El Mensajero Cultural*.

américa, mi hermano, mi sangre

Un Canto Latinoamericano de Dolor y Resistencia

OSWALDO GUAYASAMÍN
PABLO NERUDA

américa, mi hermano, mi sangre

En una colaboración histórica entre la Fundación Guayasamín, la Fundación Pablo Neruda y las editoriales Ocean Press y Ocean Sur, se unen por vez primera la obra de dos de los artistas más importantes de América Latina, el poeta Pablo Neruda y el pintor Oswaldo Guayasamín.

Con texto bilingüe en inglés y español, este libro utiliza extractos de la obra magistral de Neruda, *Canto General*, junto con pinturas de todos los periodos claves de la obra de Guayasamín a través de su larga carrera artística. *América, Mi Hermano, Mi Sangre* da vida a las batallas, derrotas, victorias y héroes de la historia de resistencia de América Latina.

130 páginas, ISBN 978-1-920888-73-2

 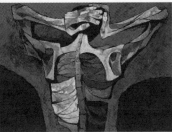 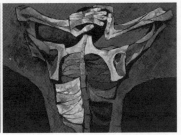

Este libro termina aquí. Ha nacido de la ira como una brasa, como los territorios de bosques incendiados, y deseo que continúe como un árbol rojo propagando su clara quemadura. Pero no sólo cólera en sus ramas encontraste: no sólo sus raíces buscaron el dolor, sino la fuerza, y fuerza soy de piedra pensativa, alegría de manos congregadas. Por fin, soy libre adentro de los seres.
—PABLO NERUDA

www.oceansur.com ■ info@oceansur.com

El Foro Social Mundial en África y los movimientos sociales

RUBENS DINIZ y RICARDO ABREU

Aviones y helicópteros militares estadounidenses sobrevuelan Kenia en dirección a la vecina Somalia, en una acción que es parte de otra agresión imperialista. Debajo, con los pies en territorio africano, miles de activistas e intelectuales discuten sobre la lucha antimperialista y las alternativas al neoliberalismo. Es la séptima edición del Foro Social Mundial (FSM), que se celebró en Nairobi, la capital de la República de Kenia, del 20 al 25 de enero del presente año. El FSM 2007 acogió a 46 000 delegados y en él se desarrollaron más de 1 200 actividades.

El FSM en África

La huella victoriosa del FSM 2007 es que se haya realizado en el continente africano, con lo cual se amplió su mundialización iniciada en Mumbai. A pesar de que en África ya se habían efectuado el Foro continental de Bamako y foros nacionales en más de veinte países, la celebración del FSM unificado en este continente es trascendental, por tratarse de uno de los lugares donde es más evidente la actual fase destructiva de la globalización neoliberal. Sin embargo, hubo una sensible disminución en el número de participantes, que venía creciendo, año tras año hasta 2005, cuando llegó a 200 000 personas.

Cabe mencionar la reducida asistencia al Campamento Intercontinental de la Juventud. El reto de ampliar la participación de sectores populares en el FSM todavía está vigente. Todavía no se tienen datos precisos sobre Nairobi, pero quien participó sabe que este reto continúa. Una investigación del Instituto Brasileño de Análisis Sociales y Económicos (IBASE) sobre el FSM 2006 señala que un cuarto de los participantes en el Encuentro de Bamako ya había realizado o estaba cursando la maestría o el doctorado, mientras que en el de Caracas, el 79,4% estudiaba la enseñanza superior o ya la había terminado.[1]

En Kenia, los movimientos sociales y las fuerzas políticas de izquierda y progresistas son débiles, si se comparan con las de Brasil o la India. Se destacaron las ONGs de cooperación internacional y las entidades vinculadas a iglesias evangélicas y a la católica, como Cáritas Internacional. Se estima que más de cuatro mil iglesias locales estaban presentes.

En el Foro de Nairobi se realizaron debates de calidad, pero hubo menos politización que en los anteriores. Los Foros de Mumbai y Caracas –este último realizado conjuntamente con el Foro Social de las Américas– fueron más politizados y enarbolaron con fuerza la nueva lucha antimperialista y la alternativa socialista para el siglo XXI y, tal vez, por igual motivo, no contaron con los dólares y euros de las agencias y fundaciones de cooperación internacional. No fue lo que ocurrió con el Foro de Nairobi, donde esas ONGs y sus financiadores participaron activamente. Según Cândido Gribowski, del IBASE, las ONGs kenianas «formaron una élite que participa en las Naciones Unidas, el Banco Mundial y agencias de cooperación, etcétera». A ello añadió que «aquí la cooperación corrompe […] la gente cobra por hacer cualquier cosa». Para Cândido, no todas las ONGs son de ese tipo. Hay otras, como las «ONGs de militancia».[2]

Algunas polémicas del proceso del FSM

Hay quien dice que el FSM está o puede entrar en crisis, porque se ha convertido en otro evento más, de rutina, y por no ser capaz de unificarse en torno de alternativas concretas para construir «otro mundo».

Francisco Withaker, de la Comisión Brasileña de Justicia y Paz (CBJP), piensa que los «que afirman que el altermundialismo está retrocediendo hacen referencia al estado de los movimientos sociales que defienden esa visión», pero el FSM «no está retrocediendo».[3] Él tiene cierta razón si tenemos en cuenta una determinada corriente política, los autonomistas. En el viraje del siglo, los movimientos liderados por los autonomistas, especialmente en Europa y en América del Norte tuvieron un gran protagonismo y fueron la cara más visible del complejo «movimiento anti-globalización», pero, a pesar del retroceso relativo de los autonomistas, el movimiento antimperialista y de rechazo a la globalización neoliberal se desarrolló y está en ascenso.

De hecho, desde 2001, cuando surgió el FSM, la situación internacional ha cambiado y justamente aquí puede residir su contradicción. Si el FSM no

---

[1] Instituto Brasileiro de Análises Sociais e Econômicas (IBASE): «Raio X da participação no Fórum Policêntrico 2006».
[2] Entrevista concedida por Cândido Gribowski del IBASE a Renato Rovai de la revista *Fórum*, el 21 de enero de 2007.
[3] Entrevista de Francisco Whitaker, de la CBJP de la Conferencia Nacional de Obispos de Brasil (CNBB) a Sergio Ferrari de la Red de Comunicación e Información del Cono Sur (RECOSUR).

asimila esa evolución, esa ola antimperialista, esa nueva situación que vive América Latina, si deja de reflejar esa nueva realidad de lucha de los pueblos, puede entrar en crisis.

Se debate también sobre el poder. Contrariamente a lo que piensa John Holloway, es imposible cambiar radicalmente al mundo sin conquistar el poder. El presidente de Venezuela, Hugo Chávez, durante una reunión de movimientos sociales en el Foro de Caracas, dijo que el FSM debe debatir, discutir, estudiar y hacer propuestas pero que eso solo no es suficiente. Chávez defendió la unidad entre gobiernos revolucionarios y progresistas, partidos y movimientos sociales para hacer lo principal: «conquistar poder, acumular poder, tener estrategia de poder, pues solo con el poder revolucionario se transforma el mundo».[4]

Otra polémica es sobre el papel del FSM y su relación con los movimientos sociales. Irene León y Rally Burch, del Consejo del Foro Social América (FSA) plantean que, para dejar de ser una sumatoria de eventos sin relación entre sí, necesita ser un proceso en el cual «el aumento logrado hasta ahora sirva de plataforma amplia para nuevas iniciativas y siga contribuyendo a la construcción de un actor social, político y plural».[5] Rafael Alegría, de la Vía Campesina, dice que «no es el objetivo ni le corresponde al FSM definir las estrategias. El movimiento social es quien debe impulsar sus luchas y reivindicaciones. No es el FSM quien lucha por los cambios y sí los movimientos que lo integran».[6] Es decir, los movimientos sociales llevan las vivencias de las calles a los debates del foro, contribuyen a que este tenga un sello más combativo, dinámico y politizado.

Los movimientos sociales en el FSM

En la última edición del FSM, se intensificó la interacción de los movimientos sociales. Resaltan el enriquecedor contacto con los movimientos sociales africanos y la creación de una red internacional de coordinación en esta esfera, importante iniciativa que refuerza un tema que muchas veces estuvo ausente en el Foro.

De igual modo merecen mención la Asamblea de los Movimientos contra la Guerra y la Asamblea de los Movimientos Sociales, esta última una de las mayores realizadas hasta el momento, cuya declaración destaca el nuevo escenario existente en América Latina y el papel de los movimientos sociales en la búsqueda de alternativas concretas al orden neoliberal.

---

[4] Intervención de Hugo Chávez en la reunión con movimientos sociales durante el Foro de Caracas, en enero de 2006.
[5] Irene León y Rally Burch: «Ecos del Foro Social de Nairobi», Agencia Latinoamericana de Información (ALAI).
[6] «¿Cuál es el futuro del FSM?», entrevista con Rafael Alegría, de la Vía Campesina, publicada por la Agencia de Información Frei Tito para América Latina (ADITAL).

Hubo algunas novedades en la metodología y en el programa que nos hacen reflexionar sobre los movimientos sociales en el proceso del FSM. La primera consistió en realizar asambleas por áreas temáticas para que los «movimientos puedan organizar sus agendas y sus campañas». La segunda novedad fue la decisión de que en 2008, en vez de un Encuentro, el FSM tendrá el formato de una jornada mundial de movilizaciones y acciones visibles.

La primera iniciativa puede mejorar la metodología del FSM, pero habría que evaluar si es realmente el Foro el que debe programar esas asambleas. Independientemente de eso, es necesario que los encuentros por área temática no sustituyen a la Asamblea de los Movimientos Sociales.

Es necesario fortalecer la Asamblea de los Movimientos Sociales

La Asamblea de los Movimientos Sociales «es un proceso destinado a romper el aislamiento de las luchas y a acumular fuerzas y construir articulaciones [...] con el objetivo de, respetando la autonomía de todos, definir ejes de trabajo comunes, acuerdos, agendas, calendarios y campañas concretas».[7] Fue a partir de la Asamblea que los movimientos organizaron movilizaciones como la histórica manifestación contra la guerra, el 15 de febrero de 2003, que reunió a millones de personas en las calles de todo el mundo. Es necesario reflexionar sobre el papel que debe desempeñar la Asamblea de Movimientos Sociales en la jornada de movilizaciones del 26 y 27 de enero de 2008, pues solo tendrá éxito si los movimientos sociales dedican esfuerzos a esta iniciativa.

A inicios de octubre de 2006 se realizó en Bruselas un seminario organizado por la Asamblea de Movimientos Sociales, en el cual se debatió sobre la necesidad de constituir un espacio propio de coordinación y sobre la relación existente entre este espacio y el FSM. No se trata de construir otra estructura para sustituir al FSM, pues la Asamblea solo existe porque existe el FSM, pero ella necesita dotarse de un programa, mientras que el Foro debe continuar siendo lo que es, «un espacio abierto y en expansión».

La Asamblea de los Movimientos Sociales es, a pesar de todas las limitaciones existentes, el punto de convergencia y coordinación entre los diversos movimientos sociales a nivel mundial.

Una experiencia similar de convergencia es la Alianza Social Continental (ASC). La ASC realiza desde hace más de diez años una actividad constante y puede tomarse como una experiencia inédita en la unidad de acción entre los movimientos sociales de las Américas. Queda claro que no podemos transponer realidades, pero su existencia demuestra la posibilidad de desarrollar un proyecto similar a escala internacional. Esta sería una gran contribución del proceso del FSM a la lucha de los pueblos.

---

[7] Síntesis del Seminario de los Movimientos Sociales realizado en Bruselas, en octubre de 2006.

El proceso del FSM en los próximos años

El Consejo Internacional aún no ha decidido cuál será la sede de la próxima edición mundial del FSM en 2009. Existe una propuesta de la Unión Nacional de Estudiantes (UNE), el Centro Brasileño de Solidaridad con los Pueblos y la Lucha por la Paz (CEBRAPAZ) y el Consejo Latinoamericano de Ciencias Sociales (CLACSO), para realizarlo en Brasil, con lo cual se traería nuevamente el Foro a la efervescente América Latina.

En 2007, tendrá lugar el inédito Foro Social de los Estados Unidos y, en el segundo semestre, el 3er. Foro Social de la Triple Frontera, que incluye a Argentina, Paraguay y Brasil. En 2008, habrá movilizaciones, eventos y debates durante el Foro Económico de Davos, el 26 y 27 de enero se realizará una gran manifestación mundial, y en julio se celebrará en Guatemala el Foro Social de las Américas.

Texto traducido del portugués por Caridad García.

RUBENS DINIZ es psicólogo, director del Centro Brasileño de Solidaridad con los Pueblos y la Lucha por la Paz (CEBRAPAZ).

RICARDO ABREU es economista, miembro del Consejo Director del Instituto Mauricio Grabois (IMG).

contra el fascismo y a favor de la humanidad

FASCISMOS PARALELOS
El golpe de Estado en Chile
Selección y prólogo de Jorge Timossi

Compilación periodística de relatos, discursos y evidencia jurídica sobre los sangrientos hechos acaecidos el 11 de septiembre de 1973 en Chile, en que el gobierno de Salvador Allende, de tendencia socialista, fue derribado por militares chilenos fascistas apoyados por los Estados Unidos. Reúne palabras de Fidel Castro, Salvador Allende, su hija Beatriz Allende, y periodistas como Gregorio Selser, Isabel Jaramillo, Lisandro Otero y Jorge Timossi.

Toma actualidad tras los hechos del 11 de septiembre de 2001 en Nueva York, 28 años después, en que la escalada del fascismo comenzó a sentirse a nivel mundial.
272 páginas ISBN 978-1-921235-11-5

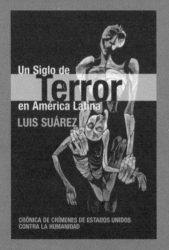

UN SIGLO DE TERROR EN AMÉRICA LATINA
Crónica de crímenes de Estados Unidos contra la humanidad
Por Luis Suárez

Una visión panorámica de la historia de las intervenciones y crímenes de guerra de los Estados Unidos en América Latina durante los últimos cien años.

Las dinámicas sociales en América Latina y su desarrollo e inevitable enfrentamiento al modelo de dominación imperialista son profusamente documentadas en este volumen junto a las raíces de los procesos y caminos que caracterizan la historia del continente.
596 páginas, ISBN 978-1-920888-49-7

DE VALENCIA A BAGDAD
Los intelectuales y la defensa de la humanidad
Por Eliades Acosta

En el 2005 Jean Paul Sartre recibía, como regalo de centenario, el regreso del compromiso de los intelectuales. Un año antes, congregados en Caracas, cientos de ellos enfrentaban el proyecto imperialista de los neo-conservadores norteamericanos y decían adiós a la desmovilización, el desaliento y la soledad.

Hugo Chávez exhortaba a tomar la ofensiva para salvar a la Humanidad de la pobreza, las guerras y el capitalismo. Trayendo el sol de la Valencia republicana en los huesos renacía una tradición combativa, y se reiniciaba la larga marcha.
288 páginas, ISBN 978-1-920888-80-0

www.oceansur.com ■ info@oceansur.com

Red Mundial no Bases nace en la mitad del mundo

HELGA SERRANO NARVÁEZ

La consolidación de la Red Mundial por la Abolición de las Bases Militares Extranjeras es uno de los principales logros de la Conferencia Inaugural de la Red realizada en Ecuador del 5 al 9 de marzo de 2007. Los cuatrocientos delegados y delegadas de cuarenta países celebraron con aplausos la conformación oficial de la Red, así como los acuerdos alcanzados para establecer mecanismos de coordinación y acciones globales más articuladas.

La base ideológica y política de la Red, afirmada en la Declaración Final, constituye un elemento central y unificador que le permitirá avanzar firmemente en su construcción. Este documento ubica claramente a la Red No Bases en el marco de los movimientos que luchan por la justicia, la paz, la autodeterminación de los pueblos y la sustentabilidad ecológica. Reconoce, además, que las bases militares extranjeras constituyen instrumentos de guerra que profundizan la militarización, el colonialismo, la estrategia imperial, el patriarcado y el racismo.

El texto aprobado afirma que las bases militares extranjeras y la infraestructura utilizada para guerras de agresión, violan los derechos humanos, oprimen a los pueblos, particularmente a los pueblos indígenas, los afro-descendientes, las mujeres, las niñas y niños, y destruyen las comunidades y el medio ambiente. Por estas razones, la Red exige la abolición de todas las bases militares extranjeras. Se constató que si el imperio es global, la resistencia también tiene que ser global. Y esto implica cuestionar el militarismo y el eje de construcción de ese sistema de bases, es decir el imperio estadounidense. Por ello, en la Declaración se denuncia la responsabilidad primordial de los Estados Unidos en la proliferación de las bases militares extranjeras y el papel desempeñado por la Organización del Tratado del Atlántico Norte (OTAN), la Unión Europea y otros países.

La Conferencia también aprobó varias resoluciones de apoyo y solidaridad con quienes luchan por la abolición de las bases militares extranjeras, exigió el retiro inmediato de todas las tropas extranjeras de Irak y de Afganistán, y rechazó, además, cualquier plan de atacar a Irán.

Esqueleto del imperio

Durante la Conferencia se conocieron los efectos negativos causados por la instalación de más de 737 bases militares estadounidenses en 130 países del mundo. Estas han afectado la vida de las mujeres y niñas, como resultado de violaciones y agresiones sexuales, que muchas veces quedan en la impunidad. Solo en Filipinas, se calcula que desde 1945, han nacido 50 000 niños y niñas no reconocidos de soldados estadounidenses. En Okinawa, donde se ubica el 75% de las aproximadamente 100 bases estadounidenses en Japón, se denunció el elevado índice de delincuencia y un nivel alarmante de violencia sexual.

Se afirmó que las invasiones ilegales dirigidas por los Estados Unidos y las ocupaciones de Irak y Afganistán, fueron lanzadas desde bases en Turquía, Arabia Saudita y Diego García. Para convertir en base militar estadounidense a la isla de Diego García, que forma parte del Archipiélago de Chagos en la República de Mauricio, fueron desplazadas 2 000 personas a las cuales se les ha prohibido regresar a sus tierras. El uso de bases como la de Guantánamo para la tortura de prisioneros y como campos de concentración por parte de militares estadounidenses, causó dolor e indignación entre los participantes en la Conferencia.

Se conoció de la contaminación causada por la presencia de las bases militares extranjeras, como en el caso de Vieques en Puerto Rico, utilizada como campo de entrenamiento durante muchos años. Recién cuando salieron las tropas estadounidenses, se conoció el enorme daño ambiental y la urgente restauración integral y compensación justa y plena que deberá enfrentar los Estados Unidos.

Hubo coincidencia en señalar que la instalación de bases foráneas afecta la soberanía de los pueblos, como en el caso de la Base de Manta en Ecuador, empleada por soldados estadounidenses a partir de la firma de un inconstitucional «Acuerdo de Cooperación». Al igual que en Manta, en todos los casos presentados, se mantiene la inmunidad para estos soldados que pueden actuar libremente y sin temor por las garantías ofrecidas en este tipo de «acuerdos», pero también se vio que donde hay una base, hay movimientos de resistencia. Se compartieron experiencias de Japón, Corea, Puerto Rico, Mauricio, Guam y Manta, entre otras, y las últimas movilizaciones en Vicenza, Italia, experiencias que son el insumo fundamental para la construcción de la Red Mundial No Bases.

La Conferencia cumplió el objetivo no solo de analizar los impactos de las bases militares extranjeras sobre la población y el medio ambiente –incluso en varias publicaciones preparadas por las diversas organizaciones–, sino además de consensuar objetivos, estrategias globales y mecanismos de coordinación a fin de fortalecer las luchas locales y las acciones globales. Para ello se comprometió a establecer alianzas estratégicas con los movimientos por la paz y la justicia global; ampliar la Red Mundial No Bases; generar acciones globales comunes; e influir en la opinión pública mundial. El Comité Coordinador Internacional, establecido en la Conferencia, desarrollará líneas de comunicación e información; estrategias de incidencia pública; investigaciones para fundamentar la acción de la red; apoyar las luchas locales; y promover campañas globales.

Bases militares en la agenda pública

Más allá de lo ocurrido en la Conferencia, es importante también destacar el impacto comunicacional y mediático logrado con su difusión en listas electrónicas, sitios web, agencias de noticias y medios de comunicación, especialmente en Ecuador. Se colocó el tema de las bases militares extranjeras en la agenda pública antes y durante la Conferencia. Las continuas entrevistas a activistas y académicos internacionales provocaron que la Embajada de los Estados Unidos en Quito impulsara una estrategia para intentar minimizar la función de sus bases militares, en especial de la Base de Manta. Los diplomáticos estadounidenses organizaron visitas para la prensa nacional y extranjera, y pretendieron desmentir –infructuosamente por cierto– las afirmaciones de investigadores que fundamentaban sus argumentos incluso con datos y cifras recopilados por el propio Pentágono.

El interés por lo que ocurría en la Conferencia llamó la atención del presidente del Ecuador, Rafael Correa, quien se entrevistó, junto con su ministra de Defensa, Lorena Escudero, con una comisión de delegados y delegadas. Por primera vez, luego de asumir la presidencia el 15 de enero del presente año, Correa ratificó a esta comisión que no renovará el convenio con los Estados Unidos para el uso de la Base de Manta, que vence en 2009. Esta posición fue ampliamente difundida en los medios de comunicación, nacionales e internacionales. La presencia de autoridades locales y del gobierno nacional, así como la participación masiva de jóvenes en las actividades de la Conferencia, fueron aspectos resaltados por los delegados internacionales.

La emoción del encuentro y el reconocimiento de la similitud de las luchas que se llevan adelante en tantos países del mundo, provocó solidaridades y compromisos inmediatos muy sentidos. Sin embargo, para que la Red se desarrolle, crezca y tenga una gran incidencia global, es necesario ir más allá. Esto implica la construcción de agendas comunes, que ubiquen cómo este mismo tema puede y debe ser enfrentado en el mundo mayoritario y en el mundo desarrollado. Si no logramos los cambios profundos en el Norte, va a ser muy difícil alcanzar nuestros objetivos.

Por otro lado, la construcción de la Red requiere de un diálogo horizontal y franco, que reconozca los ricos aportes y experiencias de todos los movimientos y organizaciones, tanto en el Sur como en el Norte. Implica crear nuevas formas de relación, de cooperación, igualdad y solidaridad. Se requiere también reconocer la riqueza de nuestra diversidad, de todos nuestros países y regiones, y el respeto a los diversos procesos. Una Red Mundial no puede funcionar sin la participación equitativa de todas las regiones, y esto implica realizar esfuerzos adicionales para asegurar la presencia de compañeros y compañeras de los países de África, Asia/Pacífico, América Latina y el Caribe en los encuentros de redes y movimientos. Para la Red no Bases es fundamental mantener una fuerte relación con los movimientos anti-guerra que luchan por la paz y la justicia global.

HELGA SERRANO NARVÁEZ, comunicadora, integra el Comité Coordinador Internacional de la Red Mundial No Bases. Es la directora de Comunicación y Relaciones Internacionales de la Asociación Cristiana de Jóvenes de Ecuador (ACJ), organización adscrita a la Alianza Mundial o Federación de ACJ-YMCAs (Young Men's Christian Association), presente en 123 países.

8 de marzo: larga jornada de lucha de las mujeres

NALU FARIA

Las pesquisas realizadas por feministas sobre la historia del 8 de marzo, Día Internacional de la Mujer, revelaron que su origen estuvo estrechamente vinculado a la historia de las luchas y la militancia de las mujeres socialistas. En 1908, por primera vez, mujeres estadounidenses tuvieron la iniciativa de proponer un *Woman's Day* dedicado a la lucha por el derecho al voto femenino, en un contexto de crecientes huelgas organizadas por obreras. Clara Zetkin, en la II Conferencia Internacional de Mujeres Socialistas, en 1910, propuso establecer un Día Internacional de la Mujer, siguiendo el ejemplo de las socialistas de los Estados Unidos. En los años siguientes, en Europa se multiplicaron las conmemoraciones del Día Internacional de la Mujer, aún sin una fecha fija ni única para todos los países, pero en todos los casos con referencias a la reivindicación del voto femenino como parte de la lucha por la emancipación de las mujeres. En 1917, un 8 de marzo (23 de febrero por el antiguo calendario ortodoxo), las obreras rusas entraron en huelga e iniciaron un amplio proceso de luchas que marcó el inicio de la revolución de febrero, preámbulo de la primera revolución socialista victoriosa en el mundo.

Es así que, en 1921, en la Conferencia Internacional de las Mujeres Comunistas, se acordo celebrar el 8 de marzo como el Día Internacional de la Mujer, en homenaje a la iniciativa de las mujeres rusas. Pero esta trayectoria solo viene a ser más ampliamente conocida a partir de estudios recientes, que rescataron el destacado papel que desempeñaron las mujeres socialistas en la primera oleada del movimiento femenino, que abarca desde mediados del siglo xix hasta los años treinta del siglo xx.

En la década de 1960 se inicia la segunda oleada del movimiento feminista en la que participan, fundamentalmente, sectores de clase media y profesionales de Europa y los Estados Unidos. El feminismo de esos años hizo varias contribuciones: la afirmación de la necesidad de organizar un movimiento autónomo de mujeres, la consolidación del reconocimiento de estas mujeres como sujetos políticos, y todo un andamiaje teórico que cuestionaba varios de los paradigmas dominantes. Fue un momento en el que convivieron varias posiciones y en el cual el sector socialista hizo el esfuerzo de articular las dimensiones de la opresión de las mujeres con la explotación de clase y, por lo tanto, planteó el tema de la relación entre feminismo y socialismo.

Esa fase del movimiento feminista tuvo el gran mérito de ayudar a comprender la opresión específica, y por tanto abrió el debate de la contradicción en las relaciones sociales entre hombres y mujeres, lo que tuvo como resultado una fuerte politización de lo privado. No obstante, fruto de las contradicciones y límites de la izquierda socialista, y también de las corrientes radicales y autonomistas del feminismo, es importante resaltar que, a partir de un determinado momento, prevaleció una visión de derechos individuales, dentro de una perspectiva de incorporar a las mujeres al sistema imperante con poco cuestionamiento de la problemática global.

La segunda oleada del movimiento feminista llegó a América Latina en los años setenta y hay muchos estudios que tratan de la complejidad de ese proceso, tomando en cuenta las especificidades de la situación política y cultural en nuestra región.

Un aspecto común en varios países es que la articulación del movimiento feminista se dió en un contexto de regímenes políticos dictatoriales y, por eso, fue parte del proceso de la lucha por la democratización. Con ese sentido se establecieron las relaciones con otros movimientos sociales y ese es uno de los factores determinantes en el crecimiento del debate y de la organización de las mujeres en los sectores populares. Ello provocó que en todo el continente se desarrollase una visión que considera la existencia de dos movimientos: el «feminista» y el «movimiento amplio de mujeres», y una elitización que pretendió que «feministas» eran solo las intelectualizadas.

Durante muchos años aparecieron tensiones en el debate debido a visiones diferentes sobre cuál debía ser la prioridad. La polémica era acerca de cómo tratar las cuestiones específicas de las mujeres y los problemas generales de la sociedad, de modo que se puede afirmar que convivieron y se enfrentaron tres posiciones.

Una postulaba que, en un contexto de dictadura, lo más importante era la lucha por la redemocratización, y consideraba importante incorporar a las mujeres a este proceso. De esa forma, relegaba a un plano secundario la discusión de las llamadas reivindicaciones específicas de las mujeres y el enfrentamiento de las contradicciones en las relaciones entre hombres y mujeres. Esa visión estuvo más presente al inicio de la lucha antidictatorial y en los países con fuerte influencia de los partidos comunistas.

Una segunda posición veía las llamadas cuestiones específicas como lucha cultural y las cuestiones generales como la lucha política. Dentro del aspecto cultural estaban incluidos todos los problemas de la vida cotidiana, de la sexualidad, de sexismos en el conjunto de las relaciones entre hombres y mujeres.

La tercera posición (tal vez minoritaria) defendía que no había contradicción entre lo específico y lo general, que era necesario trabajar ambas dimensiones enfocando a la sociedad como un todo; y planteaba la necesidad de efectuar una transformación dentro de la propia izquierda, pues incluso estas organizaciones debían asumir una visión feminista, tanto en su funcionamiento interno, como en sus plataformas programáticas.

El gran cambio en el desarrollo del movimiento feminista ocurrió en los procesos de transición de las dictaduras a la democracia burguesa. A partir de entonces, hubo una creciente institucionalización. Eso ocurrió, por un lado, por medio de la profesionalización de las organizaciones no gubernamentales (ONGs), y por el otro, debido a la incorporación de esa temática a la esfera de acción del Estado mediante la creación de nuevas estructuras gubernamentales.

A raíz de la caída del Muro de Berlín, el inicio de la década de 1990 fue marcado por debates sin una posición crítica frente a las políticas conservadoras de ajuste y a la implementación del programa neoliberal. Para aquellos sectores institucionalizados del movimiento, la globalización era un dato irreversible y se veía a partir de sus efectos «positivos» y «negativos» sobre las mujeres. Fue un momento donde el *slogan* dominante era ser «propositiva», trabajar en alianza con los gobiernos y organismos multilaterales; se valoraba como gran horizonte el establecimiento de políticas públicas, pero sin cuestionar los límites puestos por el modelo de Estado vigente. Las plataformas aprobadas en las conferencias de la Organización de las Naciones Unidas (ONU), eran consideradas grandes avances, aunque sus definiciones fueran muy genéricas, sin cuestionar el hecho de que no entran en los aspectos estructuradores de las desigualdades.

Como resultado de esa política, e influido por el cuadro general de desmovilización de la izquierda, hubo un crecimiento de la despolitización general en el movimiento de mujeres y una pérdida de radicalidad. Además, el discurso triunfalista manejado por los sectores institucionalizados impedía una real evaluación de los efectos del neoliberalismo sobre las mujeres y fragilizaba el proceso de crítica a la asimilación de las conquistas de las mujeres por un discurso conservador. El tono predominante era en relación con los «avances» y nunca sobre los retrocesos que estaban ocurriendo en todos los campos. La evaluación de los procesos era aún más difícil porque se dio dentro de una dinámica compleja y contradictoria. El hecho es que, mientras sectores del movimiento de mujeres se limitaban al discurso de las políticas públicas dentro del marco del Estado mínimo neoliberal y a la construcción de plataformas y convenciones internacionales, el mercado organizaba la vida de la mayoría de las mujeres manteniendo la superexplotación del trabajo, presionando para sobrecargar a la familia (a las madres) con el cuidado y sobrevivencia de las personas, invirtiendo de forma agresiva en la identificación de las mujeres como un cuerpo al que le imponen un patrón estético.

Aunque el ciclo de conferencias de la ONU influyó a la mayor parte del movimiento, no se puede afirmar que esa posición hegemónica fue la única. Es evidente que esa política del feminismo moderado provocó muchos cambios dentro del movimiento: en las posturas políticas, en la formación de nuevas alianzas y, por lo tanto, en rupturas con las alianzas anteriores. La visión crítica más conocida fue la corriente de las Autónomas, cuya posición resulta de las teorías de la diferencia y del postestructuralismo. Su intervención es muy crítica, pero se basa en una visión de que lo principal es cambiar el orden simbólico, por tanto, no prioriza la organización de luchas sociales más amplias.

Por otro lado, durante los años noventa, comenzaron a formarse otros grupos, en particular para la discusión de los temas económicos. En un primer momento, ese proceso fue casi invisible y poco valorizado dentro del feminismo. En este proceso se organizó el debate sobre temas relacionados con las mujeres en la Alianza Social Continental y la formación de las primeras redes para discutir la relación de mujeres y economía; más tarde se estructuró un debate sobre economía feminista.

Fue en este contexto que, a partir de 1998, comenzó la organización de la Marcha Mundial de Mujeres (MMM) que, desde el inicio, hacía una crítica general al capitalismo y al neoliberalismo. La Marcha Mundial de Mujeres se constituyó en varios países como una alternativa al proceso de institucionalización y pérdida de radicalidad del movimiento, y retomaba la idea de la auto-organización de las mujeres, de la movilización, de hacer una lucha feminista vinculada a la lucha anticapitalista; por lo tanto, recolocaba la cuestión de clase sin abandonar otras cuestiones como raza/etnia, juventud, diversidad sexual, etcétera.

Con la MMM se retomó la movilización callejera, la organización amplia de las mujeres desde la base, interrelacionando el nivel local y el internacional; también se construyeron y reforzaron las alianzas con otros movimientos sociales. Hubo un crecimiento de la legitimidad frente a los demás movimientos mixtos en la campaña contra el Área de Libre Comercio de las Américas (ALCA). La participación en el Foro Social Mundial –la MMM estuvo presente desde la reunión en Ginebra a mediados de 2000, cuando se adoptaron los primeros acuerdos para la convocatoria del FSM– posibilitó extender la visibilidad y la articulación de la Marcha; expresó su compromiso con el movimiento anti-globalización; y ayudó a ampliar debates antes muy restringidos como, por ejemplo, sobre la mercantilización del cuerpo y la vida de las mujeres.

Hoy en el continente existe un amplio proceso de reordenamiento de los discursos hegemónicos de la década de 1990, empujado por el crecimiento de la izquierda. Hay una creciente crítica a los límites del concepto de género y equidad, y una reincorporación del tema de clase, por sectores que habían abandonado esa categoría en sus análisis. Eso no significa que se esté produciendo un proceso de reunificación del movimiento en torno a un proyecto anticapitalista, sino que hubo un cambio en la agenda de la región y que, de hecho, hoy ya no es posible seguir sosteniendo posiciones acríticas frente al neoliberalismo.

Los principales desafíos de la actualidad son la necesidad de politizar aquello que debe ser el centro del movimiento de mujeres –la lucha contra la opresión femenina– y la afirmación del feminismo socialista como la posibilidad de transformar la vida de las mujeres. Eso implica enfrentar la banalización que se produjo paulatinamente del concepto de género y la reducción de la agenda de las mujeres al ámbito de los derechos humanos; o sea, actuar para la transformación de las actuales relaciones sociales en general, lo que incluye las relaciones sociales de sexo, y por tanto hacer propuestas de cambio del sistema como un todo. Una dificultad recurrente es la de no percibir que hay una base material que se expresa en la división sexual del trabajo y tratarla solo como un problema de la cultura patriarcal arraigada y una cuestión ideológica.

La tarea que se impone es la de construir una visión crítica en toda la sociedad sobre la opresión de las mujeres. Hoy parece difícil, pues predomina la idea de que ya no hay más opresión y existe un discurso modernizante que plantea que la vida de las mujeres cambió mucho (para lo cual fueron asimilados aspectos del discurso feminista). Hay un discurso conservador de *positivación* de lo *femenino*, que busca vertebrar un retroceso en el patrón de feminidad, al definir que todo lo que las mujeres son en el mundo está relacionado con la maternidad. Así, continúa reforzando que todas las mujeres deben ser madres y que esa experiencia define su lugar en la sociedad, inclusive como profesional o política. En verdad, lo que afirma es que la forma como las mujeres se insertan en el mundo es a partir de las cualidades, virtudes y capacidades definidas *naturalmente*, porque son madres.

Por tanto, son desafíos teóricos, políticos y organizativos. Exigen ubicar el debate a partir de comprender que hay una opresión de las mujeres. Requieren continuar y fortalecer la afirmación política de un proyecto feminista y socialista que cuestione las bases de la sociedad capitalista y patriarcal. Demandan un movimiento enraizado, con capacidad de grandes movilizaciones, campañas propias y que también sea parte de la construcción de las luchas generales en el continente.

El 8 de marzo continúa como la principal fecha en la agenda feminista y en muchos países de la región es parte del calendario del conjunto de los movimientos sociales. Y si las empresas y los medios de comunicación tratan de vaciar su contenido político y convertirlo en un día de homenajes y regalos individuales, la respuesta del movimiento es la reafirmación de que se trata de un día de lucha en el cual las mujeres van a las calles a protestar y denunciar la opresión de que son objeto, y a proponer cambios que modifiquen la vida del conjunto de las mujeres. Consideramos un avance el que se esté superando la separación entre la reivindicación femenina y las llamadas luchas generales; crece el entendimiento de que para cambiar la vida de las mujeres tenemos que cambiar el mundo y, por tanto, todas las luchas por cambios son luchas de las mujeres; pero la principal conquista de este proceso es que se afirma, cada vez más, el derecho a la autonomía y soberanía de las mujeres, y que la igualdad tiene que ser parte constitutiva de todos los procesos de transformación.

Una confirmación de esto fue el 8 de marzo de 2007 en Brasil que coincidió con la visita del presidente Bush al país. Todas las manifestaciones y marchas incorporaron como prioridad la bandera de «¡Fuera Bush!» y articularon un análisis que mostraba cómo las políticas imperialistas refuerzan el machismo en nuestras sociedades. En la mayoría de las ciudades los movimientos sociales se sumaron a los actos del Día Internacional de la Mujer y el resultado es que esas movilizaciones garantizaron un contundente repudio a Bush y sus políticas.

Ese es el lugar del 8 de marzo en la larga jornada de las mujeres: reafirmar que sin socialismo no hay feminismo, pero que también sin feminismo no hay socialismo.

NALU FARIA es coordinadora de la Red Mujeres Transformando la Economía (REMTE).

III Cumbre Continental de Pueblos y Nacionalidades Indígenas de Abya Yala: nace coordinación continental

OSVALDO LEÓN

Bajo el lema «de la resistencia al poder», del 26 al 30 de marzo de 2007, en el sitio sagrado maya Iximche', símbolo de resistencia y lugar donde se fundó Guatemala, se llevó a cabo la III Cumbre Continental de Pueblos y Nacionalidades Indígenas de Abya Yala que culminó con la decisión de constituir una instancia de coordinación continental y la adopción de una plataforma que recoge sus demandas históricas y la lucha contra el neoliberalismo.

«Para hacer caminar la palabra y realizar los sueños, de la resistencia al poder: Nos constituimos en la Coordinadora Continental de las Nacionalidades y Pueblos Indígenas del Abya Yala, como espacio permanente de enlace e intercambio, donde converjan experiencias y propuestas, para que juntos enfrentemos las políticas de globalización neoliberal y luchar por la liberación definitiva de nuestros pueblos hermanos, de la madre tierra, del territorio, del agua y todo el patrimonio natural para vivir bien»,[1] sostiene la Declaración Final.

En la dinámica organizativa registrada en la región por casi dos décadas, no cabe duda que esta decisión era de las más esperadas. Vale remontarnos a 1989 –cuando se había configurado un clima de desconcierto y dispersión por la combinación del impacto de las políticas de ajuste neoliberal y la caída del Muro–, porque en ese año irrumpe la Campaña Continental 500 Años de Resistencia Indígena, Negra y Popular, que a la postre terminó siendo partera de las articulaciones regionales de diversos sectores sociales que hoy son parte del núcleo de las resistencias. Y si bien fueron organizaciones indígenas quienes

---

[1] Todas las citas son tomadas de la Declaración Final de la III Cumbre Continental de Pueblos y Nacionalidades Indígenas de Abya Yala (www.alainet.org/active/16609).

establecieron la pauta de la Campaña de los 500 Años, el hecho es que no lograron establecer un espacio permanente de confluencia. Es más, de a poco, las convocatorias fueron llegando, sobre todo, de organismos internacionales como la propia Organización de las Naciones Unidas (ONU) o la Organización de Estados Americanos (OEA), el Banco Mundial o el Banco Interamericano de Desarrollo (BID), cuando no de alguna o varias organizaciones no gubernamentales (ONGs).

Es en tal contexto que se inicia en México, con la primera Cumbre (octubre de 2000), este proceso autoconvocado por organizaciones indígenas autónomas. Tras una escala en Quito, Ecuador, para celebrar la segunda Cumbre (julio de 2004), en la ruta se han registrado otros puntos de encuentro para avanzar en la definición de una agenda común, que tenga como eje central la lucha contra las políticas neoliberales y, en particular, contra la propuesta estadounidense del Área de Libre Comercio de las Américas (ALCA) y su variante vía tratados bilaterales de «libre comercio». En este plano se destacan, para hablar de años recientes, el encuentro realizado en Mar del Plata, Argentina, (noviembre de 2005) en el marco de la Cumbre de los Pueblos, y el celebrado en La Paz, del 9 al 12 de octubre de 2006. Pero en el sentido de proceso, la clave fue la constitución en julio de 2006 de la Coordinadora Andina de Organizaciones Indígenas (CAOI,), que, precisamente, fue puntal de la III Cumbre.

La presencia activa de los pueblos indígenas en las luchas contra el ALCA y sus variantes, con la lección histórica de resistencia frente a las amenazas de su exterminio, además de los logros en el reconocimiento de derechos, en el ámbito internacional, dio paso a una proyección política cuya expresión más significativa se registra hoy en Bolivia con la elección de Evo Morales a la presidencia, quien en Iximche' fue saludado como «el presidente de todas las nacionalidades indígenas en América Latina».

El programa de la Cumbre incluía, al inicio, la participación del mandatario boliviano en el acto de clausura, pero la diplomacia guatemalteca se interpuso con el mensaje cifrado de que no estaba en condiciones de garantizar su seguridad (si bien en esos mismos días recibió a los reyes de España con bombos y platillos). Sin embargo, la figura política de Evo tuvo un singular destaque durante el evento, no solo por las constantes aclamaciones a su nombre, sino por la presencia de una delegación boliviana numerosa, encabezada por el canciller David Choquehuanca.

En el acto inaugural, el canciller de Bolivia marcó la tónica al señalar que los tiempos que corren son de Pachacutik, en tanto «estamos en tiempos de cambio. Nuestros pueblos quieren cambios. Nuestros pueblos quieren integración y nosotros los indígenas queremos volver al camino del equilibrio, no solamente entre las personas sino queremos volver al camino del equilibrio entre el hombre y la naturaleza».

Haciéndose eco de este sentir, la Declaración Final anota: «ratificamos nuestros principios milenarios, complementariedad, reciprocidad y dualidad, y nuestra lucha por el derecho al territorio, la Madre Naturaleza, la autonomía y libre determinación de los pueblos indígenas; y anunciamos el resurgimiento continental del Pachacutik (retorno), al cierre del Oxlajuj Baq'tun, cuenta larga de 5 200 años, acercándonos a las puertas del nuevo Baq'tun encaminándonos para hacer del Abya Yala una "tierra llena de vida"».

«Vivimos siglos de colonización –acota–, y hoy la imposición de políticas neoliberales, llamadas de globalización, que continúan llevando al despojo y saqueo de nuestros territorios, apoderándose de todos los espacios y medios de vida de los pueblos indígenas, causando la degradación de la Madre Naturaleza, la pobreza y migración, por la sistemática intervención en la soberanía de los pueblos por empresas transnacionales en complicidad con los gobiernos».

Al establecer que es sustancial rescatar las demandas históricas, la Cumbre consideró importante dar un paso más: asumir los nuevos desafíos, entre los que resaltan una política de alianzas internas y con los movimientos sociales (con destaque al Foro Social Mundial) para enfrentar las políticas neoliberales; la confrontación a los gobiernos que en la ONU obstruyen la Declaración Universal de los Derechos de los Pueblos Indígenas; la exigencia para la refundación de los Estados en términos de plurinacionalidad e interculturalidad, vía asambleas constituyentes; la defensa de la soberanía alimentaria; la democratización de la comunicación y un llamado de alerta «sobre las políticas del BID, Banco Mundial y entidades afines para penetrar comunidades con acciones asistencialistas y de cooptación que apuntan a la desarticulación de las organizaciones autónomas y legitimas».

Como colofón, llegó el mensaje de Evo Morales para el acto final en la plaza central de Guatemala, que entre otras cosas señala: «Construiremos una soberanía, que descanse en la identidad de nuestros pueblos y los principios de complementariedad, equilibrio y autodeterminación de los pueblos, una soberanía donde NOSOTROS MISMOS definiremos qué queremos y cómo queremos vivir nuestras vidas, donde NOSOTROS MISMOS nos pondremos de acuerdo de qué pensar y qué hacer. De acuerdo a nuestro propio juicio, como naciones originarias indígenas, como primeras naciones, empezaremos a forjar nuestro destino con nuestras propias manos y nuestros propios corazones».

En tal sentido, acota, «nos toca convocar a Asambleas Constituyentes en todos los niveles: cabildos abiertos, en municipios, provincias, departamentos, nacional, donde las hermanas y hermanos de las comunidades, de los pueblos, de los barrios en las ciudades, nos pondremos de acuerdo cómo construir la soberanía de las comunidades, cómo fortalecer el equilibrio hombre naturaleza, lo que nos permita a la población comenzar a gobernar y decidir qué tipo de país queremos construir, cuáles serán las estrategias y los planes que debemos iniciar desde el gobierno y desde las comunidades».

En materia de acciones, se destaca la convocatoria «a la marcha continental de los pueblos indígenas para salvar a la Madre Naturaleza de los desastres que está provocando el capitalismo, y que se manifiesta en el calentamiento global, a realizarse el 12 de octubre del 2007», y el compromiso de sumar fuerzas a la movilización del 25 y 26 de enero de 2008, convocada por el Foro Social Mundial.

OSVALDO LEÓN, especialista ecuatoriano en comunicación, es director de la Agencia Latinoamericana de Información (ALAI) y de la revista *América Latina en Movimiento*, asesor de varias coordinadoras sociales del continente y miembro del Consejo Internacional del Foro Social Mundial.

EN EL BORDE DE TODO
El hoy y el mañana de la Revolución en Cuba
Julio César Guanche

En su discurso pronunciado el 17 de noviembre de 2005, Fidel Castro reflexionó sobre la posible reversión de la revolución a causa de los errores de los propios revolucionarios. A partir de este discurso, el libro discute, a través de análisis y entrevistas a personas de diversas generaciones y variadas áreas de estudio, la actual situación política cubana y las perspectivas que se plantean para su futuro. Es un franco debate sobre el socialismo y la revolución.
350 páginas, ISBN 978-1-921235-50-4

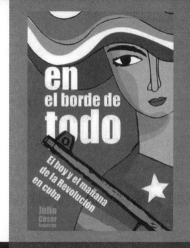

LA REVOLUCIÓN DEL OTRO MUNDO
Jesús Arboleya

El fenómeno de la revolución en un mundo globalizado, regido por la dominación neocolonial, se analiza en este libro mediante el estudio de la historia convergente de Cuba y los Estados Unidos, dos países ubicados en los polos del espectro político internacional. Una revisión del concepto de socialismo. Las similitudes y diferencias del fenómeno revolucionario cubano respecto a otros procesos políticos, como la revolución bolivariana en Venezuela, son también tratados en este libro que, más que conclusiones, pretende reivindicar la importancia de la dialéctica en el análisis de los procesos políticos y sociales contemporáneos.
304 páginas ISBN 978-1-921235-01-6

INTRODUCCIÓN AL PENSAMIENTO SOCIALISTA
El socialismo como ética revolucionaria y teoría de la rebelión
Néstor Kohan

Una clara y accesible síntesis de la historia del pensamiento socialista mundial, vista desde una perspectiva latinoamericana. Incluye amplios apéndices con textos claves de la obra de Carlos Marx, Che Guevara, Fidel Castro, Rosa Luxemburgo, José Carlos Mariátegui, Julio Antonio Mella, Albert Einstein, Flora Tristán, entre otros, imprescindibles para las nuevas generaciones de jóvenes que se oponen al imperante sistema capitalista de dominación global, así como para los estudiosos de la historia de las ideas.
250 páginas, ISBN 978-1-921235-52-8

www.oceansur.com ■ info@oceansur.com

ocean sur

una nueva editorial latinoamericana

OFICINAS DE OCEAN SUR

Cuba: Tel: (53-7) 204 1324 • E-mail: lahabana@oceansur.com
El Salvador: Tel: (503) 2225 0270 • E-mail: elsalvador@oceansur.com
Venezuela: Tel: (58) 412 295 5835 • E-mail: venezuela@oceansur.com
EE.UU.:   PO Box 1186, Old Chelsea Station, New York, NY 10113-1186, USA
               Tel/Fax: (1-212) 260 3690 • E-mail: info@oceansur.com

DISTRIBUIDORES DE OCEAN SUR Y *CON*TEXTO LATINOAMERICANO

ARGENTINA
Cartago Ediciones S.A.
E-mail: ventas@e-cartago.com.ar

CHILE
Editorial "La Vida es Hoy"
E-mail: lavidaeshoy.chile@gmail.com

COLOMBIA
Ediciones Izquierda Viva
Tel/Fax: (571) 2855586
E-mail: ediciones@izquierdaviva.com

CUBA
Ocean Sur
E-mail: lahabana@oceansur.com

ECUADOR
Ediciones La Tierra
Tel. (503-2) 256 6036
E-mail: ediciones_latierra@yahoo.com

EL SALVADOR Y CENTROAMÉRICA
Editorial Morazán
E-mail: editorialmorazan@hotmail.com

VENEZUELA
Ocean Sur
E-mail: venezuela@oceansur.com

AUSTRALIA
Ocean Press
Tel: (61-3) 9326 4280
E-mail: info@oceanbooks.com.au

EE.UU., CANADÁ Y PUERTO RICO
CBSD
Tel: 1-800-283-3572
www.cbsd.com

GRAN BRETAÑA Y EUROPA
Turnaround Publisher Services
E-mail: orders@turnaround-uk.com

www.oceansur.com ■ info@oceansur.com